일제강점기 조선총독부의 소작정책 연구

이윤갑

저자 이윤갑

서울대학교 국사학과를 졸업하고 동 대학원에서 석사학위를, 연세대학교
대학원에서 박사학위를 취득했다. 현재 계명대학교 사학과 교수로 있으면
서 한국학연구원 원장, 대구사학회 부회장을 맡고 있다. 2004년부터 일제
강점하 강제동원 피해진상규명 대구광역시 실무위원으로 활동하였고,
2007~2010년 대통령직속 친일재산조사위원회 위원을 역임하였다.
저서로는《동학농민혁명의 지역적 전개와 사회변동》(공저),《한국 근대
상업적 농업의 발달과 농업변동》등 다수가 있고, 논문으로는〈1894년의
경상도지역의 동학농민전쟁〉,〈1920년대 경북지역 농촌사회의 변동과 농
민운동〉등 다수가 있다.

일제강점기 조선총독부의 소작정책 연구

초판 1쇄 발행 2013. 2. 27.
초판 2쇄 발행 2014. 9. 15.

지은이 이윤갑
펴낸이 김경희

경 영 강숙자
편 집 송인선
영 업 문영준
경 리 김양헌
펴낸곳 ㈜지식산업사
　　　　본사 • 경기도 파주시 광인사길 53(문발동 520-12)
　　　　　전화 (031)955-4226~7 팩스 (031)955-4228
　　　　서울사무소 • 서울시 종로구 자하문로6길 18-7(통의동 35-18)
　　　　　전화 (02)734-1978　팩스 (02)720-7900
　　　　한글문패　　　지식산업사
　　　　영문문패　　　www.jisik.co.kr
　　　　전자우편　　　jsp@jisik.co.kr
　　　　등록번호　　　1-363
　　　　등록날짜　　　1969. 5. 8.

책값은 뒤표지에 있습니다.

ISBN 978-89-423-1163-7 (93910)

이 책을 읽고 지은이에게 문의하고자 하는 이는
지식산업사 전자우편으로 연락 바랍니다.

일제강점기 조선총독부의 소작정책 연구

이윤갑

지식산업사

책머리에

　일제강점기 조선 민중의 생존과 직결된 가장 중요한 문제는 토지문제, 곧 지주제의 문제였다. 당시 조선 인구의 75퍼센트를 넘는 절대 다수가 농민이었고, 농민의 80퍼센트는 소작농민이었다. 지주제는 소작농민의 생존을 좌우했을 뿐만 아니라 자작농과 다른 직종에 종사하는 민중의 생계에도 직간접으로 큰 영향을 끼쳤다. 이 때문에 지주제의 개혁, 곧 토지개혁은 민족주의 진영에서든 사회주의 진영에서든 민족혁명의 최우선 과제가 되었다.

　지주제가 조선 민중의 생존 전반에 결정적인 영향력을 행사하게 된 원인은, 일제가 조선을 수탈하고 지배하는 데 지주제를 이용했기 때문이다. 일제가 침략할 당시 조선의 주된 산업은 농업이었다. 일본 또한 지주제를 바탕으로 근대화를 추진하였기 때문에 산업화 과정에서 농촌인구가 감소하고 도시인구가 급증하였고, 식량 부족이 해결해야 할 시급한 과제가 되었다. 이 때문에 일제는 조선 강점 초기부터 농업 수탈에 집중하였고, 그 수탈기구로 지주제를 육성·보호하였다.

　일본은 조선에 산업자본을 진출시켜 식민지 초과이윤을 실현하려 하였다. 그러나 1910년대에는 아직 자국 산업자본의 성장이 충분하지 못해 조선으로의 자본 투자를 막을 수밖에 없었다. 일본은 제1차 세계대전 특수 덕분에 자본수출 여력을 확보하게 되었지만 산업자본을 한꺼번에 조선에 투자하기는 어려웠다. 조선에서 운송망과 전력망 등 산업 인프라가 충분히 구축되지 못해 자본수출에 제약이 있었기 때문이다. 이런 제약이 해소되고 일본 산업자본이 대거 조선으로 진출하는 것은 1930년대에 들어서였다. 이런 사정으로 1920년대 후반까지 일제는 산미증식계획 등으로 농업수탈에 힘을 쏟으면서, 그 수탈기구였던 지주제를 적극 비호하였다.

　조선의 지주제는 늦게 잡아도 고려 후기까지 그 기원이 올라갈 정도로 오랜 역사를 지닌다. 근대 지주제의 역사적 기원은 중세의 지주전호제地主佃戶制, 곧 병작제였다. 15세기 후반에 이르러 널리 보급된 병작제는 고려 후기에 출현하는 농장경영에서 이미 그 모습을 찾을 수 있다. 병작제는 조선 전기 전호가 지주에게 신분적으로 예속되어 있는 작개제作介制로 전개되다가, 조선 후기 차츰 경제적 계약관계인 비신분적 병작제竝作制로 이행해 갔다. 그 과정에서 지주(농장주)의 노예제 경영에 부차적으로 결합해 있던 병작제는 노예제 경영을 대체하면서 대토지 소유의 지배적인 경영방식으로 발전하였다. 18·19세기 유통경제가 발달하면서 상인지주 또는 서민지주가 대거 성장하면서 이러한 이행은 더욱 확대되고 빨라졌다. 그러나 이러한 변화에도 불구하고 병작제는 신분제와 완전히 분리되어 운영되지 않았다. 신분제는 갈수록 약화되고 있었지만 조선 말기까지 병작제를 유지시키는 경제외적 강제로 기능하였다. 병작제는 갑오개혁과 대한제국의 양전·지계사업, 일제강점기 토지조사사업을 거치면서 배타적 소유권에 바탕을 둔 근대적 지주제, 곧 식민지 기생지주제로 바뀌었다.

중세 병작제와 근대 지주제는 지대수취로 지주적 토지소유를 실현하는 점에서는 같지만, 그 경영방법이나 지주의 사회적 지위와 역할에서 근본적인 차이가 있었다. 이 차이는 병작제와 지주제의 재생산 과정에서 국가가 담당한 구실이 달랐던 데서 발생하였다. 중세사회에서 병작제 재생산과 관련된 국가의 기능은 제한적이었다. 국가는 신분질서를 관리·유지하는 것으로 병작제의 재생산을 뒷받침했다. 신분제로 작인을 지배할 수 있게 보장함으로써 지주제가 유지될 수 있게 한 것이다. 그러나 중앙 또는 지방의 행정기관은 궁방전·역토·둔토가 아닐 경우 병작문제로 발생한 분쟁에 개입하지 않았고, 병작분쟁의 해결을 행정업무로 여기지도 않았다. 이로 말미암아 국가권력에 의지해 병작제를 유지하는 데 한계가 있었다. 더욱이 조선후기 병작제가 확대되면서 평민이나 양반이 작인이 되는 경우가 많아져 신분제적 인신지배로 작인을 통제하는 것은 점점 더 어려워졌다. 작인들은 추수나 소작료 배분과정에서 다양한 부정행위와 소작료 거납으로 저항했고, 심하게는 명화적明火賊으로 위장해 소작료 면제나 부채 탕감 등을 요구하기도 하였다. 병작제에서는 이러한 저항의 대부분을 지주 스스로 감당해야 했다.

그뿐만 아니라 병작제를 유지하자면 농민이 유망하지 않도록 농촌사회를 안정시킬 필요가 있었다. 농민 유망을 불러오는 원인은 흉년과 전염병, 그리고 부세의 과중이었다. 물론 부세를 적정선에서 공평하게 부과하고 흉년과 전염병에 대처해 농촌을 안정시키는 것이 중앙정부와 지방관의 주요 임무이자 민본정치의 핵심이었다. 그러나 진휼은 재정과 행정인력이 부족해 형식적 행정에 머물렀고, 부세징수 또한 배정된 총액을 채우는 것이 우선이었으므로 농가경제와 농촌사회 안정은 뒷전으로 내몰렸다. 이러한 현실을 잘 보여주는 것이 조선 후기 '삼정문란三政紊亂'이다. 이로 말미암아 농가경제의 파산과 유망이 자주 일어났고, 그것은 지주들이 토지소유를 늘리는 유리한 조건이 되었지만 동시에 농민 유망을 불러와 병작제를 무너뜨리는 심각한 위협이 되었다. 1862년 농민항쟁에 '대민大民'들이 삼정문란의 개혁을 요구하며 참여한 이유는 여기에 있었다.

대지주였던 왕실이나 국가기관, 위세를 떨쳤던 일부 권세가나 토호들은 이러한 조건에서도 큰 어려움 없이 병작제를 유지할 수 있었다. 그러나 일반 양반지주들, 특히 서민지주나 상인지주들은 병작제를 안정적으로 경영할 수 있는 다른 방도를 찾아야 했다. 그것이 지주와 작인 사이 병작제 관계를 안정적으로 유지하는 온정주의 경영이었다. 온정주의 경영이란 지주가 병작제로 작인을 지배하고 지대를 수취하지만 작인들이 극심한 가난과 흉년, 전염병 등의 재해로 유리流離·도산倒産하지 않게 온정적으로 배려·지원하는 방식이다. 지주들은 온정적인 경영으로 병작제의 계급대립을 완화하고 경제적으로 농촌사회의 안정을 도모하려 하였으며, 부세 불균형이나 부정을 바로잡는 일에도 직간접으로 관여하였다. 경주 최부자나 구례 운조루 박씨가의 병작제 경영이 그 대표적인 예라 할 수 있고, 칠곡 석전 이씨가의 병작경영에서도 그러한 방식을 찾아 볼 수 있다.

조선 후기 온정주의에 바탕을 둔 병작경영이 발달한 것은 이와 같은 현실적 조건 때문이었지만, 다른 한편으로는 조선 성리학자들이 성인으로 추앙한 주희 경제사상의 영향도 컸다. 주희가 살았던 남송에서는 지주제가 발달하여 지주와 작인 사이에 계급갈등이 심각하였는데, 이 문제를 해결하지 않은 채 금金에게 빼앗긴 영토를 되찾고, 유가의 도덕이 구현되는 향촌 질서를 수립하는 것은 어려웠다. 이에 주자는 전주田主(지주)와 전호佃戶가 서로 의존하는 상보적 관계에 있다고 하고, 전호는 전주에 의지하여 가구家口를 활양活養하므로 전주를 침범해서는 안 되며, 전주 또한 전호에 힘입어 가계를 넉넉히 하므로 전호가 동요하도록 수탈해서는 안 된다고 하였다. 주자는 전주–전호의 관계가 단순한 경제적 상호의존 관계를 넘어 도덕·윤리성을 교화하는 관계로 발전하도록 이끌어야 한다고 하였다. 그 방안으로 지주이자 지배층인 사족들은 마을 주민 모두를 포괄하는 사창계를 설치·운영하고 향약·향음례 등을 시행해, 향촌사회의 경제적 안정과 유교적 공동체 질서와 윤리·도덕을 교화해야 한다고 하였다. 병작제 경영의 현실적 조건을 감안할 때, 조선의 재지 사족들에게는 주자의 전주–전호론을 따르는 것이 합리적이고 명분에서도 정당성이 있었다. 그리하여 조선 후기 지주들의 토지겸병이 확대되고 병작제가 보편화되면서 온정주의 경영도 빠르게 확산되었다. 그 대표적 예가 만석군 대지주였던 경주 최씨가의 지주경영이었다.

  19세기 중반 이후 조선에서는 농민항쟁이 폭발적으로 증가하였다. 그러나 대부분 삼정문란, 곧 삼정제도의 모순과 징세과정의 부정·비리에 항거하는 투쟁이었고, 작인들이 지주를 공격하는 항조투쟁은 거의 없었다. 실학자들 가운데 토지개혁을 거론하지 않는 이가 없을 정도로 토지겸병이 심각하고 병작제가 발달했음에도, 항조투쟁이 심각한 사회문제가 될 정도로 격화되지 않은 것은 온정주의 병작경영 덕분이었다. 지주제의 모순을 개혁하는 항조투쟁이 뚜렷하게 나타난 것은 1894년의 동학농민전쟁에서였다. 집강소 통치 때 농민군은 횡포한 부호를 응징하며 재산을 빼앗고, 고리대를 무효화하는 등 지주제 개혁에 나섰다. 그러나 당시에도 온정주의 경영으로 민심을 얻은 지주들은 농민군의 공격을 받지 않았다. 농민군의 공격을 받은 지주들은 권력형 수탈로 민심을 잃은 권세가나 토호들, 그리고 고리대와 결합해 영리 위주로 병작제를 경영한 상인지주 또는 서민지주들이었다.

그러나 온정주의로 경영하더라도 병작제는 실학자들의 비판대로 작인으로부터 지대를 수탈하는 소작제도일 뿐이었다. 그런 까닭에 삼정개혁을 요구한 농민항쟁은 종종 토호土豪나 요호饒戶 등 지주집단을 향한 공격으로 발전하였고, 삼정문란이 생계를 위협할수록 소작료나 지세 분담을 둘러싼 지주와 작인 사이 갈등도 심화되어 갔다. 그로 말미암아 지주제는 19세기 후반으로 갈수록 쇠퇴하였다. 지대율은 40퍼센트대로 떨어졌고 지대수입은 감소했으며, 지주의 소유권을 약화시키는 영소작권이나 중간소작이 확대되었다. 그 연장선에서 1894년에 일어난 동학농민전쟁은 '횡포한 부호 엄징·고리채 혁파·토지평균분작·두레법 장려' 등을 강령으로 내세우며 지주제의 전면적 개혁을 추진하였다.

조선 후기의 병작제와 달리 일제강점기 지주제는 자본가적 영리타산에 따라 수익성을 극대화하는 방향으로 경영되었다. 일제하의 지주들은 온정주의로 소작인을 관리하지 않아도 소작제도를 유지할 수 있었다. 식민지 권력이 다양한 정책으로 지주제를 보호·육성하였고, 수익성을 올릴 수 있도록 뒷받침하였기 때문이다.

일본은 1890년 제국의회 개원 즈음 공개적으로 조선을 식민지로 점령할 계획을 발표하고, 1894년 동학농민전쟁을 구실로 조선에 군대를 파견해 경복궁 쿠데타와 청일전쟁을 일으켰다. 청일전쟁에 승리했음에도 조선을 식민지로 만들려는 일본의 계획은 러시아가 주

도한 삼국간섭 때문에 실현될 수 없었다. 이에 일본은 다시 러시아
와의 전쟁을 준비하면서 1900년부터 식민정책을 수립할 목적으로
다방면에서 한국에 대한 조사를 실시하였다. 일본은 이 조사를 바탕
으로 조선농업을 수탈할 식민정책과 그 수탈기구가 될 근대적인 식
민지 지주제를 육성하는 방안을 수립하였다. 식민지 지주제는 예전
부터 조선 재래의 병작제가 아니라 일본 자본가들이 조선에 진출해
경영하는 일본식 근대 기생지주제였다.

　1904년 러일전쟁을 일으켜 조선을 강점하게 된 일제는 먼저 자
국 자본이 진출해 지주제 농장을 경영하기에 적합한 토지소유제도
를 수립하도록 대한제국 정부를 압박하였다. 일본인의 토지소유를
합법적으로 보장하는 토지가옥증명규칙과 토지가옥소유권증명규칙
의 제정이 그것이었다. 이 조치로 토지소유권 문제가 해결되자 일본
자본가들이 한꺼번에 조선 곡창지대에 진출하였다. 일제 또한 동양
척식주식회사를 설립하고 대한제국으로부터 방대한 궁방전과 역둔
토를 넘겨받아 직접 지주제 농장경영에 나섰다. 나아가 일제는 1910
년 조선을 병탄하자마자 토지조사사업을 시작해 임야를 제외한 조
선의 모든 토지를 측량하고 소유권자를 조사하여 근대적 소유권제
도를 확립하였다. 이로써 식민지에서 기생지주제가 발달할 수 있는
근대적 토지소유권의 토대가 마련되었다.

　다른 한편 일제는 조선에 근대적 법체계를 도입해 식민지 지주
제가 안정적으로 유지·확대되도록 뒷받침했다. 지주제를 뒷받침한
법령으로는 먼저 일본 민법을 따르도록 규정한 조선민사령이 있었
다. 일본 민법은 지주-소작관계를 임대차관계로 규정하고, 지주가
임대차계약에 따라 소작인을 통제하고 소작료를 징수할 수 있게 하
였다. 조선민사령에 따라 일본 민법이 조선에 적용되면서 소작인은

지주 말고도 식민지 권력기관의 제재를 받게 되었다. 이에 더해 일제는 소작쟁의 등 계급투쟁을 규제하는 각종 치안법령을 제정해 식민지 지주제를 뒷받침했다. 소작쟁의 규제에 일제가 적용한 법률은 통감부 때 제정된 보안법과 보안규칙, 출판법, 조선총독부 제령이었던 조선형사령, 1920년대 중반에 제정된 치안유지법과 폭력행위 등 처벌에 관한 법률 등이었다. 식민지 경찰은 이 법령을 이용해 직접 소작쟁의를 탄압하고 소작인을 처벌할 수 있었다. 일제강점기 조선의 지주제는 이 법령들에 따라 온정주의 경영 없이도 안정적으로 유지·확대될 수 있었다.

일본 자본가들은 이러한 조건들을 이용해 조직적인 소작인 통제와 수탈로 수익률을 극대화하는 지주경영을 하였다. 그들 대부분은 일본에서 상업이나 고리대업으로 부를 축적한 자들이었다. 조선총독부 소작관 히사마 겐이치久間健一가 그들을 "지칠 줄 모르는 이윤 추구"를 위해 식민지에 뛰어든 "경제적 약탈수"라 비판하였듯이, 그들의 지주경영은 오로지 이윤확보만을 목적으로 삼았다. 자본가적 영리타산만을 강조하는 이들의 지주제 경영은 조선인 지주들에게 빠르게 확산되었다. 온정주의로 소작인을 대할 필요가 없게 된 조선 지주들은 일본인 농장경영을 모델로 삼아 수익성을 높이는 경영으로 빠르게 전환하였다. 그리하여 조선의 지주제는 토지조사사업과 산미증식계획을 거치면서 자본가적 영리타산에 따라 경영되는 식민지 기생지주제로 전면 재편되었다. 이로 말미암아 농민의 80퍼센트를 차지하는 소작농은 무권리 상태로 수확의 60~80퍼센트를 지주에게 수탈당하며 가난과 빚의 굴레에서 벗어날 수 없는 채무 노예로 전락하였고, 토지문제 해결은 조선 민중의 생존과 민족·계급혁명의 가장 중요한 과제로 떠올랐다.

　이와 같이 병작제에 바탕을 둔 조선의 지주제는 19세기 후반 반봉건농민항쟁이 발전하는 과정에서 급속히 약화되며 해체되었지만, 일제가 침략해 근대적 토지소유권을 확립하고 지주제를 식민지 농업수탈기구로 보호·육성하면서 다시 빠르게 확대되었다. 1936년 통계에 따르면 지주제는 전체 농경지 가운데 논 면적의 69퍼센트, 밭 면적의 52퍼센트, 전체 농민의 75퍼센트를 지배할 정도까지 확대되었다.

　일제강점기 지주제가 농업수탈기구로 안정되고 빠르게 확대될 수 있었던 원인은, 일차적으로 지주들의 적극적인 토지겸병과 영리 활동이었다. 곡창지대에 대농장을 개설한 일본인 자본가를 선두로 대부분의 지주들은 자본가적 영리타산으로 소작농에 대한 통제와 수탈을 강화하며 적극적으로 경영을 확대하였다. 그러나 이러한 경영 확대는 지주들의 힘만으로 가능한 일이 아니었다. 그것은 일제가 지주들의 토지소유권과 임대권을 확고히 보장하고, 지주제의 존립을 위협하는 소작쟁의와 농민운동을 탄압함으로써 이루어질 수 있었다. 일제는 이에 더해 토지 생산성을 높이는 농사개량과 토지개량을 농민에게 강요하였고, 여러 가지 정책자금과 금융특혜를 지주들에게 집중적으로 제공함으로써 지주제 성장을 뒷받침했다. 일제는 조선에서 생산비에 못 미치는 낮은 가격으로 쌀·면화·고치 등의 농산물을 대량으로 수탈하려 했고, 그 목적을 달성하기 위해서는 반봉건인 방식으로 농민을 수탈하는 지주제를 적극적으로 육성할 필요가 있었다.

　그런 까닭에 일제강점기 조선의 지주제 발달을 해명하려면 개별 지주경영에 대한 연구뿐만 아니라 지주제의 성장을 뒷받침하고 지원했던 여러 방면의 식민정책을 유기적으로 연구해야 하며, 그 가운

14

데서도 식민지 지주제를 생산관계로 확립하고 확대시켰던 조선총독부의 소작정책을 연구할 필요가 있다. 조선총독부의 소작정책은 넓게 보면 식민지 지주제의 확립과 성장에 직간접으로 영향을 끼친 토지정책·증산정책·금융정책·치안정책과 전쟁총동원정책 등을 포괄하지만 더 엄밀하게는 지주소작 관계에 직접 영향을 끼친 정책들, 가령 토지임대차 정책, 영소작권에 관한 정책, 소작쟁의에 관한 정책, 소작기간과 소작료 등 소작조건에 관한 정책, 전시 증산을 위한 지주제 통제정책 등을 의미한다.

이 책에서는 일제강점기 식민지 지주제 형성과 확대에 직접 영향을 끼친 조선총독부의 소작정책을 연구하였다. 일제가 조선을 병탄하면서 착수한 토지조사사업과 1912년에 공포한 조선민사령, 1930년대의 조선소작조정령과 조선농지령의 제정, 중일전쟁에서 태평양전쟁에 이르는 군국주의 침략전쟁 동안 전쟁총동원정책의 일부로 실시된 소작료통제령과 조선농업계획의 부재지주통제가 그 구체적인 연구대상이다.

이 책은 세 부분으로 이루어졌다. 제1장 〈한말 토지소유제도와 지주소작 관계의 변동〉에서는 1862년 농민항쟁 이후 1910년 일본에게 강제 병탄되기까지 농업·농촌사회에서 근대화를 둘러싸고 일어난 변동과 지주제의 약화·해체과정을 검토하였다.

개항 이후 조선에서는 지주제를 근대화의 경제적 토대로 삼았던 개화파와, 지주제 개혁을 사회경제적 개혁의 기본 과제를 설정하였던 농민군이 근대화의 두 흐름을 형성하며 대립하였다. 비록 적지 않은 우여곡절이 있었지만, 1862년 농민항쟁 이후 1894년 동학농민전쟁에 이르는 시기에 농민들의 반봉건투쟁이 빠르게 확산되면서 발전하였고, 그로 말미암아 병작제에 바탕을 둔 지주제는 침체·약화되면서 해체되어 갔다. 특히 1894년 농민전쟁에서는 많은 지역에서 지주들이 농민군의 공격을 받고 토지와 재물을 빼앗기기까지 했다.

그러나 이러한 사태는 일본군과 관군, 보수 유생과 향리가 조직한 민보군이 농민군을 제압하면서 역전되었다. 농민전쟁을 패배시킨 갑오내각과 그 뒤를 이은 광무정권은 지주들의 소유권을 보호하면서 개화파 노선에 따라 근대개혁을 추진하였다. 마침 이 시기에는 일본으로 곡물수출이 확대되고 있었으므로 지주들은 대한제국 정부의 지원을 받으면서 토지겸병을 확대하고 지대를 인상하려 하였다. 정부 또한 역둔토를 정비하며 지주제 강화에 앞장섰다. 하지만 이러한 시도는 농민들의 완강한 저항에 부딪쳐 성과를 내기 어려웠다. 비록 농민전쟁에서 패했지만 이후에도 농민들은 다시 세력을 결집하여 정부와 지주들에게 대항하였다. 부세수탈이 심한 지역에서는 농민항쟁이 일어났고 지주의 수탈에 맞서 항조투쟁이 일어났으며, 몰락농민들로 구성된 화적이 수시로 관아나 지주를 공격하였다. 농민들의 이러한 저항 때문에 지주제는 매우 불안정하였다.

지주제가 확대될 수 있게 만든 것은 일제의 침략이었다. 일제는 1904년 러일전쟁을 일으키면서 을사조약을 강요해 조선을 반식민지로 전락시켰다. 청일전쟁으로 조선을 강점하려던 일본은 러시아의 간섭으로 목표가 좌절되자 러시아를 상대로 전쟁을 준비하면서, 1900년부터 조선을 지배할 기초 조사를 여러 방면에서 실시하였다. 일본은 이를 바탕으로 조선농업을 수탈할 식민정책과 그 수탈기구가 될 근대적인 식민지 지주제를 육성하는 방안을 수립하였다. 일본은 1906년 2월 통감부를 설치한 뒤 이 방안을 실행에 옮겨 토지가옥증명규칙과 토지가옥소유증명규칙 제정을 강요하였고, 일본인 자본가들을 조선의 곡창지대로 진출시켜 대규모 지주제 농장을 경영하

16

게 하는 한편 무력으로 농민들의 저항을 탄압하였다. 이로써 조선의 지주제는 일본 제국주의의 식민지 수탈기구로 재편되면서 다시 확대될 수 있었다.

이와 같은 한말 지주제의 변동을 바탕으로 제2장 〈조선총독부의 소작정책과 식민지 지주제의 전개〉에서는 일제가 조선을 강제 병탄한 1910년에 착수된 토지조사사업부터 태평양전쟁의 전쟁총동원정책 '조선농업계획'까지 조선총독부 소작정책을 검토하였다.

조선총독부의 소작정책은 조선 병탄 직후 착수된 토지조사사업과 1912년 2월에 공포한 조선민사령에서 본격화되었다. 토지조사사업은 관습상의 경작권과 18·19세기에 물권으로 성장한 영소작권 등 병작관계에서 발생한 소작지에 대한 농민적 권리를 모두 부정하고, 지주의 소유권만을 배타적·독점적으로 인정하였다. 조선민사령은 일본 민법을 조선에 적용시킨 조선총독부 제령으로, 지주소작 관계를 임대차관계로 규정해 식민지 권력이 법적으로 지주의 권리를 보장하고 소작관계를 규제할 수 있게 하였다. 이 두 조치에 따라 병작제에서 관습적으로 인정되던 소작인에게 유리한 조건들은 전부 무효화된 것과 달리, 지주들의 권리는 일방적으로 강화되어 소작인에 대한 통제가 강화되고 소작료도 가파르게 올라갔다. 이러한 소작조건의 악화는 소작쟁의와 농민운동을 촉발시키는 요인이 되었다.

3·1운동을 계기로 민족운동이 활성화되면서 1920년대에는 농민운동이 폭발적으로 성장하였다. 소작조건 악화로 생존위기를 맞게 된 농민들은 소작조합을 조직해 소작쟁의를 벌였고, 사회주의 운동가들이 농민운동을 지도하게 되면서 소작조합은 농민조합으로 확대되었으며, 그 활동도 소작조건 개선이라는 경제투쟁을 넘어 민족·계급혁명을 목표로 하게 되었다. 이러한 사태에 대해 조선총독부는 치

안유지법과 폭력행위 등 처벌에 관한 법률을 도입·제정해 농민운동에 대한 탄압의 강도를 높이는 한편, 산미증식계획을 실시하여 여러 방면으로 지주제가 확대되도록 지원하였다. 이로 말미암아 소작조건은 소작농에게 더욱 불리하게 악화되었다.

　그 상황에서 대공황이 몰려왔고, 코민테른이 이를 혁명적 위기로 규정해 혁명적 농민·노동조합운동을 일으키도록 지시하면서 1930년대 초반 조선에서는 민족·계급혁명운동이 거세게 일어났다. 이때 조선총독으로 부임한 우가키는 조선의 혁명운동을 무차별적으로 탄압하는 한편 이 위기를 돌파할 식민정책으로 농촌진흥운동을 실시하였고, 그 일부로 조선 최초의 소작법령인 소작쟁의조정령과 농지령을 제정하였다. 소작쟁의조정령과 농지령은 식민지 권력이 일정 부분에서 지주와 소작인 사이 분쟁을 조정·해소하는 중재자 역할을 맡게 하였다. 이는 일방적으로 지주를 비호하던 종전의 태도에 견주어 진일보한 것이었다. 그러나 그 중재나 규제는 소작인에게 극도로 불리해진 소작관계가 더 이상 악화되지 못하게 조정하는 수준에 그쳤다. 이 소작법령의 목적은 소작관계 개선보다 소작쟁의가 식민지 지배체제 안에서 조정이나 재판을 통해 해결될 수 있게 함으로써 농민운동이 혁명운동을 발전하는 것을 막는 데 있었기 때문이다. 그리하여 결국 이러한 소작법령 제정에도 불구하고 소작조건은 거의 개선되지 못했다.

　조선총독부의 소작정책은 일제가 중일전쟁·태평양전쟁을 일으키고 전쟁총동원체제를 구축하면서 그에 맞게 다시 수정되었다. 전쟁총동원체제는 전쟁에 필요한 농산물의 생산과 수집을 극대화하는 방안을 조선농업에 요구하였다. 이 요구에 부응하자면 지주제의 개선이 필요하였지만 지주 대부분은 식민지 권력의 비호 아래 소작료 수탈을 극대화하는 데 관심을 쏟았을 뿐 농업생산력 향상은 등한시하였다. 지주들의 과도한 수탈은 결국 소작지의 생산성을 정체 혹은 약화시켰다. 그런 상황에서 증산이 요구되었기 때문에 조선총독부는 지주의 생산적 기능을 확대하는 방법으로 소작지의 생산성을 높이는 정책을 실시하였다. 1939년에 제정된 소작료통제령과 1943년에 시행한 조선농업계획이 그것이었다. 이는 지주경영을 변화시키는 것을 목표로 했는데, 특히 조선농업계획은 전쟁동원정책에 협조하지 않는 부재지주들에게 그 농지의 신탁경영을 강요하였다. 그럼에도 조선총독부의 전쟁동원정책은 식민지 지주제의 본질을 침해하지는 않았다. 그 정책이 추친한 지주제 개선의 목표가 자본가적 영리타산에 가장 충실한 일본인 농장 지주제였을 뿐이었다.

이 책에는 이상의 논지를 보완하기 위해 제3장에 〈우가키 가즈시게 총독의 시국인식과 농촌진흥운동의 변화〉를 실었다. 이 글을 실은 이유는 농촌진흥운동, 특히 농지령의 성격을 두고 논란이 적지 않기 때문이다. 농촌진흥운동은 대공황으로 조선농촌에서 혁명적 농민조합운동이 급속히 확산되던 상황에서 위기 해결책으로 입안되었다. 그런 까닭에 농촌진흥운동과 농지령에는 우가키 총독의 말처럼 조선농민에게 '빵'을 주는 사회정책적 요소가 담겨 있다. 식민지 근대화론의 입장에 선 연구들은 이 점에 주목하여 농촌진흥운동을 계기로 식민정책에 질적 전환이 일어났다고 적극적으로 평가하였다. 말하자면 이 전환이 식민지가 선진 제국주의 국가와 협력관계에서 후발성 이익을 흡수하는 경제적 토대가 된다고 본 것이다.

그러나 이 관점은 농촌진흥운동과 농지령의 본질을 호도하는, 본말이 전도된 관점이다. 우가키 총독은 식민정책의 방향을 바꿀 만큼 조선의 민족·계급혁명운동이 강력하지는 않다고 판단했다. 조선의

상황은 일시적으로 혁명운동을 진정시킬 전술이 필요하지만 사회정
책을 본격적으로 도입할 만큼 심각하지는 않다고 본 것이다. 오히려
그는 총독 부임 초기부터 일본의 만주침략이 불러올 국제적 고립과
전쟁위기를 더욱 심각하게 생각하고 있었다. 농촌진흥운동은 이러한
시국인식을 바탕으로 고안되고 추진되었다. 그런 까닭에 농가경제갱
생계획이 본격적으로 추진된 것은 2년에 지나지 않았고, 그것이 미
처 성과를 내기도 전에 농촌진흥운동은 생업보국운동으로 방향을
틀었다. 농지령 또한 그 제정과정을 보면, 일본에서 추진된 소작법
과 본질적으로 달랐다. 일본의 소작법은 혁신관료 주도로 지주제 개
혁을 목표로 하였지만, 조선의 농지령은 기존의 지주 권익을 최대한
보장하면서 입법이 이루어졌다. 지주들이 반발한 것은 그 명칭이 일
본의 소작법과 같아 입법 초기에 오해를 불러왔기 때문이었다. 이
책의 보론은 농촌진흥운동의 입안과 시행을 주도했던 우가키 총독
의 시국인식, 그에 따른 정책의 변화를 추적하여 농촌진흥운동과 농
지령의 실상을 해명함으로써 사회정책으로서의 한계를 명확히 하고
자 하였다.

이 책은 여러 분들의 도움을 받아 세상에 나올 수 있었다. 이 책
의 글들은 처음부터 한 권의 책으로 간행할 것을 염두에 두고 쓴 것
이 아니었다. 그래서 한 권의 책으로 묶는 데 주저할 수밖에 없었다.
그럼에도 필자가 이 책을 묶을 수 있었던 것은 존경하는 스승 김용
섭 교수와 정창렬 교수의 격려 덕분이다. 지식산업사 김경희 사장님
도 보잘 것 없는 책을 선뜻 간행해 주시겠다며 필자에게 힘을 실어
주셨다. 조선총독부의 소작정책을 정리하는 데는 가톨릭대학 정연태
교수의 연구가 큰 도움이 되었다. 이 책이 읽기 쉽고 보기 좋게 나

온 것은 정확하고 편한 우리말 되살리기를 실천하시는 지식산업사 김경희 사장님과 실무를 맡은 송인선님의 노력 덕분이다. 이 자리를 빌려 모두에게 깊이 감사드린다.

2012년 12월

이 윤 갑

차 례

제2장 일제강점기 조선총독부의 소작정책과 식민지 지주제의 전개

제3장 우가키 가즈시게 총독의 시국인식과
농촌진흥운동의 변화

일러두기

이 책은 저자가 이미 발표한 여러 글들을 바탕으로 작성되었다. 집필 과정에서 그동안의
연구 성과를 반영하였다. 또한 내용을 수정하거나 보완하기도 하고, 논지가 분명하도록 문
장도 다듬었다. 그러나 수정하고 보완한 부분에 대해서는 일일이 각주를 달지 않았다. 발
표된 논문들을 참고한 순서대로 정리하면 아래와 같다.

〈한말의 토지소유제도와 지주 · 소작관계〉, 《한국 농업구조의 변화와 발전》, 한국농촌경제연구원,
    2003.
〈일제 강점 전반기(1910~1931년)의 조선총독부의 소작정책〉, 《계명사학》 15, 2006.
〈농촌진흥운동기(1932~1940)의 조선총독부의 소작정책〉, 《대구사학》 91, 2008.
〈우가키 가즈시게宇垣─成 총독의 시국인식과 농촌진흥운동의 변화〉, 《대구사학》 87, 2007.

제1장

한말 토지소유제도와
지주소작 관계의 변동

1. 머리말

한말 농업변동은 개항 이전의 조선사회에서 발생한 농업문제에서 기원한다. 조선 후기 농촌사회에서는 농업생산력의 발전과 상품유통경제 발달로 말미암아 광범하게 농민층 분화가 일어났고, 다른 한편에서는 토지겸병이 증가하는 등 지주제가 확대되었다. 이러한 변화로 많은 농민층이 몰락해 빈농화되었고, 사회적으로는 신분제가 동요되었다. 이 때문에 신분제적 차별원리에 따라 운영되던 봉건적 부세체제는 '삼정문란'이라는 구조적 위기에 빠지게 되었다.

지주제 확대, 농민층 분화, 삼정문란 등이 사회적 대립과 갈등을 격화시키자 18세기 후반 이후 이를 해결하려는 논의가 혁신 관료층과 농촌 지식인들 사이에서 활발하게 이루어졌다. 그 과정에서 정전론·균전론·한전론 등을 비롯해 현실성 있고 구체적인 개혁안이 다양하게 제시되었으나, 보수적 지배층은 이를 외면하고 19세기 중반까지 고식책 또는 미봉책으로 현상 유지에만 연연하였다. 그로 말미암아 결국 1862년에는 전국 70여 개 군현에서 농민항쟁이 폭발적으로 일어났고, 이 위기가 근본적으로 해결되지 못한 상태에서 조선사회는 타율적으로 개항을 하게 되었다.

이 때문에 개항한 1876년부터 일제에게 강점당하는 1910년에 이르는 시기에, 한국 농촌사회는 농업과 토지소유 관계의 근대화를 둘러싸고 격심한 계급적·민족적 갈등과 대립을 겪었다. 당시 조선은 농업 근대화를 위해서 두 가지 과제를 동시에 해결해야 했다. 하나는 농민항쟁의 직접적 원인인 봉건적 부세체계와 그 근원이 된 봉건적 생산관계(지주제)를 근대적으로 개혁하는 것이고, 다른 하나는 조선을 식민지로 지배하고 수탈하려는 외세를 배격하고 자주적으로 근대화를 이루는 것이었다.

개항 이후 근대화운동은 크게 두 갈래로 전개되었다.[1] 하나는 1862년 농민항쟁을 계승하면서 소·빈농층의 사회·경제적 해방에 주안을 두고 근대변혁을 추구하였던 농민운동으로, 그 정점에 있던 것이 1894년의 농민전쟁이었다. 다른 하나는 개항을 전후해 시도된 개화파의 근대화운동으로 갑신정변과 갑오개혁으로 구체화되었는데, 일본의 근대화운동을 모델로 삼아 지주층·지주제에 바탕을 두고 위로부터의 근대화·자본주의체제화를 추구하였다. 한말 농업변동은 기본적으로 이 두 흐름의 근대화운동이 대립적으로 경합하면서 만들어 내었다. 그러나 여기에는 외세침략이라는 변수가 개입하고 있었다. 외세, 더욱이 일제는 갑신정변, 1894년 농민전쟁, 갑오개혁, 광무개혁 등에 간섭하여 근대화운동을 좌절시키거나 왜곡·변질시켜 자주적인 근대화 역량을 약화·소진시키고 끝내 한국을 식민지로 강점하였다.

18·19세기에 조성된 조선사회의 농업모순에서 시작해 개항 후 근대화운동의 두 흐름이 대립적으로 경합하였고, 거기에 식민지화를 노린 외세의 침략이 개입해 자주적 근대화를 왜곡·좌절시키는 농업변동의 큰 굴곡을 거치면서 한말의 토지소유제도와 지주소작 관계는 몇 번의 양적·질적인 변화를 겪게 된다.

이러한 변화를 해명하고자 이 장에서는 먼저 그 변화의 역사적 기원이 되는 개항 전의 농업문제를 1862년 농민항쟁의 구조적 배경

---

1) 金容燮, 〈近代化過程에서의 農業改革의 두 方向〉, 《한국자본주의성격논쟁》, 대왕사, 1988.

과 원인을 중심으로 정리하였다. 이어 개항 후 두 흐름의 근대화운
동이 토지소유제도와 지주소작 관계를 어떠한 방식으로 처리하려
했는가를 살피고, 나아가 개화파가 주도한 갑오·광무개혁에서 지주
적 토지소유와 근대적 토지소유권이 확립되는 과정을 검토하였다.
다음으로 일제의 침략과 농업식민책, 그에 따른 토지침탈이 자주적
근대화운동을 좌절시키는 과정과, 갑오개혁 이후 확대되던 지주제가
일본 제국주의 하위체계의 일부인 식민지 지주제로 편입되는 과정
을 짚어 보았다. 아울러 그 과정에서 봉건적 병작제에 따라 운영되
던 지주제가 근대적인 소작제·기생지주제로 전환되는 부분도 검토
하였다. 끝으로 식민지로 강제 편입되는 과정에서 일제의 침략과 지
주제에 저항하는 농민들의 항조투쟁과 의병투쟁의 전개 양상을 살
펴보았다.

2. 19세기 후반 농업문제와 근대변혁운동

1) 1862년 농민항쟁과 농업문제

조선 후기 사회의 사회경제적 모순이 본격적으로 거론되고 개혁
이 논의되기 시작한 것은 17세기 후반부터였다. 이후 사회개혁을 위
한 논의들이 이른바 실학운동으로 활발히 전개되었고, 정부 차원에
서도 개혁정책을 마련하려는 시도가 몇 번 있었다. 그러나 정부 정
책은 근본적 개혁과는 거리가 먼 미봉책을 벗어나지 못했고, 그로
말미암아 사회경제적 모순은 누적되고 심화되어 19세기 후반에는
전국적인 농민봉기가 일어나게 된다. 1862년 농민봉기는 경남 단성

에서 시작해 몇 달 만에 삼남 지방 70여 개 군현으로 확대되었다.

19세기 후반의 농민항쟁은 당대 사회경제적 모순을, 특히 조선왕조 최말기의 농업문제를 집약적으로 드러내고 있었다. 1862년에 삼남 지방을 중심으로 발생한 농민항쟁은 자그마치 70여 개 군현에서 연쇄파급적으로 일어났고, 그 전개 양상도 매우 격렬하였다. 임술농민항쟁은 분산고립적으로 전개되었으나, 공통되게 전정田政·군정軍政·환곡還穀 등에서 부당하게 부과되던 부세의 철폐를 요구하였다. 말하자면 19세기 중엽의 농업모순은 항세투쟁抗稅鬪爭으로 표출된 '삼정문란'으로 집약되고 있었다.

농민항쟁의 원인이 된 '삼정문란'은 부세불균賦稅不均과 가렴苛斂이었다. 구체적으로 부세의 부과가 균등하지 않을 뿐더러 취약계층인 빈농층에 편중되어, 그 부담이 다수 농민의 생존을 위협할 정도로 부당하게 과도한 것이 문제였다. 삼정의 운영에서 이러한 모순이 발생하게 된 까닭은 부세제도 운영상의 문제, 곧 양전量田이 오랫동안 실시되지 못한 것과 감사나 수령·지방향리 등이 자행한 부정과 비리 때문이었다. 이는 삼정의 개혁을 거론할 때 자주 제기되던 문제였다.

그러나 이 시기 삼정을 문란하게 만든 또 다른 중요한 원인이 있었다. 조선 후기 생산력의 발전과 상품유통경제 발달을 배경으로 일어난 농촌사회의 급격한 변동, 곧 지주제 확대와 농민층 분화가 그것이다. 18세기 이후 유통경제가 발달하고 도시가 성장하면서 도시 근교나 곡물 운송이 쉬운 지역을 중심으로 지주제가 확대되었다. 곡물유통이 발달하면서 토지 수익성이 높아지자 토지겸병도 늘어났다. 권세 있는 왕실, 관료, 토호土豪, 활리猾吏 등이 세력을 이용해 궁박한 처지에 몰린 소·빈농층의 토지를 수탈적 방식으로 강제 매입하는 사태가 급증한 것이다. 이와 나란히 재향사족이나 향족부호들도 토지겸병에 나섰고, 곡물유통에 종사하던 상인들도 적극적으로 토지를 매입하였다. 이들은 주로 고리채를 이용해 채무자에게 담보물인 토지를 헐값에 매수하는 방식으로 토지소유를 확대해 나갔다.[2]

그리하여 곡물유통이 발달한 지역에서 세력가들에게 토지가 집중된 것과 달리 많은 농민들은 토지를 잃고 이들의 토지를, 그것도 소규모로 소작하는 빈농으로 전락했다. 양안에 의거한 연구에 따르면 18세기 초반에 대구·의성·전주 등지에서는 이미 10~20퍼센트의 부농층이 전체 농지 40~60퍼센트를 소유하고 있었고, 18세기 말 고부에서는 10퍼센트의 부호가 50퍼센트를 웃도는 농지를 차지하고 있었다.[3] 다산 정약용도 19세기 초반 호남 지역 전체 농가 가운데 지주가 5퍼센트뿐이지만 소작농은 70퍼센트에 이른다고 하였다.[4]

이에 더해 이 시기에 발전하기 시작한 부농경영도 소·빈농층 몰락에 주요 원인으로 작용하였다. 18세기 후반에는 유통경제가 발달한 지역을 중심으로 타인을 고용해 상업적 농업을 확대하는 부농경영이 성장하였다. '광작농민廣作農民'으로 불린 부농층은 이앙법이나 견종법 등 새로운 농법을 적극적으로 활용하면서 상업적 농업을 위해 차경 규모를 키우거나 자작지와 자작 경영을 확대해 갔다. 부농경영의 확대는 소작에 의존해 연명하던 소·빈농층을 더 가난하게 만들었다. 또한 부농층은 고리대를 이용해 농업노동력을 확보하였다. 이러한 부농경영의 확대는 소·빈농층 몰락을 촉진하고, 이들을

---

2) 허종호, 《조선봉건말기의 소작제 연구》, 사회과학원출판사, 1965, 제2장 참조.
3) 金容燮, 《朝鮮後期農業史硏究〔1〕-農村經濟·社會變動》 증보판, 일조각, 1995, 204쪽, 226~227쪽.
4) 〈擬嚴禁湖南諸邑佃夫輪租之俗箚子〉, 《丁茶山全書》 上卷.

농촌에서 몰아내는 또 다른 요인이 되었다.

소농층이 빈농층으로 몰락하면 담세능력도 떨어지기 마련인데도 농민들이 부담해야 할 부세는 결코 줄어들지 않았다. 전세 부담은 토지 상실에 비례해 줄어들기도 했지만, 인정人丁과 호戶 단위로 수취되었던 군역과 환곡은 경제적 능력과는 무관하게 부과되었다. 그러한 가운데 부농층을 비롯해 재력이 있는 농민들이 합법 또는 불법적인 방법으로 신분을 상승시키자 일반 농민들의 부담은 더 무거워졌다. 당시 봉건적 부세제도였던 삼정은 신분제 원리에 따라 차별적으로 운영되었고, 군·면리 단위로 할당된 정액을 담세자층의 증감에 상관없이 군현민이 부담하게 하는 총액제摠額制나 군총제郡摠制로 운영되고 있었다. 그런 까닭에 일부 부농층의 신분상승은 필연적으로 담세능력이 급격히 저하되고 있는 빈농층의 부담을 가중시키는 결과를 가져왔다. 이러한 사태는 또 다른 악순환을 불러와 빈농층 가운데 최하층의 유망이 늘어났고, 그것이 다시 부세 부담을 가중시키는 원인이 되었다.[5]

빈농층에게 부세가 편중되면서 결국 많은 결손세액이 발생하였다. 빈농층의 담세능력에는 절대적인 한계가 있었기 때문이다. 그러나 결손세액은 면제될 수 없었고 어떠한 방식으로든 충당해야만 했다. 그렇게 해서 생겨난 편법이 '도결都結'이었다. 도결은 합법적인 방법으로 징수할 수 없는 결손세액을 다시 전결에 부과해 징수하는,

5) 金容燮, 〈哲宗朝의 應旨三政疏와 '三政釐整策'〉, 《韓國史研究》 10, 1974; 李榮浩, 〈1862년 진주농민항쟁의 연구〉, 《韓國史論》 19, 1988; 李潤甲, 〈19세기 후반 慶尙道 星州地方의 농민운동〉, 《孫寶基博士停年紀念韓國史論叢》, 지식산업사, 1988; 吳永敎, 〈1862년의 農民抗爭研究-全羅道地域의 事例를 중심으로〉, 《孫寶基博士停年紀念韓國史論叢》, 지식산업사, 1988; 고동환, 〈1862년 농민항쟁의 구조와 성격〉, 《1862년 농민항쟁》, 동녘, 1988.

2. 19세기 후반 농업문제와 근대변혁운동 33

부당하고 불합리한 부세수취였다. 도결은 신분제 동요가 심화되는 19세기에 더 확대되었고, 그 피해는 소·빈농층에게만 국한되지 않았다. 도결은 전결에 일괄 부과하는 것이기 때문에 부농층이나 지주층에게도 피해가 미쳤다. 따라서 소·빈농층의 담세능력이 떨어질수록 도결의 피해는 부농·지주층에게 돌아갔다.

삼정문란과 도결의 피해는 결국 지주경영 자체를 약화시키고 위기로 몰아갔다. 이로 말미암아 19세기 중반에 이르면 소·빈농층은 말할 것 없이 부농층이나 지주층조차 '반란을 생각하게[思亂]'하게 되는 지경에 이르렀고, 실제 1862년 농민항쟁에서는 이른바 '대민大民'으로 불리던 부농층이나 지주층이 적지 않은 군현에서 봉기에 직접 가담하거나 주도층의 일부가 되어 도결의 폐지를 요구하였다.6)

그러나 도결의 확대는 지주·부농층과 소·빈농층 사이, 지주층과 전호농민층 사이에 분열과 대립을 심화시키는 결과도 가져왔다. 조선의 봉건적 부세체제는 대동법과 균역법의 도입으로 차츰 인정人丁과 호戶에 부과하던 부세를 전결田結에 부과하는 방향으로 변하고 있었고, 도결은 그러한 변화를 급속히 확산시키는 계기가 되었다. 이 때문에 전세 부담이 커진 지주층이나 부농층은 향리와 결탁해 소유지 등급을 낮추거나 아예 은결隱結에 편입시키는 방식으로 전세를 모면하려 하였다. 이들 농지에서 부당하게 감면된 전세는 군현 내 다른 농지로 전가되었고, 결국 소·빈농층 몫이 되었다. 나아가 지주층은 자신이 부담할 전세를 최대한 전작농민佃作農民에게 떠넘기고자 하였다. 이로 말미암아 전호농민에 대한 수탈은 증가하고, 지주제 안에서 전작농민과 갈등·대립 또한 심화되어 갔다.

---

6) 고동환, 위의 글(1988), 40쪽.

1862년 농민항쟁은 항세투쟁으로 폭발하였지만, 그 전개 과정에서 이러한 조선왕조 최말기의 농업문제가 응축되어 표출되고 있었다. 항쟁은 소·빈농층은 말할 것 없이 지주와 부농층을 포함하는 '대大·소민小民'의 정소呈訴운동에서 출발해 농민폭동으로 발전하였고, 그 과정에서 비리와 부정으로 원성을 샀던 지방관과 서리층이 징벌을 받았다.

봉기에 나선 군현민들은 도결을 포함해 삼정에서 부당하게 부과되던 부세의 철폐를 요구하였다. 그 과정에서 소민인 소·빈농층은 부세 편중의 구조적 문제 해결 방법으로 환곡제 폐지와 동포제洞布制 실시를 요구하기도 하였다. 동포제를 실시하라는 요구는 신분에 따라 차별적으로 운영되던 군정제도를 근본적으로 개혁하라는 요구였다. 일부 지역에서는 농민항쟁이 이 정도에서 끝났으나, 진주나 성주 등 적지 않은 지역에서는 다시 소·빈농층이 주동해 부세 배분이나 고리대·지주제 등을 둘러싸고 이해가 대립하였던 양반지주층이나 요호부민층饒戶富民層을 공격하고 가옥을 훼손·파괴하는 새로운 항쟁이 일어났다.[7]

1862년의 농민항쟁으로 드러난 조선왕조 최말기의 농업문제는 다음과 같이 정리될 수 있다.[8] 첫째는 신분제의 차별적 원리와 총액제 방식으로 운영하던 봉건적 부세체계를 개혁하는 문제였다. 봉건적 부세체제는, 상품경제가 발전하고 농민층 분화가 광범하게 진행되어 신분제가 동요하는 농촌 현실과 구조적으로 모순을 일으키면서 농민항쟁의 직접적 원인이 되고 있었다. 봉건적 부세체제의 모순

---

7) 주 5 참조.
8) 金容燮, 앞의 글(1974); 金容燮, 〈朝鮮王朝 最末期의 農民運動과 그 指向〉, 《韓國近現代農業史硏究》, 일조각, 1992.

은 소·빈농층의 생존을 치명적으로 위협하면서 차츰 농촌을 공동화
시키고 있었다. 그뿐만 아니라 농업에서 상품생산을 주도하던 부농
경영이나 지주경영에도 커다란 방해물이 되고 있었다. 소·빈농층의
동요와 공동화는 지주경영이나 부농경영의 존립 기반을 위협하였고,
도결제를 통한 이들에 대한 권력형 수탈의 증대는 이른바 '대민'이
라 할 지주층마저 농민봉기에 가담하게 하는 원인이 되었다. 호남이
나 영남 재촌양반의 지주경영 사례를 분석하면, 지주경영의 위기는
자연재해가 대규모로 발생한 1820~30년대부터 시작해 삼정문란이
극심했던 19세기 후반에 최고조에 이르렀음을 알 수 있다.[9]

　둘째는 심각하게 진행되고 있는 토지소유관계를 중심으로 한 농
지 소유의 분해, 곧 지주제의 모순을 해결하는 것이었다. 비록 농민
항쟁에서 지주제 개혁이 직접 제기되지는 않았지만, 소·빈농층이 지
주와 부호가를 공격하는 현상은 여러 지역에서 나타났다. 그것은 유
통경제 발달을 배경으로 한 지주제의 성장이 삼정문란과도 연관되
면서 이미 심각한 농업문제로 발전하였음을 명확히 보여주는 것이
었다. 18세기 이래 지주제는 이미 지배적인 생산관계로 자리 잡을
만큼 확대·발전해 왔다. 그에 따라 지주층의 지대와 고리대 수탈이
강화되고, 지주층이 부담해야 하는 전세가 전작농민층이나 소·빈농
층에게 전가되는 추세도 확대되었다. 이것이 소·빈농층의 몰락을 촉
진하였고 삼정문란을 심화시키는 더 근본적인 원인이 되었던바, 그
에 대한 저항이 임술항쟁에서 '소민'이 '요호부민'을 공격하는 형태

9) 鄭勝振, 〈19~20세기 전반 農民經營의 變動樣相〉,《經濟史學》25, 1998; 李榮薰, 〈湖
　　南 古文書에 나타난 長期趨勢와 中期波動〉,《호남지방 고문서 기초연구》, 한국정신문
　　화연구원, 1999; 金建泰, 〈1743~1927년 全羅道 靈巖 南平文氏 門中의 農業經營〉,《大
　　同文化研究》35, 1999; 朴基炷, 〈19·20세기초 在村兩班 地主經營의 動向〉,《맛질의 농
　　민들》, 일조각, 2001.

로 표출된 것이다. 소작농이 주류를 이루는 소·빈농층의 저항은 임술항쟁 이후 신분제 질서가 크게 동요하면서 더욱 격화되어, 19세기 후반 지주경영의 위기를 가져오는 중요한 요인이 되었다.

셋째는 부농층 성장에 따른 부농층과 빈농층의 대립이었다. 요호부민饒戶富民으로 불렸던 부농층은 농업경영을 중심으로 빈농층과 대립했을 뿐 아니라 고리대와 연계된 고용노동 착취와 부세 배분 문제에서도 빈농층과 대립관계에 있었다. 그런 사정 때문에 부농층도 임술농민항쟁에서 소·빈농층의 공격 대상이 되었다. 다만 아직은 부농의 성장이 지주제의 확대만큼 농민 몰락에 영향을 끼치지 못했기 때문에 빈농층과 대립관계가 두드러지지 않았을 뿐이었다.

이와 같은 농업문제들은 이미 18세기 후반부터 실학자나 농촌 지식인들이 제기하고 있었고, 그 해결방안들도 여러 번 건의된 바 있었다. 그러나 봉건 정부는 이를 개혁정책으로 수용하지 않고 미봉책으로만 대처하다가, 급기야 70여 개 군에서 농민항쟁이 일어나는 위기를 맞게 되었다. 이에 정부는 황급히 삼정이정청三政釐整廳을 설치하고 민심을 진정시킬 삼정이정책三政釐整策을 마련하였다. 이것은 부분적으로 양전量田과 은결 적발을 위한 사진査陳, 양반층에게도 호포전戶布錢을 징수하는 차등적 호포법戶布法의 도입, 허유환곡虛留還穀의 탕감·보전과 부분적인 사창법社倉法의 도입 등을 주 내용으로 하는 대원군의 내정개혁으로 구체화되었다.[10]

그러나 대원군의 내정개혁은 부세제도에 한정해 개혁을 시도한 것으로 전면적이지 못했으며, 그것을 철저하게 실행하기도 어려웠다. 이 때문에 농민항쟁은 계속해서 발생하고 확대되었다.

---

10) 金容燮, 앞의 글(1974); 金容燮, 〈朝鮮後期의 賦稅制度 釐整策〉, 《韓國近代農業史研究》 증보판 上, 일조각, 1984.

2) 근대변혁운동에서 농업문제 해결의 두 흐름

(1) 1894년 농민전쟁과 '평균분작平均分作'론

대원군의 부세제도 개혁은 1862년 농민항쟁에서 제기된 요구를 일정 부분 받아들이고 그 범위 안에서는 철저하게 실행하려 하였으나, 기본적으로 신분제를 바탕으로 하는 부세제도 틀을 유지하려 했기 때문에 삼정의 모순을 근본적으로 해결하는 데 한계가 있었다. 더구나 그 개혁은 강위姜瑋를 비롯한 여러 논자가 강력히 제기했던 삼정문제와 얽힌 지주제 문제, 부농경영의 문제 등 가장 근원적인 농업문제를 아예 배제하고 있었다. 이 때문에 농민항쟁은 수습되지 못하고 이어졌으며, 개항 이후 통상무역이 시작되고 농산물의 상품화가 확대되자 농촌사회 내부의 갈등과 대립은 더욱 심화되어 갔다.

사태가 이와 같이 전개되자 부세제도의 모순을 그 근원이 되는 토지소유 문제, 곧 토지겸병과 지주제 개혁을 결부시켜 같이 해결해야 한다는 주장들이 소·빈농층을 옹호하는 식자층 사이에서 광범하게 제기되었다. 이들은 농민경제를 안정시키고 농촌사회를 진정시킬 방법으로 전통적 토지개혁론인 정전론井田論·균전론均田論·한전론限田論 등의 실시를 강력히 요구하거나, 토지소유는 제약하지 않고 법으로 지대만 줄이는 감조론減租論을 제시하기도 하였다. 비록 소수이긴 하지만 이들 가운데는 독립자영농·자립적 소농경제를 바탕으로 하는 근대사회의 형성을 전망하면서 토지개혁을 제기하는 자도 있었다.[11]

그러나 정부 안의 보수 세력은 말할 것 없이 개화파도 이러한 토

지개혁론을 거부하였다. 지배층은 부세제도의 부분적 개선만으로 문제를 해결하려 했으며, 지주제를 옹호하는 입장을 고수하였다. 1880년대 말부터 일본과 곡물무역이 더욱 확대되자 농업문제를 둘러싼 사회적 대립과 갈등이 더 첨예해졌고, 다시 농민항쟁이 곳곳에서 일어났다. 그러한 가운데 1860년 최재우가 창도한 동학은 지배층의 계속된 탄압에도 불구하고 1880년대로 접어들면서 경전을 간행하고 전국적으로 교단조직을 확대하는 등 농촌사회에서 교세를 급속히 확대해 갔다.

동학이 농촌사회에 광범하게 뿌리내리고 조직을 갖추게 되자, 동학의 조직력에 의지해 부세문제를 해결하고 사회개혁을 시도하려는 혁신세력들이 나타났다. 이들은 1893년 삼례 집회에서 시작해 보은·금구 집회로 이어지는 교조신원운동을 통해, 농민 스스로 봉건 정부를 대신할 권력을 형성하였다. 이로써 농업 개혁과 사회·국가 개혁을 추진할 농민혁명의 가능성을 탐색하였고 그 연장선에서 1894년 봄, 전봉준을 중심으로 한 동학의 '남접' 세력은 전국적인 농민전쟁을 일으켰다.

1894년 농민전쟁에서 농민군들, 그 가운데서도 주력을 이루었던 남접 소속의 지도부는 자신들이 무장봉기로 쟁취한 권력에 바탕을 두고 소·빈농층의 경제적 안정과 성장이 보장되는 방향으로 농업문제를 해결하려 하였다. 봉기 당시 농민군은 폐정개혁을 기치로 내걸었지만, 구체적인 개혁 강령을 마련하고 있지는 않았다. 농민군 지도부가 농업문제와 관련한 개혁안을 구체적으로 마련한 것은 전주화약을 체결할 무렵이었다. 하지만 그것은 정부와 협상하려고 각 지역의 농민들이 내놓은 개혁 요구들을 나열한 것에 지나지 않았다. 그 내용도 당시 농업문제 전반에 대한 개혁안이라기보다 부세제도의 개혁과 개항에 따른 외세의 침략, 그와 연계된 농민수탈을 금지할 것을 요구하는 수준에 머물렀다. 그러나 이후 전라도 일대를 중심으로 집강소를 설치하고 지역사회 운영의 주도권을 장악할 무렵의 농민군 지도부는 앞선 폐정개혁안을 바탕으로 더 체계적인 개혁안을 마련하고 있었다. 오지영吳知泳의 《동학사東學史》 초고본에 제시되어 있는 폐정개혁안이 그것이다.

농민군이 정부에 요구한 폐정개혁안과 오지영의 《동학사》 폐정개혁안을 중심으로 농민군의 농업개혁안을 정리하면 다음과 같다. 먼저 부세제도 개혁에서는 신분제 혁파와 연계해 신분 차별적인 부세제도를 폐지하고, 균부균세均賦均稅가 실현되는 부세체계의 수립을 지향하였다. 또한 도결을 포함해 모든 부가세를 폐지하고, 중앙관서나 지방관의 불법적인 권력형 수탈행위를 모두 엄금하였으며, 법정 세액 징수를 엄수할 것을 요구하였다. 아울러 소·빈농층에게 가장 가혹한 고통을 주던 환곡, 지주와 부농층의 각종 고리채에 대해서도 모든 채무를 무효화하고 혁파하는 조치를 취했다.[12]

토지소유 문제에 대해서는 '평균분작平均分作' 원리에 따라 지주제도를 개혁하려 하였다. 집강소의 개혁요구에는 "횡포한 부호배를 엄징할 사", "토지는 평균분작으로 할 사"[13]라는 조항이 있었고, 농민군은 전쟁기간 동안 곳곳에서 지주의 도조나 전재錢財, 전답문서를 몰수하는 형태로 지주제를 공격하였다.[14] 그로 말미암아 중앙정부는 농민전쟁을 진압한 뒤에 "서울과 지방인의 지주소유 전답을 물

---

12) 韓㳓劤, 《東學亂 起因에 관한 研究-그 社會的 背景과 三政의 紊亂을 중심으로》, 서울대한국문화연구소, 1971.
13) 吳知泳, 《東學史》, 민학사, 1975, 126쪽.
14) 愼鏞廈, 〈甲午農民戰爭 시기의 農民執綱所의 활동〉, 《한국문화》 6, 1985; 愼鏞廈, 〈甲午農民戰爭과 두레와 執綱所의 폐정개혁〉, 《韓國社會史研究會論文輯》 8, 1987.

론하고 마름 및 소작인배가 이번 소요를 자탁籍托하여 지주에게 소
작료를 납부하지 않은 자"와 "이미 징수한 소작료를 동학농민군들에
게 빼앗긴 자"를 따로 조사하여 조치하게 하였다.15) 농민군들은 지
주제를 혁파하고 이를 '경자유전耕者有田'의 정신에 따라 농민들에게
'평균분작'시키는 개혁을 추구하려 한 것이다.

이러한 개혁은 농업경영 문제와 연관해 추진되고 있었다.《동학
사》초고본에는 집강소 폐정개혁 요강으로 "토지는 평균분작으로
할 사"와 "농군의 두레법은 장려할 사"가 나란히 실려 있다.16) 이
두 조항은 농민군의 농업개혁 방안이 기본적으로 지주제로부터, 다
른 한편으로는 부농경영의 압박으로부터 소농경영을 해방시키고 안
정시키려 했음을 보여준다. 당시 농업 현실에서는 지주제를 혁파하
고 '경자유전'을 실현하는 것만으로 소·빈농층의 경제적 안정이나
해방이 달성될 수는 없었다. 부농층의 경영 확대와 경우耕牛·여유 자
금을 이용한 고리대 착취가 소·빈농층의 몰락을 촉진하는 또 다른
요인이었기 때문이다.

농민군이 목표로 하는 농민해방, 즉 소농경영의 안정적 발전을
성취하려면 '경자유전'과 부농경영, 특히 광작경영의 해체를 동시에
달성할 수 있는 토지개혁이 필요했다. 그런 까닭에 집강소 개혁요강
에서는 토지개혁을 실학자들이 즐겨 쓴 '경자유전'이라 하지 않고,
굳이 '평균분작'으로 표현하였다고 생각된다. "농군의 두레법은 장려
할 사"라는 조항도 이러한 소·빈농층의 경제적 현실에서 제기되는
것이었다. 소농경영의 안정을 위해서는 먼저 토지문제가 해결되어야
하지만, 그에 더해 농경에 필수적인 경우耕牛·농기구와 노동력 문제

---

15) 〈京畿 三南 關東 關文〉,《關草存案》甲午(1894) 10月 初 8日.
16) 愼鏞廈, 앞의 글(1987).

도 같이 처리해야 했다. 그 가운데 특히 중요한 것이 경우耕牛였는
데, 이를 지주나 부농층으로부터 몰수한다 하여도 그 수가 제한되어
경지처럼 개별 농가에 분배할 수 없었다. 그래서 이 문제의 해결방
안으로 도입된 것이 두레법이었다. 두레법은 부락의 모내기와 제초
작업을 두레원이 공동으로 수행하는 공동경작법이었고, 당시 소·빈
농층은 이를 이용하여 개별 농가에서 해결하기 곤란한 경우耕牛·농
기구·노동력의 확보 문제 등을 어느 정도 해결하고 있었다.17)

　이처럼 농민군은 봉건적인 부세체계를 개혁하여 균부·균세를 실
현하고, 지주제도를 '평균분작'의 원칙으로 개혁하여 독립자영농 또
는 자립적 소농경제를 안정시키고자 하였다. 나아가 그것은 당시 시
대 상황과 관련해 자립적 소농경제의 자유로운 발전에 바탕을 둔 농
업 근대화를 지향하는 것이었다.18)

　동학농민군은 이와 같은 경제개혁과 연계해 사회적으로는 동학
의 평등정신에 따라 신분제를 철폐하여 사회적 평등을 실현하려 하
였고, 정치적으로는 교조신원운동에서 제기되었던 민회를 집강소로
구체화하여 대중의 정치력을 결집하여 그 기반 위에서 정부를 혁신
하고 강화함으로써 외세의 침략을 물리치려 하였다.

17) 姜鋌澤, 〈朝鮮に於ける共同勞動の組織とその史的研究〉, 《農業經濟研究》 17-4, 1941;
　　印貞植, 〈トウレ(輪番)とホミ·シヒ(洗鋤宴)〉, 《朝鮮農村雜記》, 東都書籍, 1943; 鈴木榮太
　　郎, 〈朝鮮の村落〉, 《東亞社會研究》 1, 1943; 愼鏞廈, 〈두레공동체와 農樂의 社會史〉,
　　《한국사회연구》 2, 1984.
18) 金容燮, 〈光武年間의 量田 地契事業〉, 《亞細亞研究》 31, 1968; 金容燮, 〈18·19세기의
　　農業實情과 새로운 農業經營論〉, 《大同文化研究》 9, 1972; 金容燮, 〈韓末 高宗朝의 土地
　　改革論〉, 《東方學志》 41, 1984; 金容燮, 〈近代化過程에서의 農業改革의 두 方向〉, 《한
　　국자본주의성격논쟁》, 대왕사, 1988.

(2) 개화파의 근대화운동과 지주제 육성론

개항 이후 조선사회에서는 농민운동과 성격을 달리하는 또 하나의 근대화운동이 발전하였다. 대원군의 개혁은 봉건적인 조선왕조체제 안에서 농업문제와 사회문제를 해결하려는 것이었다. 그런 까닭에 개항하면서 대두된 사회개혁, 근대국가 수립이라는 시대적 과제를 해결하기에는 절대적 한계가 있었다. 이에 개항을 전후해 형성된 개화파 관료세력이 중심이 되어 정부·지배층의 입장에서 근대국가 수립을 전제한 사회개혁·재정개혁·농업개혁을 추진하는 근대화운동을 펼치게 된 것이다.

개화파 형성의 중심인물은 박규수, 오경석, 유대치 등이었다. 이들은 이미 개항 전부터 외교사절로 여러 차례 북경을 다녀오면서 세계정세의 변화와 서구의 중국침략을 생생히 목격하였고, 중국과 일본이 그 침략에 어떻게 대처하고 있는지도 유심히 살피고 있었다. 그들은 이를 바탕으로 외세침략에 대처할 방안을 모색하였고, 유력가문의 명민한 자제들을 엄선해 교육함으로써 개화파를 형성하였다. 이렇게 형성된 개화파들은 개항 후 관료로 활동할 수 있게 되자, 보수 지배층과 대립하면서 조선을 근대화할 방안을 다방면으로 찾아 이를 실천에 옮기는 데 힘썼다.

개화파의 근대화 구상이 체계적으로 모습을 드러낸 것은 갑신정변(1884) 무렵이었다. 그 내용은 정변 당시 개화파 정권의 정강을 담은 김옥균의 《갑신일록甲申日錄》과 박영효가 망명지 일본에서 쓴 상소문 등에 잘 나타나 있다.[19]

---

19) 김영숙, 〈개화파 정강에 대하여〉, 《김옥균》, 사회과학원역사연구소, 1964; 姜在彦, 〈開化思想·開化派·甲申政變〉, 《朝鮮近代史研究》, 日本評論社, 1970; 金容燮, 〈甲申·甲午改革期 開化派의 農業論〉, 《東方學志》15, 1974; 愼鏞廈, 〈金玉均의 開化思想〉, 《東方學

먼저 부세제도 개혁으로는, 갑신정변의 정강에서 "전국에 걸쳐 지조법地租法을 개혁하여 관리들의 협잡을 방지하고 인민들의 부담을 덜어 그 곤란을 제거하며, 동시에 국가재정을 유족케 할 것"과 "각 도의 환자〔還上〕제도를 영영 폐지할 것"을 제시하였다. 이러한 개혁은 문벌을 폐지하고 인민의 평등한 권리를 제정하여 사람들을 재능에 따라 등용한다는 사회개혁·신분제 개혁과 맥락을 같이하고, 신분제 원리에 따라 운영되던 봉건적 부세체계를 전면적으로 개혁하는 것이었다. 좀 더 구체적으로 살펴보면, 농민반란의 가장 큰 요인이 된 환곡을 전면 폐지하고, 신분제 차별 원리로 부과하던 군포도 폐지하거나 신분제와 무관한 결포제結布制로 바꾸어 지조로 통합하려 했다. 전정田政 또한 모든 토지 소유자들에게 지권地券을 발행하여 소유권을 법인하고 농업에 관한 모든 세를 지조地租로 단일화하는 방식으로 개혁하되, 세를 가볍고 균일하게 개혁하는 것이었다.

개화파의 이러한 세제개혁안은 그 뒤 유길준이 더욱 발전시켰다. 그는 면面 단위로 결부법結負法 대신 경무법頃畝法으로 양전해 토지대장을 새로 작성하고, 그 소유권자에게 지권을 발행하자고 주장했다. 지권을 이전부터 내려오던 증거와 교환하고 면내의 지부地簿에 등기하게 하며, 아울러 지가도 확정하여 이에 따라 낮은 지세(지가의 1/100)를 부과하는 것으로 개혁하는 것이었다.[20] 개화파는 이러한 개혁으로 부정하게 감면되거나 탈루된 토지에서 지조를 거두고 저렴하고 균등하게 세금을 거둠으로써 개간이 확대되면, 총액제를 폐기하더라도 국가재정은 오히려 유족해질 것으로 판단했다.

다음으로 토지소유관계에 대해서는, 갑신정변의 정강이나 박영효

志》46·47·48, 1985.
20) 金容燮, 〈甲申·甲午改革期 開化派의 '農業論〉,《東方學志》15, 1974.

의 상소문에는 특별한 언급이 없지만 기존의 토지소유관계와 지주
제를 그대로 유지하는 것이 개화파의 일관된 입장이었다. 개화파 형
성에 큰 역할을 하였던 박규수는 연암 박지원의 직계손자였지만, 토
지재분배론에 대해서는 회의적이었다. 그의 지도와 권유를 받고 일
본이나 서구의 문물을 접했던 개화파들은 일본의 메이지유신明治維
新을 표본으로 삼아 근대화를 달성하고자 하였던 까닭에, 근대화를
위한 경제적·사회적 기반을 지주제와 지주층에서 찾았다. 그들은 서
구 근대의 사유재산권 보호론을 내세워 지주제를 적극 옹호하였고,
그 소유권을 근대적 소유권으로 보호하려 하였다. 또한 지주제가 안
정적으로 발전할 수 있는 세제개혁을 모색했고, 소작농민에게 지세
의 절반을 내도록 하는 규정을 법제화하기도 하였다. 지주제를 둘러
싼 계급적 갈등과 대립에 대해서는, 상업적 지주경영의 발전을 전제
로 지대율을 일정하게 줄이는 방안을 제시하였다.

　이와 연계해 농업경영 문제에서도, 개화파는 지주제를 축으로 삼
아 상업적 농업을 발전시키는 방향으로 농업진흥방안을 모색하였다.
이들은 농업을 진흥시키려면 농지개발과 농업기술의 개량이 필요하
다고 보았다. 농지개발과 관련해서는 정부가 개발자금을 빌려주는
방안과 영리 목적의 농상회사를 설립하는 방안을 제시하였고, 농업
기술 개량을 위해서는 서구농학을 도입하는 방안을 내세웠다. 이러
한 개화파의 농업진흥방안에서 가장 핵심이 되었던 것은 농지개발
회사 또는 '농상회사農桑會社'였다. 이 회사는 양반지주층이 중심이
되고 평민·천민 가운데 지주와 부농층이 출자자로 참여하여 설립하
고, 그 경영은 영리 목적으로 회사가 토지소유권자로서 농지를 개간
한 다음 지주제·농장지주제로 운영하거나 자본가로서 차지경영을
하는 방식이었다.21)

요컨대 갑신정변을 주도한 개화파의 농업문제 해결방안은, 국가
와 사회의 근대화·자본주의화를 전제로 전통적인 지주적 토지소유
를 근대적 소유권으로 법인하고 이를 주축으로 자본가적인 지주제·
자본주의 경제체제를 수립하는 것이었다. 그들은 당시 농민항쟁도
수습할 겸 지주경영의 발전에 장애가 되는 부세제도를 전면적으로
개혁하려 했다.

개화파는 이러한 구상을 실현하려 준비가 덜 된 상태에서 성급
히 갑신정변을 일으켰고, 청군의 개입으로 3일 만에 실패하였다. 그
과정에서 정변의 주체들은 대부분 피살되고 소수만 목숨을 건져 일
본으로 망명하였다. 또한 정변 실패에 따른 격심한 반동으로, 살아
남은 온건 개화파들조차 거의 활동이 불가능할 정도의 감시와 견제
를 받았다. 이로 말미암아 개화파의 근대화운동은 갑오개혁에 이르
기까지 중단된 채 잠복할 수밖에 없었다. 그러나 그들의 근대화 구
상은 유길준, 김윤식 등의 개화파 인사들에 의해 더욱 심화되고 다
듬어지면서, 갑오개혁의 사상적·이론적 기반으로 발전해 갔다.

3. 갑오 · 광무개혁기 토지소유 문제와 지주제 강화

1) 재정개혁, 양전量田 · 지계사업地契事業과 토지소유권

개항을 계기로 불평등조약을 앞세워 들어온 외세는 조선에서 통
상이익만 추구한 것이 아니었다. 외세는 조선의 식민지화를 궁극적

---

21) 金容燮, 앞의 글(1974).

인 목적으로 삼고, 이를 위해 조선의 근대화운동에 정치·군사적인 개입을 서슴지 않았다. 그로 말미암아 최초의 부르주아 혁명이던 갑신정변이 실패했으며, 전라도를 중심으로 충청도·경상도·강원도·황해도에 이르는 지역에서 1년여 동안 치열하게 전개한 1894년 농민전쟁도 일본 군대와 일본군의 경복궁 쿠데타로 출범한 갑오내각 관군官軍의 공격을 이기지 못하였다.

이 때문에 1862년 농민항쟁의 연장선에서 마련되고 추진된 소·빈농층 중심의 농업개혁도 좌절되고 말았다. 이와 달리 갑오내각은 개화파가 오랫동안 구상해 왔던, 지주제를 바탕으로 하는 근대화 정책들을 입안하고 실행할 기회를 얻게 되었다. 이들은 지주제 성장을 가로막는 부세제도와 토지소유권제도를 개혁하려 했으며, 다른 한편으로 지주경영을 근대화하고 지주자본을 산업자본으로 전환하도록 유도하는 재정·금융·산업정책을 실시하여 위로부터 조속히 근대화를 추진하고자 하였다.

갑오개혁은 농민전쟁이 진행되는 가운데 시작되었다. 그런 까닭에 가장 시급한 일은 농민전쟁으로 제기된 사회경제적 요구를 개혁정책에 반영해 농민들의 저항을 무마하는 것이었다. 농민군은 정치·사회적으로 지배층의 권력형 부정·비리를 제거하고 신분 차별이 없는 평등사회를 만드는 것과 외세의 침략 배격을 주장했다. 또 경제적으로는 봉건적인 부세제도의 전면적인 개혁과 각종 잡세의 철폐, 환곡을 비롯한 부호들의 고리대 철폐와 외세의 경제적 침탈 금지를 요구하였다.

갑오내각의 추진기구였던 군국기무처는 농민군들이 전주화약 전에 '원정' 형식으로 제시했던 이러한 폐정개혁 요구들을 검토해 나름의 대책을 마련하고 있었다. 농업문제와 관련해 살펴보면, 갑오개혁은 먼저 봉건적인 부세체계를 전면적으로 개혁하였다. 대표적인 신분제적 부세였던 군포는 신분제 폐지와 함께 신분과 상관없이 모두에게 부과되는 호포세戶布稅·호포로 개혁하였다. 군역은 대원군의 호포제 실시로 비록 차등은 있었으나 양반층에게도 호포전을 징수하고 있었는데, 이 시기에 이르러 완전한 근대적 조세제도로 전환하게 된 것이다.

다음으로 갑오개혁은 이자를 국가 재정원으로 삼아 '취모보용取耗補用'하던 환곡을 완전히 혁파하였다. 대신 환곡의 또 다른 기능인 진대賑貸 기능만을 살려 부세 수취와 무관한 사창社倉제도로 바꾸고, 그 운영 또한 관의 개입을 배제하고 향촌민에게 모두 맡겼다. 이를 위해 갑오내각은 사창제의 법제화와 원활한 운영에 필요한 사환조례社還條例를 제정하고, 이를 새로운 지방제도로 법제화된 향회조규鄕會條規와 병행해 시행하게 하였다. 이러한 개혁으로 삼정제도는 마침내 혁파되었으며, 재산세와 소득세를 바탕으로 운영하는 근대적 조세체계로 이행하게 되었다.[22]

이러한 조세체계 개혁과 아울러 재정기구의 개혁도 추진되었다. 군국기무처는 종래의 복잡한 재정기구를 탁지아문度支衙門으로 단일화하여 징세업무를 정비하고 징세과정에서 일어나는 부정과 비리를 척결하고자 했으며, 정부 재정과 왕실 재정도 분리하였다. 또한 현물징수 때문에 발생하는 불편과 각종 비리를 개혁하려 조세의 금납화를 전면적으로 실시하였다. 이러한 재정개혁으로 삼정의 모순을 근본적으로 개혁할 기회를 얻었고, 지주층도 도결제의 피해에서 벗어날 수 있게 되었다.

---

22) 金容燮, 〈朝鮮後期의 賦稅制度 釐整策〉, 《韓國近代農業史研究》 증보판 上, 일조각, 1984.

　　그러나 이러한 개혁이 내실을 가지려면 무엇보다 전국적인 양전
量田사업이 필요하였다. 삼정문란은 신분제적 부세체제뿐만 아니라
전세 불균不均에도 원인이 있었기 때문이다. 특히 19세기 들어 부세
의 결렴화結斂化가 확대되고, 전체 재정에서 전세 비중이 높아질수록
전세 불균형은 심각한 사회 모순이 되었다. 재정개혁으로 전세 비중
이 역대 최고수준에 이르자 갑오내각도 전세 불균 문제를 해결하기
위해 적극적으로 나섰는데, 이는 곧 양전사업의 입안으로 구체화되
었다. 전세 불균형을 낳는 각종 부정·비리를 근본적으로 척결하는
데 필수적인 것이 양전量田사업이라는 주장은 소농경제 안정을 중시
한 실학자나 농촌 지식인들뿐 아니라 개화파들도 줄곧 강력히 제기
하던 터였다. 양전사업은 전세 불균을 해소하기 위해서만 필요한 것
은 아니었다.

　　개화파들은 지주 자본에 따른 위로부터의 근대화 방안을 추진하
고 있었다. 그러나 임술농민항쟁 이후 소·빈농층의 반봉건 투쟁이
확대·발전해 오면서 봉건적인 지배 체제뿐만 아니라 지주적 토지소
유도 동요·약화되었다. 또 지주제에 대한 공격은 앞서 보았듯이
1894년의 농민전쟁에서 절정에 이르렀다. 이로 말미암아 지주제는
1880년대부터 1890년대 중반까지 많은 지역에서 U자형으로 침체 또
는 쇠퇴하는 양상을 보였다.[23] 그런 까닭에 지주층과 지주 자본에
의거해 근대화를 추진하자면 지주적 토지소유와 지주경영을 국가
차원에서 적극적으로 보호하고 육성할 필요가 있었다. 지주적 토지
소유를 근대적 소유권으로 법인하고 보장하는 것은 개화파의 오랜
계획이었기에, 갑오내각은 부세제도를 개혁하면서 그것도 실현하려

---

23) 주 9 참조.

한 것이었다.

1894년 12월, 갑오내각의 핵심이던 김홍집金弘集·박영효朴泳孝·어윤중魚允中 등은 전국적인 양전사업을 국왕에게 청하였다. 국왕의 재가가 있자 이듬해 2월, 내무아문은 8도에 12명의 시찰위원을 파견하여 양전을 위한 기초 조사를 시작하였다. 그러나 갑오내각의 양전사업은 전국의 토지를 일일이 측량하고 개별 토지에 지세를 부과하는 방식으로 실행된 것이 아니었다. 실제 양전은 역토驛土 조사에서 보듯이 문부文簿 조사 수준에 머물렀다.24) 그것은 농민전쟁의 여파로 양전을 실행할 사회적 조건이 미비했고, 갑오내각 자체가 양전사업을 실행할 만한 정치적 기반이나 재정 및 실무적 능력을 확립하지 못한 데다가, 일제의 침략의도가 정책 입안 과정에 직접적으로 영향을 끼쳤기 때문이다. 갑오내각의 재정개혁과 양전사업은 일제가 일으킨 을미사변과 여기에 항거한 전국적인 의병 봉기 때문에 미완의 상태로 조기에 막을 내렸다.

갑오내각이 붕괴한 뒤 다시 지배층 주도로 근대개혁을 추구한 것은 아관파천을 거쳐 출범한 광무정권光武政權이었다. 광무정권은 갑오개혁의 주요 정책들을 계승하면서도 갑오내각이 외세에 의존해 모방적으로 근대개혁을 달성하려다 실패한 것을 교훈 삼아 이른바 '구본신참舊本新參'을 표방하고 자주적 개혁을 추구하였다. '구본신참'이란 구법舊法과 구제舊制를 무리하게 폐기하여 폐단을 일으키기보다 조선의 현실을 숙고하여 구법을 중심으로 신법新法을 참작하려는, 신·구법을 절충한 주체적이고 점진적인 개혁을 모색하는 것이다.25)

---

24) 왕현종, 〈19세기 후반 地稅制度 改革論과 甲午改革〉, 《韓國 近現代의 民族問題와 新國家建設》, 지식산업사, 1997.

광무정권은 갑오개혁의 조세제도를 대체로 계승하면서 세제개혁
의 핵심 사업인 양전·지계사업을 전국적으로 실시하였다.26) 광무양
전사업光武量田事業을 담당한 양지아문量地衙門은 1899년 여름부터 본
격적인 토지측량에 들어갔다. 양전은 '구본신참'의 원칙을 바탕으로
종전의 결부법結負法과 전품육등제田品六等制에 따라 실시하되, 근대
적인 서양의 측량기술을 도입함으로써 양전 과정에서 발생하는 폐
단을 최소화하려 하였다. 양전은 전국의 토지를 대상으로 순차적으
로 진행되었는데, 1901년 흉년으로 잠시 중단되었다가 1904년까지
계속되었고, 그 규모는 전국의 3분의 2에 이르는 218개 군이었다.

양전사업이 궤도에 오르자 광무정권은 1901년 11월에 지계아문
地契衙門을 설치하고 토지소유권 증서라 할 지계地契 발행에 착수하
였다. 지계의 발급은 양전사업과 떼려야 뗄 수 없는 관계에 있었기
때문에 1902년 3월 양지아문은 지계아문에 통합되었고, 이후 1904년
4월까지 지계아문이 양전사업을 수행하면서 지계를 발급하였다. 지
계 발급은 양전사업과는 성격이 달랐다. 양전의 목적이 수세원 조사
와 확충에 있다면, 지계 발급은 국가가 토지소유권자를 확정하고 그
권리를 법으로 인정하는 사업이었다. 지계아문은 전답田畓·산림山林·
가대家垈 등 전국의 모든 토지를 대상으로, 그 소유자가 구권을 지계
아문에 납부하고 새로 관계官契를 발급받도록 하였다.

이러한 양전과 지계발급사업으로 광무정권은 전국 토지의 정확
한 실상을 파악하고 은결을 찾아내 세원稅源을 확충하는 등 지세 불
균不均 문제를 개혁하려 하였고, 동시에 농민전쟁으로 동요했던 지

25) 金容燮, 〈光武年間의 量田·地契事業〉, 《亞細亞研究》 31, 1968.
26) 金容燮, 위의 글(1968); 김홍식 외, 《대한제국기의 토지제도》, 민음사, 1990; 한국
　　역사연구회 근대사분과 토지대장연구반, 《대한제국의 토지조사사업》, 민음사, 1995.

주적 토지소유를 근대적 소유권으로 확고히 법인하고자 하였다. 이
로써 예로부터 이어져오던 지주제는 근대적인 기생 지주제로 발전
할 수 있는 법적 기반을 확립하게 되었다.

　이와 관련해 광무정권의 지계발급사업이 외국인의 토지침탈을
방지하고자 했던 점도 주목된다. 당시 일본인을 비롯한 많은 외국인
들은 한성부와 전라·경상도 등지의 개항장 주변에서 가옥이나 토지
를 사들이고 있었다. 이렇게 침탈된 토지는 침략의 주요 거점이 되
고 있었다. 이에 맞서 광무정권은 지계발급사업에 착수하면서 늘어
나는 외국인의 불법적인 토지침탈을 막는 특단의 조치를 내리고 있
었다. 지계 발급을 위해 제정된 1901년 10월 20일 칙령 21호〈지계
아문직원급처무규정地契衙門職員及處務規程〉으로 광무정권은 외국인이
개항장 밖에서 토지를 소유하는 것을 정식으로 금지하였다.[27]

　요컨대 1894년 농민전쟁이 진압된 뒤 단행된 갑오내각과 광무정
권의 재정개혁 및 양전·지계사업은, 농민적인 근대화운동과의 오랜
각축을 최종적으로 마무리하면서 위로부터 근대화를 추진하는 데
필요한 물적·제도적 기반을 마련한 것으로, 근대적인 지주제 발전에
필요한 조세체계와 토지소유권을 국가제도로 확립한 것이다.[28] 이
로써 지주제는 이전과는 구별되는 더 안정된 기반 위에서 확대·발
전할 수 있게 되었다. 개별 지주경영의 수익성 동향을 분석한 연구
에 따르면, 대체로 지계 발급 시기를 전후해 경영이 안정되고 호전
되어 가는 것으로 나타난다.[29]

---

27)〈改正 地契衙門職員及處務規程〉第10條 참조.
28) 金容燮, 앞의 글(1968) ; 崔元奎,〈대한제국기 양전과 관계발급사업〉,《대한제국의
　　토지조사사업》, 민음사, 1995.
29) 주 9 참조.

2) 역둔토驛屯土 정리사업과 지주제 강화

지주제에 바탕을 둔 개화파의 근대화 노선은 역둔토驛屯土 정리
사업으로도 추진되었다. 갑오개혁에는 재정제도와 세제개혁의 하나
로 역둔토 정리사업이 포함되어 있었다. 이 사업은 종래 각종 관아
에 부속된 둔토屯土와 역驛의 마호수馬戶首에게 지급되던 역토驛土를
각각 탁지아문度支衙門과 공무아문工務衙門으로 이속시켜 관리하게 하
고, 아울러 둔토·역토의 면적과 작인作人 및 도조賭租를 정확히 파악
하고 정비하는 것이었다. 을미사판乙未查辦으로 이름 붙인 이 사업에
서는 역토·둔토의 실결實結과 진폐지陳廢地·신간지新墾地를 조사하였
다. 또한 기경지旣耕地의 작인과 도조를 조사하고, 작인 1인당 10두
락斗落 원칙에 따라 소작지 분배를 평준화하는 조치도 취해졌다.[30]
이로써 국가는 지주로서 역둔토의 소유권을 분명히 하고, 그 관리를
위한 기구와 기초 자료를 정비하였다.

　광무정권은 갑오개혁의 역둔토 정리사업을 이어받아 더욱 강화
하였다. 광무정권은 1899년과 1900년에 각각 둔토와 역토의 관리권
을 궁내부宮內府 내장원內藏院으로 넘기고, 한 번 더 정비하였다. 광
무사검光武査檢으로 불리는 이 조치는, 내장원에서 파견된 사검위원
이 모든 역둔토를 조사하여 도조를 다시 책정하는 것이었다. 토지조
사는 당시 진행하던 양전사업과 연계해 역둔토에 대한 국가의 지주
적 소유권을 명확히 하는 것이 목적이었다. 을미사판(1895)과 다른
점은 역둔토에 편입된 민유지民有地 가운데 공적 기록상 사유를 입
증하기 어려운 토지를 모두 국가에 귀속시키는 등 국유지를 확대하

---

30) 朴贊勝, 〈韓末 驛土·屯土에서의 地主經營의 강화와 抗租〉, 《韓國史論》 9, 서울대 국
　　사학과, 1983.

는 방식으로 진행된 것이다. 이 때문에 적지 않은 소유권 분쟁이 발생하였다.[31]

또한 도조의 책정도 내장원이 광무개혁에 드는 경비를 조달할 목적으로 추진한 까닭에, 총수확에 대한 도조율을 종전의 20~30퍼센트에서 30~40퍼센트로 인상하는 방향으로 이루어졌다. 그러나 이러한 도조 인상은 작인들의 반발로 큰 성과를 내지 못했다. 그렇지만 광무정권의 도조 인상 시도는 그 뒤에도 계속되어, 1904년에는 내장원 경리원이 역둔토에 대해 일제히 타작제打作制 실시를 지시하였고, 이듬해에는 이를 변하지 않는 관례로 못 박는 〈분반타작分半打作에 의한 도조영정賭租永定〉을 발표하였다. 역둔토의 도조를 일반 민전과 같게 총수확의 50퍼센트로 인상하는 분반타작제分半打作制를 영구히 실시하겠다는 내용이었다.

이처럼 갑오내각에서 광무정권으로 이어지는 역둔토 정리사업은 역둔토에서 국가의 지주적 토지소유권을 강화하고 지대 수취를 인상하는 것이었으며, 이를 바탕으로 위로부터 근대화 정책을 추진할 재정 기반을 마련하는 것이었다.

4. 청일전쟁 이후 일제의 침략과 농업식민책

1) 일본의 경제적 침략 확대와 농민경제 몰락

한말에 외세, 특히 일제의 침략은 토지소유관계와 농업경영에 중

---

31) 裵英淳, 〈韓末·日帝初期의 土地調査와 地稅改正에 關한 硏究〉, 서울대 석사논문, 1987.

요한 변수로 작용하였다. 1894년 농민전쟁에 정치·군사적으로 개입
하면서 본격화된 일제의 침략은 갑오개혁을 왜곡시키고 광무개혁에
서도 경제적 침략을 강화하였다. 이로써 한국과 일본 사이에 종속적
인 국제 농공분업관계를 형성하였고, 광무정권의 자주적 근대화 정
책을 밑바탕에서부터 왜곡시켰다.

일본은 1894년에 기습적인 전쟁 도발로 조선에서 청국을 몰아내
려는 한편, 친일내각을 앞세워 농민전쟁을 진압함으로써 조선을 자
신들의 독점적인 식민지로 강점하려 하였다. 이러한 일본의 침략정
책은 요동반도 할양을 둘러싼 프랑스·독일·러시아의 이른바 '삼국간
섭'과 민비시해사건으로 촉발된 의병운동 때문에 일단 후퇴하였다.
그러나 일본은 바로 러시아와 협상을 벌여 조선에서의 이권을 나누
는 조건으로 조선에서 자신이 탈취한 경제적·군사적 기득권을 지켰
고, 나아가 이를 더욱 확대하면서 영국과 미국에 접근해 러시아를
몰아낼 방도를 모색하였다.[32] 그리하여 일본의 경제적 침략은 1896
년 이후 본격화되었다.

일본은 러시아와 협력해 목포·진남포·마산·성진을 추가로 개항
시켰고 일본 상인에 대한 영업구역 제한을 사실상 철폐시켰으며, 조
선의 중요 도시들과 정거장·항만 등에 상점·공장·경찰서·헌병대 등
으로 이루어진 경제침략 요새를 건설하였다. 또한 철도와 전신의 부
설권을 탈취하였고, 금광을 비롯해 철·동·흑연광의 채굴권을 강탈하
였다. 이를 바탕으로 일본은 자국에서 생산한 자본제 상품들을 한국
전역으로 침투시켰으며, 일본의 자본주의 발전을 위해 꼭 필요한
쌀·콩·우피牛皮·금·철광석 등을 대량으로 수탈하였다. 한국에 대한

---

32) 朴宗根, 《日淸戰爭과 朝鮮》, 靑木書店, 1982.

일본의 수출은 1893년에 130만 엔이던 것이 1900년에는 995만 엔, 1904년에는 2,039만 엔으로 폭증했으며, 한국에서의 수입도 1893년 252만 엔에서 1900년에는 1,178만 엔, 1904년에는 1,154만 엔으로 늘어났다.[33]

일본의 경제적 침략이 확대되고 한국과 일본의 무역이 증가할수록 한국 경제에는 심각한 변화가 나타났다. 가장 주목할 만한 점은 면업棉業·철수공업鐵手工業 등 한국의 농촌 수공업이 빠르게 몰락한 것이다. 면업과 철수공업 등은 개항 후 상품경제가 더 발전함에 따라 자본제 수공업경영으로까지 성장하였다. 면업의 경우, 1880년대 후반에 이르면 진주·의성 등 면업 중심지에서 여러 명의 직공을 고용하여 전업적으로 목면을 상품 생산하는 부농경영이 많았다.

그러나 이러한 부농경영은 1895년 이후 값싼 일본 면포가 제약 없이 무차별적으로 국내 시장에 침투하면서 급속히 몰락하였다. 한국 농민들은 1900년대 초반 일본에서 수입한 방적사를 이용해 일본 면포에 대항했지만, 환율변동으로 수입방적사의 가격이 오르자 그 또한 실패하고 말았다. 그리하여 결국 1905년 이후 한국의 면업은 자가용自家用 농가부업農家副業으로 몰락하였다. 군사적 침략을 앞세운 일본의 이러한 경제 침략은 마침내 한국의 주요 수공업을 거의 궤멸시켰고, 한국을 일본의 상품판매지로 재편시켰던 것이다.[34]

다른 한편 일본은 한국에서 쌀·콩 등의 농산물을 대량으로 매집해 자국으로 가져갔다. 당시 일본은 식산흥업殖産興業을 위한 자본을

---

33) 村上勝彦,〈植民地〉,《日本産業革命の研究-確立期日本資本主義の再生産構造》, 1975.

34) 梶村秀樹,〈李朝末期朝鮮の纖維製品の生産及び流通狀況-1876年開國直後の綿業のデータ を中心に〉,《東洋文化研究所紀要朝》46, 東京大, 1968; 宮嶋博史,〈土地調査事業の歷史的 前提條件の形成〉,《朝鮮史研究會論文集》12, 1975.

농업수탈에서 조달하고 있었고, 그 때문에 자국의 농업생산력만으로 일본 자본주의의 국제경쟁력이던 '저임금低賃金=저곡가低穀價 체제'를 도저히 유지할 수 없었다. 이에 일본은 1895년 이후 쌀과 콩을 중심으로 하는 값싼 곡물을 대량으로 한국에서 수입하는 정책을 취했다.

일본은 정치적·군사적 압박으로 한국의 방곡령을 무력화시키면서 자국 상인들을 주요 곡물 산지에 침투시켜 곡물을 수집하였다.[35] 이로 말미암아 쌀과 콩의 상품성이 높아지면서 한국의 농업생산에도 변화가 일어났다. 상품성이 하락하고 있던 면화 대신 콩을 재배하는 농가가 늘어나고, 콩 재배를 위해 개간도 이루어졌다. 그리하여 다각적으로 발전하던 한국의 상업적 농업은 차츰 쌀과 콩으로 단순화되어 갔다.[36]

이러한 경제적 침략 과정을 거쳐, 결국 한국과 일본은 쌀·콩 등을 수출하고 면제품을 비롯한 각종 공산품을 수입하는 종속적인 국제 농공분업 관계를 형성하였다. 이러한 변동은 국내적인 분업 관계 발전에 바탕을 두고 전개되던 다각적인 상업적 농업을 몰락시켜 농민경제에 큰 타격을 주었다. 농민경제의 몰락은 면화나 면포를 생산하던 지역일수록 더욱 심각하였다.

화폐를 얻을 수 있는 기회가 줄어든 한국 농민들은 일본 상인의 고리대 자본이나 전대자본前貸資本에 예속되었다. 이 때문에 농민의 토지 상실은 빠른 속도로 진행되었고, 그것은 지주제가 확대될 수 있는 좋은 조건이 되었다. 또한 곡물 상품화 확대는 지주들의 지대

---

35) 吉野誠, 〈李朝末期にに於ける穀物輸出の展開と防穀令〉, 《朝鮮史研究會論文集》 15, 1978.
36) 李潤甲, 〈1894~1910년의 상업적 농업의 변동과 지주제〉, 《韓國史論》 25, 서울대 국사학과, 1991.

수취를 강화하고 토지소유를 확대하며, 지주제를 상업적으로 경영하
도록 돕는 계기가 되기도 하였다. 그러나 이러한 변동은 근대산업이
자립적으로 발흥할 수 있는 기반을 파괴하고 막대한 국부를 유출시
켜 광무정권의 자주적 근대화 정책을 밑바닥에서부터 침식하고 왜
곡시켰다.

2) 일본의 농업식민책農業殖民策과 토지침탈

일본은 무역과 상품유통에서의 제약을 없앰으로써 한국을 자국
공산품의 독점적 상품시장이자 농산물 공급지로 지배하는 데 만족
하지 않았다. 일본은 메이지유신 이후 지주제를 바탕으로 산업혁명
을 이룩하고 자본주의를 발전시켰기 때문에, 국내적으로 소작지·소
작농을 기초로 한 과소 영세농 경영의 확대와 노동쟁의·사회주의운
동의 발생 등 사회모순이 크게 드러나고 있었다. 일본은 이를 군국
주의적 침략과 식민지 개발로 해소하려 하였다. 따라서 한국을 상품
시장으로 지배하는 데서 더 나아가 일본 자본주의의 모순을 해소하
고 보완할 식민지로 재편하고자 하였다.

일본의 이러한 의도는 먼저 한국의 농업을 전면적으로 재편하는
농업식민책으로 나타났다. 이를 위해 일본은 1900년부터 여러 해 동
안 한국의 농업을 주도면밀하게 조사하였다. 이는 기후·토성·수리·
농구·주요 작물 재배법에서 지가·토지매매 관습·지주소작제·교통운
수 등에 이르는 광범한 것으로, 그 결과는《한국토지농산조사보고韓
國土地農産調査報告》,《조선농업개설朝鮮農業槪說》,《한국식민책韓國殖
民策》,《조선농업이민론朝鮮農業移民論》등으로 간행되었다.

일본은 이러한 조사에 근거해 한국 농업을 자국의 자본주의 모

순을 해결하는 식민지 농업으로 재편하는 방법으로, 자국의 지주·자본가 계급이 중심이 되어 한국 농민을 소작농으로 지배하는 농업식민책農業殖民策을 수립하였다. 이는 일본 자본주의 농업문제를 식민지 지주제로 해결하려는 식민정책이었다.[37]

일본은 러일전쟁에 승리함으로써 한국을 독점적으로 지배할 수 있게 되자 농업식민책을 본격적으로 추진하였다. 이를 위해서는 무엇보다 일본의 지주·자본가 계급이 한국에서 자유롭게 농지를 소유할 수 있도록 법적 조치가 필요하였다. 그러나 당시 대한제국 정부는 외국인의 토지소유를 법적으로 금지하고 있었다. 광무정권은 지계아문을 설치해 산림·토지·전답·가사 등 모든 토지를 대상으로 토지소유권이라 할 지계를 발급하면서 외국인들이 개항장 이외의 지역에서 토지나 가옥을 일체 소유할 수 없게 규제하였다. 이에 일본은 러일전쟁을 도모하면서 광무정권에 압력을 가해 1904년 1월 지계발급사업을 중단시켰고, 4월에는 관계官契사업 자체를 폐지시켰다.

그러나 이후에도 한국 정부는 외국인의 토지소유를 허락하지 않았다. 게다가 중단된 양전을 다시 계획하는 한편 전체 토지를 관리할 〈부동산소관법不動産所關法〉 제정도 준비하였다. 러일전쟁을 계기로 일본인의 토지 잠매가 급증하자 일제는 이를 합법화하고자 한국 정부를 압박했고, 이로 말미암아 일본인 토지소유의 합법화를 반대하는 여론이 거세게 일어났다. 정부는 여기에 힘을 얻어 1907년 6월 〈부동산소관법〉을 입안하였는데, 이 법은 외국인의 부동산 소유를 금지한다는 대전제 아래 지권紙券 발행, 등기제도 시행, 경작권을 포함한 임조권등기賃租權登記 등을 주요 내용으로 하고 있었다. 이후

---

37) 金容燮, 〈日帝의 初期 農業殖民策과 地主制〉, 《韓國近現代農業史硏究》, 일조각, 1992.

이 법은 몇 번의 심의를 거쳐 그해 10월 16일 법률 제6호 〈토지건물의 매매 교환 양여 전당에 관한 법률〉로 공포되었다.

이러한 한국 정부의 대응은 일제가 추진하는 농업식민책과 정면으로 맞서는 것이었다. 이에 일제는 이 법률을 사문화시키고 외국인에게도 한국인과 동등하게 부동산을 소유할 수 있게 하는 법적 조치를 한국 정부에 강요하였다. 1906년 10월 26일에 공포하여 〈토지건물의 매매 교환 양여 전당에 관한 법률〉을 대체하게 한 〈토지가옥증명규칙土地家屋證明規則〉이 그것이다.38) 〈토지가옥증명규칙〉은 도매盜賣나 투매偸賣 등을 방지하고자 민간의 토지·가옥 거래에 관청의 증명을 덧붙여 소유권을 보장하는 제도였는데, 외국인의 토지 거래에 대해서도 내국인의 경우와 동등한 증명을 부여하도록 하고 있었다. 이 규칙으로 마침내 외국인도 국내의 토지·가옥 등 부동산을 합법적으로 소유할 수 있게 되었다.39)

나아가 일제는 이 규칙이 공포되기 이전에 거래한 일본인의 잠매 토지에 대해서도 소유권을 합법화하는 조치를 한국 정부에 요구하였다. 그렇게 해서 제정된 것이 〈토지가옥소유권증명규칙〉(1908)이다. 이 규칙은 〈토지가옥증명규칙〉 시행 이전에 잠매되었던 외국인 소유 부동산에 대해서도 정부가 공부公簿로 소유권 보존증명을 발급하도록 규정하고 있었다.40)

---

38) 崔元奎, 〈韓末 日帝初期 土地調査와 土地法 研究〉, 연세대 박사논문, 1994.
39) 〈舊韓國官報〉 제3598호, 1906. 10. 31.
　　勅令 제65호 土地家屋證明規則
　　제8조 當事者의 一方이 外國人으로 本則을 依ᄒ야 證明을 受ᄒ 境遇에ᄂ 日本理事官의 査證을 受ᄒ되 若 査證을 受치 못ᄒ면 제2조의 效力을 生치못ᄒ이라.
40) 〈舊韓國官報〉 제4130호, 隆熙 2년 7월 20일.
　　勅令 제47호 土地家屋所有權證明規則
　　제1조 土地 又ᄂ 家屋의 所有者가 左記各號의 一에 該當ᄒᄂ 者ᄂ 其所有權의 證明

또한 일제는 농업식민책을 추진하고자 〈국유미간지이용법〉을 제정하게 하였다. 1907년에 공포된 이 법령은 민유지가 아닌 원야原野·황무지·간석지 등을 개인에게 10년 이하의 기간을 정해 빌려줄 수 있게 하고, 빌린 토지를 개간할 경우 이 토지를 불하하거나 분여分與할 수 있게 하였다. 농업 조사에서 농지로 전용이 가능한 미간지가 많다는 것을 확인한 일본은, 이를 개간해 큰 규모의 농장을 개설할 수 있도록 이 법의 제정을 강요하였던 것이다.

이러한 조치들로 일본인의 토지소유가 합법화되었다. 이에 일제는 일본인의 토지겸병을 정책적으로 유도하고 지원하면서 한국을 일본의 식민지로 재편하는 작업을 본격적으로 시작하였다. 이 때문에 개화파의 근대화 노선에 따라 추진되던 광무개혁은 완전히 좌절되었고, 이후 한국 농업문제의 해결과 토지소유 관계의 변화는 기본적으로 일제의 식민정책에 따라 규정되었다.

이러한 변화에도 불구하고 지주제와 지주적 토지소유는 여전히 보호되고 발전하였다. 일제의 농업식민책이 한국에서 일본인의 토지소유를 늘리면서 식민지 지주제를 발전시키는 것이었기 때문이다. 일본의 식민지 지주제 육성책은 대한제국의 지주보호정책보다 훨씬 강력하였다. 대한제국이 정치적으로 취약하여 지주제에 저항하는 농민들을 제압하는 데 한계를 지녔던 것과 달리, 일제는 군대나 경찰을 앞세운 무단적인 방식으로 농업식민책을 추진하였다.

을 郡守 又는 府尹에게 申請홈을 得홈.

　一, 土地家屋證明規則施行前에 土地 又는 家屋의 所有權을 取得흔 者.

　제3조 外國人이 第一條의 證明을 受코져ㅎ는 者는 此를 日本理事官에 申請홈이 可홈.

5. 지주제의 확대 · 재편과 지주소작 관계의 변동

1) 토지겸병의 확대와 식민지 지주제로의 재편

갑오·광무개혁 때 양전·지계사업은 지주층의 토지소유를 근대적 소유권으로 법인하고 국가권력이 이를 보증함으로써 이 시기 지주제가 강화될 수 있는 중요한 기반을 마련하였다. 러일전쟁을 전후해 광무개혁을 좌절시키면서 본격화된 일제의 경제적 침략과 농업식민책도, 비록 광무개혁과 근본적인 맥락은 달랐지만 한국에서 지주의 토지소유를 보호하고 지주제를 적극적으로 발전시키는 방향으로 전개되었다.

그 결과 갑오개혁 이후 지주들의 토지겸병은 빠르게 확대되었다. 토지겸병은 먼저 한국인 지주들을 중심으로 시작되었다. 농민층의 반봉건투쟁이 급격히 확산되던 1894년까지는 지주층의 토지소유 자체가 매우 불안정하였다. 지주에게 농민들의 저항을 제압할 권세가 없는 이상 지주경영은 위축될 수밖에 없었다. 이러한 현상은 소작인 관리가 철저하지 못했던 궁방전에서도 나타났다.[41] 그러나 1894년 농민전쟁 진압을 계기로 지주의 토지소유가 확고해졌고, 이에 따라 지주들은 경쟁적으로 토지겸병에 나섰다. 개별 지주가에 대한 사례 연구를 보면 나주羅州 이씨가李氏家나 고부古阜 김씨가金氏家 등 상당 수의 지주가 이 시기에 토지소유를 확대하였다.[42]

---

41) 李榮薰, 〈開港期 地主制의 一存在形態와 그 停滯的 危機의 實相〉, 《經濟史學》 9, 1985.
42) 金容燮, 〈韓末·日帝下의 地主制-事例 3 羅州 李氏家의 地主로의 成長과 農場經營〉, 《震檀學報》 42, 1976; 金容燮, 〈韓末·日帝下의 地主制-事例 4 古阜 金氏家의 地主經營과 資本轉換〉, 《韓國史研究》 19, 1977.

당시 일본의 경제적 침략으로 농민들이 몰락하고 있었기에 지주 층의 토지겸병은 손쉽게 이루어질 수 있었다. 지주들은 곡물판매로 얻은 수입으로 몰락하는 농민들의 방매 토지를 구입하기도 했지만, 주로 고리채를 매개로 토지소유를 늘려갔다. 농민 대부분은 지주로 부터 농량農糧이나 농자금農資金을 빌려 쓰고 있었는데, 지주들은 이 를 연 이자율 50퍼센트를 웃도는 장리長利나 갑리甲利로 빌려주고 원 리금을 갚지 못하면 토지를 빼앗았다.

이 시기 지주층의 토지겸병을 보여주는 자료로는 먼저 1930년대 조선총독부가 간행한 《소작관행조사小作慣行調査》가 있다. 조선총독 부는 당시 심각한 사회문제로 떠오르던 소작문제를 해결하고자 전 국적으로 소작관행을 조사한 바 있었다. 이때 '대지주로 성장한 연 대'를 조사하였는데, 1894년에서 1910년 사이 토지를 겸병해 대지주 로 성장한 경우가 많았다. 다음으로 더 상세하게 충청남도 한국인 대지주의 창업연도를 조사한 자료가 있는데, 이를 정리해 보면 총 89명의 지주 가운데 1894년에서 1910년 사이 토지를 겸병해 대지주 가 된 경우가 30건이었다. 전체 대지주 가운데 창립연도가 밝혀지지 않은 21건을 제외하면 약 40퍼센트에 이르는 지주들이 이 시기에 집중적으로 토지를 겸병해 대지주로 성장한 것이다.[43]

한편 일제 침략이 강화되는 1900년대 초부터 일본인들의 토지겸 병도 적극적으로 이루어졌다. 당시 한국의 지가는 일본에 견주어 5 분의 1에서 최고 30분의 1까지 저렴하였고, 따라서 지주경영을 할 경우 풍흉을 평균하더라도 18퍼센트의 이익을 올릴 수 있었다. 이를 수익률로 따지면 일본에서의 지주경영보다 14퍼센트나 높은 것이었

---

43) 宮嶋博史, 〈植民地下 朝鮮人大地主の存在形態に關する試論〉, 《朝鮮史叢》 5·6, 1982.

〈표 1〉 충청남도 한국인 대지주의 군별·창업연도별 분포

	1875년 이전	1876 ~1893	1894 ~1903	1903 ~1910	1911 ~1920	1921 ~1930	미 상	계
공 주		1	2			1	5	9
연 기				1	1			2
대 전								
논 산			3	7		2	1	13
부 여								
서 천		1						1
보 령								
청 양	2	1						3
홍 성	1	1	1					3
예 산		2	2	1	3			8
서 산		4	3	3	4	1	2	17
당 진			2	2				4
아 산			1				1	2
천 안								
서 울		2	2		6	2	12	24
인 천					1			1
고 양					1			1
대 구					1			1
계	3	12	16	14	17	6	21	89

* 출전: 安蓍霞堂, 《忠淸南道發展史》, 湖南日報社, 1932, 269~300쪽.

다.[44] 이 때문에 일본인들은 적극적으로 한국에서 토지를 매입하여 농장을 개설하려 하였다. 일본인의 토지겸병은 1900년대 초반부터 몰락 농민의 토지를 잠매하는 방식으로 시작되었으나 한국 정부가 일본인의 토지소유를 불허함으로써 본격화되기 어려웠다.

　하지만 일제는 러일전쟁 이후 이러한 제약을 없애는 방향으로 한국의 토지법제 개정을 강요하고 농업식민책을 본격적으로 실시해 일본인의 토지겸병은 급속히 확대되었다. 그 결과 일본인은 적게는 수십 정보에서 많게는 6천여 정보에 이르는 토지를 겸병하였다. 1908년 지주제 농장을 창설한 일본인 회사수가 이미 29개를 넘어섰

44) 金容燮, 앞의 글(1992).

〈표 2〉 1900년대 일본인 농장회사의 토지겸병 실태

회 사 명	토지소유 면적(정보)	소유지 분포 지역
한국흥업주식회사	6,095	황주, 나주, 무안, 해남, 함평, 김해, 양산
히가시야마 농장	4,293	수원, 안산, 광주, 과천, 전주, 김제, 익산, 영암, 나주, 함평
무라이 농장	4,212	김해, 창원, 함안, 양산
오쿠라 농장	2,380	익산, 금구, 만경, 김제
아사히 농장	1,780	강진, 나주, 무안, 광주
구마모토 농장	1,590	김제, 금구, 태인, 고부
모리 농장	1,520	황주, 용강
호소가와 농장	1,008	김제, 익산, 만경, 은율, 전주
한국실업주식회사	980	무안, 함평, 해남, 나주, 영암, 강진
우지모토 농장	914	옥구, 임피, 익산, 여산, 임천, 은율, 석성, 구성
구니다케 농장	900	수원, 남양, 안산
이시카와현농업주식회사	736	김제
오하시 농장	499	익산, 김제, 만경
미야사키 농장	488	옥구, 임피, 익산, 만경
오쓰카 농장	525	영일, 흥해
계	27,919	

* 출전: 山口精 編, 《朝鮮産業誌》上, 寶文館, 1910, 709~710쪽.

다. 그 가운데 1909년 말 당시 비교적 큰 규모의 농장을 소유하고 있던 일본인 회사들의 토지겸병 실태를 보면 〈표 2〉와 같다. 이 표를 보면 한국흥업주식회사韓國興業株式會社가 황주·나주·무안·해남·함평·김해·양산 등의 곡창지대에서 자그마치 6,095정보에 이르는 농지를 겸병하였고, 히가시야마 농장과 무라이 농장이 4천 정보를 웃도는 토지를 겸병하였다. 1천 정보 이상 토지를 겸병한 회사가 8개나 되며, 이들 15개 농장회사가 겸병한 토지만도 2만 7천여 정보에 이르렀다.

일본인의 토지겸병은 1908년 일본이 동양척식주식회사東洋拓植株式會社를 설립하면서 절정에 이르렀다. 일본은 식민지 침략의 별동대

구실을 할 국책회사로 동양척식주식회사를 설립하였다. 일본은 이 회사를 설립하면서 한국 정부에 300만 원의 출자를 요구하였다. 이에 한국 정부는 역둔토驛屯土와 궁장토宮庄土 가운데 사업 경영에 유리하고 우량한 단취지團聚地 아홉 곳을 선정하여 총 1만 7,714정보의 농지를 동척에 인도하였다.[45] 동척은 정부출자지를 인수함과 동시에 이 농지를 중심으로 주변의 농지를 대량 매입하여 일거에 6만 4,862정보의 토지를 겸병하는 대지주가 되었다.

이 밖에도 일본인의 토지겸병은 국유화된 역둔토를 불하받거나 〈국유미간지이용법〉(1907)에 따라 대부받은 미간지를 개간하여 불하받는 방식으로도 전개되었다. 그리하여 1906년부터 1910년까지 일본인 개인·회사나 일제가 겸병한 토지는 자그마치 40만여 정보에 이르렀다.

이 때문에 소작지율이 급등하였는데 특히 수전水田에서 두드러져, 삼남 지방의 경우 평균 60~70퍼센트에 이르렀다. 물론 지역에 따라 편차가 컸다. 곡물유통이 불편한 지역에서는 소작지율의 증가가 크지 않았지만, 교통과 운송이 편리한 지역에서는 최고 80~90퍼센트에 이를 정도로 토지겸병이 폭발적으로 증가하였다. 토지겸병이 집중적으로 일어난 지역의 경우, 이때의 소작지율이 일제강점기 내내 큰 변동 없이 유지될 정도였다.

한말에는 이와 같이 토지겸병이 확대됨과 동시에 지주경영 방식에도 질적인 변화가 나타났다. 조선사회의 전형적인 지주제는 관료―양반지주가 예속적 지위에 있는 전호농민을 인신적으로 지배하는 병작제였다. 달리 말해 관료 양반들의 대토지 소유제를 바탕으로 경

---

45) 한국 정부가 출자한 토지는 9,932정보였으나, 이는 結負·斗落·日耕으로 측량된 면적을 町步로 환산한 수치였다. 이 토지를 실측하면 1만 7,714정보가 된다.

제외적 강제를 매개로 수탈이 이루어지는 체제였다. 그러나 이러한 병작제는 18세기 후반 이후 변화를 맞게 된다. 지주와 전호가 인신적인 지배−예속 관계로 결합하는 대신 비특권적 지주와 인신상 어느 정도 '자유로워진' 전호가 경제적으로 결합하는 현상이 일부 지역에서 생겨난 것이다. 이러한 변화는 상품 생산의 발달로 토지겸병이 확대되면서 비특권계급인 상인지주·서민지주가 다수 출현했을 뿐만 아니라 다른 한편에서 양반전호가 증가하고 전호농민층의 항조투쟁이 발전하면서 생겨났다.46)

지주−전호 관계가 경제적 관계로 이행하는 데 중대한 계기가 된 것은 1862년의 농민항쟁이었다. 이 농민항쟁은 향촌사회에서 약화되던 신분제적 지배질서를 와해시키는 결정적 계기가 되었다. 특히 1894년 농민항쟁과 갑오개혁의 영향으로 사실상 신분제가 무너지면서 양반지주라 하더라도 전호를 신분적으로 지배하는 것이 어렵게 되었다. 결국 인신적 신분지배에 따라 전호를 지배하는 것이 불가능해졌고, 경제적 관계에 따른 새로운 지주경영으로의 전환은 피할 수 없었다.

지주경영의 이러한 전환을 법적으로 뒷받침한 것은 대한제국의 양전·지계발급사업과 통감부 시대에 제정된 〈토지가옥증명규칙土地家屋證明規則〉 및 〈토지가옥소유권증명규칙〉(1908)이었다. 지주들은 이러한 법제로 인신적 지배 대신 토지에 대한 배타적 소유권을 보장받았다. 이에 따라 소유지가 없거나 부족한 농민은 생존을 위해 지주의 토지를 소작하고 소작료를 납부하는 경제적인 관계를 맺게 되고, 지주들의 권익은 이들 법령에 따라 보호받았다. 여기에 이르러

---

46) 허종호, 앞의 책(1965), 제2장 참조.

인신적 지배에 바탕을 둔 중세적 병작제는 마침내 경제적 계약관계 인 지주-소작제로 이행하게 되었다.

이후 지주들은 토지에 대한 배타적 소유권과 소작농의 불리한 경제적 처지를 이용해 소작료를 인상하고 소작조건을 강화하였다. 지주들은 갈수록 소작료를 투자 자본에 대한 이윤으로 여겼고, 지주 제 경영도 유통·금융경제와 결합해 근대 기업가적인 방식으로 바뀌 었다. 말하자면 18세기 후반 이후 새롭게 등장한 상인지주경영 또는 상업적 지주경영이 전면화된 것이다. 이러한 전환에 앞장선 것은 조 선에 진출해 대규모 농장을 개설한 일본인 지주·자본가들이었다. 그 들의 영리적 지주경영은 빠르게 한국인 지주들에게 파급되었다.

한말의 토지겸병은 곡창지대를 중심으로, 특히 곡물운송과 유통 에 편리한 지역에서 집중적으로 이루어지고 있었다. 〈표 2〉를 보면 일본인 지주·자본가들은 철도로 곡물을 운송할 수 있는 경부선 유 역이나, 배를 이용해 강·바다의 수로로 곡물을 운송할 수 있는 김 제·만경·익산·나주·광주·해남·김해·영일 등지에서 집중적으로 농장 을 개설하였다.

〈표 1〉을 보면 한국인 지주들의 토지겸병도 유통 조건이 좋은 지역에서 특히 활발하게 일어났다. 충청남도에서 대지주 형성이 두 드러진 곳은 금강을 수송로로 이용할 수 있었던 공주·논산과 서해西 海 수로로 곡물을 반출할 수 있었던 예산·서산·당진 등이었다. 그 과정에서 일부 지주들은 상업적 지주경영에 유리한 지역으로 근거 지를 옮기기도 하였다. 가령 고부 김씨가는 처음에 고부군 부안면富 安面에 근거지를 두고 있었다. 그러나 그곳은 치안상의 문제가 있고 소작료를 판매할 줄포항茁浦港이 멀어 지주경영을 발전시키는 데 어 려움이 있었다. 이에 김씨가는 1907년 곡물 운송항이던 부안군扶安郡

의 줄포茁浦로 근거지를 이동하였다.[47] 이러한 움직임은 지주경영의 질적 변화를 반영하는 현상이다. 이러한 한말 지주제의 양적·질적 변화는 전체적으로 갑오·광무개혁 때 시작되어 광무개혁이 좌절되고 본격적으로 식민지화되는 과정을 거치면서 확대되었다. 이에 따라 지주계급과 지주제의 정치·경제적 역할이나 위상도 근본적으로 변화하고 있었다.

갑오·광무개혁 때 지주제와 지주계급은 정부 주도로 국가와 사회를 근대화·자본주의화하는 경제적 기반이자 정치적 기간 세력으로 보호받으면서 성장하였다. 그러나 이러한 그들의 위치는 일제의 침략으로 광무개혁이 좌절되면서 더 이상 유지될 수 없었다. 대신 한국의 지주제와 지주계급은 식민정책에 따라 일본 제국주의를 재생산하는 식민지 하위체계의 일부로, 다시 말해 일본 제국주의에 종속된 식민지 농업 수탈기구로 편입되었다. 이러한 재편 과정을 겪으면서 한국의 지주제는 소작농민에 대한 수탈로 일본 자본주의의 농업문제를 해결함과 동시에 지주·자본가의 식민지 초과이윤을 실현하는 식민지 수탈기구로 바뀐 것이다.

이처럼 지주제의 위상이나 성격이 바뀜에 따라 지주 구성에도 변화가 일어났다. 지주제가 식민지 지주제로 재편되자 지주 가운데서도 일제의 농업식민책에 적극적으로 편승하고 유통경제에 잘 적응하는 지주가 빨리 성장할 수 있었다. 그러한 지주경영을 대표했던 것이 기업형 일본인 농장들이었고, 한국인으로는 고부 김씨가였다. 일본인 대농장들은 짧은 기간에 한국의 지주제 전반을 선도하는 핵심으로 성장하였으며, 고부 김씨가도 1백 정보를 소유하던 지주에서

---

47) 金容燮, 앞의 글(1977).

십수 년 만에 2천 정보가 넘는 땅을 가진 대지주로 성장하였다. 또한 이 시기 지주 구성을 보면 한국인 서민지주층의 증가가 두드러지는데, 이들은 거의 유통경제로 성장한 상인이나 부농 출신들로 축적한 부로 토지를 사들인 자들이었다. 나주 이씨가가 지주로 성장한 것이 그 대표적인 예가 되겠다.

그러나 일제에 저항한 지주들이나 지주경영을 전통적인 봉건적 특권에 의존하려 했던 양반지주들은 더 이상 성장하지 못하거나 급속히 몰락하였다. 개항 후 강화江華 지방에서 곡물 수출로 지주경영을 크게 성장시켰던 김씨가金氏家가 1907년 의병운동을 지원하면서 쇠퇴의 길을 걷게 된 경우가 그것이었다.[48]

2) 소작권의 약화와 지대수취의 강화

(1) 역둔토에서 중답주 제거와 소작권의 약화

이 시기 지주제 발전은 소작권의 약화를 가져왔다. 지주적 토지소유권이 강화되면 농민적 토지소유권이라 할 수 있는 소작권은 약화될 수밖에 없었다. 이러한 변화는 당시 농민적 토지소유가 가장 발전한 역둔토에서 잘 나타났다. 역둔토에서는 1895년 을미사판乙未査辦 이래 광무개혁 때까지 몇 번의 토지조사와 도조賭租 인상이 이루어지는 등 지주제를 강화하려는 시도가 있었다. 그러나 그때마다 농민들의 저항이 거세어 소기의 목적은 달성하지 못했다.

역둔토에서 본격적으로 소작권이 약화된 것은 일제의 강요로 〈역둔토관리규정驛屯土管理規程〉이 만들어진 1908년 이후였다. 이때

---

48) 金容燮, 〈韓末·日帝下의 地主制-事例 1 江華 金氏家의 秋收記를 통해서 본 地主經營〉, 《東亞文化》 11, 1972.

는 일본이 추진하는 농업식민책에 따라 일본인 지주·자본가들이 본격적으로 토지겸병에 나서고 있었고, 역둔토 또한 그들의 겸병 대상이었다. 그러므로 일본은 이 기회에 농업식민책이 성공할 수 있도록 최대한 소작농민의 권리를 약화시켜야 했는데, 여기서 가장 문제가 된 것이 역둔토의 소작관행이었다. 〈역둔토관리규정〉은 이 문제를 해결하고자 제정되었다.

〈역둔토관리규정〉에서 소작권의 약화와 관련해 주목되는 내용은 두 가지였다. 첫째는 중답주中畓主, 곧 중간소작인의 존재를 허용했던 농업관행을 철저히 배제하는 것이었다. 역둔토나 궁장토 등은 그 성립 사정이 복잡하였다. 이를테면 이들 토지를 조성할 때 해당 관청이나 궁방에서 토지를 매입하지 않고 농민들이 낮은 지대를 내는 조건으로 자신의 소유지를 투탁投託하는 경우가 적지 않았다. 이 경우 관청이나 궁방은 전작佃作 농민의 경작권에 일정한 특권을 부여하였다. 수해水害를 입은 경지를 작인의 노력과 경비로 복구할 경우에도 경작권에 특권을 주었다. 그 특권은 지대를 저렴하게 하고 경작권을 영대永代 보장하는 것이었는데, 나아가 도지권賭地權과 같이 작인이 경작권을 임의 처분할 수 있는 권리를 주기도 하였다. 이런 사정으로 역둔토에서는 경작권이 전대轉貸되어 이중으로 소작관계가 성립하였다. 이중 소작관계란 작인이 자신의 차경지를 타인에게 다시 빌려주는 것으로, 작인은 중간에서 고율의 지대를 거두어 저율의 도조를 내고 중간 차액을 차지하였다. 이러한 작인을 중답주中畓主라 불렀다.

중답주는 지주 입장에서 보면 자신의 이익을 중간에서 가로채는 존재였고, 소작인이 보기에는 자신들의 이익을 부당하게 수탈하는 존재였다. 그렇지만 중답주의 존재는 지주제라는 체제에서 작인作人

이 반지주적反地主的인 세력으로 성장하는 하나의 형태이고 과정이었다. 이들에 따른 이중의 소작관계는 한말에 반봉건투쟁으로 지대율이 낮아지면서 더욱 확대되었다. 더욱이 갑오개혁 이후에는 지방의 유력자, 즉 권세가나 구이속舊吏屬 가운데 중답주가 되는 자가 많아졌다. 이 때문에 중답주는 지주도 쉽게 없앨 수 없는 세력을 형성했고, 지주제가 강화되지 못하게 하는 쐐기 구실을 하였다.[49]

그러므로 지주층은 가능한 한 이들을 지주경영에서 배제하려 노력하였다. 그 가운데서도 궁장토를 소유하였던 궁방宮房들은 여러 차례 이들을 없애려는 조치들을 시도하였다. 그러나 그 조치들은 중답주의 저항으로 실효를 거두기 어려웠는데, 일제가 〈역둔토관리규정〉을 제정하고 물리력으로 이들을 해체시켰기 때문이다. 일제는 "소작권의 안정安定을 꾀하고 농사의 개량을 도모"[50]하기 위해 중답주를 제거해야 한다고 했지만, 주목적은 지주 수입을 증가시키는 데 있었다.

둘째는 소작농민의 소작권을 현저히 약화시키고 소작농민에 대한 통제를 강화한 것이었다. 〈역둔토관리규정〉은 역둔토 관리를 각 지방의 재무감독국장財務監督局長 관할로 변경하고, 소작인은 반드시 문서로 소작계약을 체결하게 했으며, 소작기간은 5년으로 하였다. 계약의 갱신은 가능했지만, 갱신이 이루어지지 않으면 소작권은 자동으로 소멸되었다. 그뿐만 아니라 이 규정은 소작인이 소작권을 함부로 타인에게 양도·매매·전당·전대하지 못하게 명시하였다. 또한 소작인이 소작료를 체납하고 납입할 가능성이 없는 경우, 토지모양을 함부로 변경하거나 토지를 황폐하게 했을 경우, 역둔토관리규정

49) 金容燮, 〈韓末에 있어서의 中畓主와 驛屯土地主制〉, 《東方學志》 20, 1978.
50) 朝鮮總督府, 《驛屯土實地調査槪要》, 1911, 8쪽.

을 위배하거나 정당치 못한 행위를 할 경우에는 정부가 언제든지 일
방적으로 소작권을 해지할 수 있게 하였다.[51] 요컨대 소작기간이 단
축되고 소작권 약화가 두드러진 것과 달리, 지주권은 크게 강화된
것이다.

(2) 지대 수취의 강화와 집수법執穗法 도입

이 시기에는 지주권과 함께 지대 수취도 급속히 강화되었다. 이
무렵 지대 인상은 국가가 주도하였다. 역둔토의 지대는 1904년 반타
작제의 도입 시도로 한 차례 인상되었고, 그 뒤 탁지부가 전국의 역
둔토와 궁장토를 관할하면서 또 한 차례 인상되었다. 그러나 탁지부
는 여기서 멈추지 않고 1909년에 다음과 같은 소작료 개정 방침을
발표하였다.

> 종래에 있어서의 소작료는 현물납제를 채용하며, 그 요금은 상중하로 구
> 분된 품등마다 표준지를 선정하여 그 수확고를 조사하고, 또 당해 지방에서
> 많이 행해진 민간소작 관례에 의하여 소작료액을 조사하고, 이에 1906년 이
> 래 3개년간의 평균곡가를 곱한 액에서 1할을 공제한 것을 소작료액으로 하
> 여 이를 각 역둔토에 구분 적용하여 개정 대여료액으로 정한다.[52]

이 방침은 민간소작료의 90퍼센트 수준으로 소작료를 인상하는
것이었다. 19세기 말 역둔토 소작료가 총수확의 20~30퍼센트 수준
이었음을 생각하면 10년 사이 약 20퍼센트의 소작료 인상이 이루어
진 셈이다.

---

51) 朝鮮總督府, 《朝鮮의 小作慣行》 下 參考篇, 1932, 310쪽.
52) 朝鮮總督府, 위의 책, 337쪽.

한편 이 시기에는 민유지 지대도 크게 인상되고 있었다. 민유지에서는 대체로 1904년 이후 지대가 크게 올랐는데, 이와 관련해 몇 가지 주목할 특징이 있었다. 첫째, 지대의 인상은 곡물의 상품화가 발전했던 지역에서 두드러지게 나타났다. 일본인들이 대규모로 토지를 사 모아 농장을 개설한 지역과 한국인 지주들이 활발하게 토지를 겸병한 곳이 여기에 해당되는데, 이들 지역에서는 몇 년 사이 10~20퍼센트 정도의 지대 인상이 이루어졌다. 둘째, 한말 면업棉業을 비롯해 농민적 상품생산이 번성하다가 일제의 침략으로 농민경제가 몰락한 지역에서도 10~20퍼센트 정도의 지대 인상이 나타났다. 셋째, 교통이 불편하여 일본의 침략에도 경제적 변동이 크지 않았던 지역에서는 지대율의 변동이 거의 없었다. 이러한 현상은 지주제 확대는 말할 것 없고, 지주제 강화도 식민지 지주제로의 구조 재편 과정에서 일어나는 변동이라는 것을 보여준다.[53]

지대 인상은 밭·논 모두에서 이루어졌지만, 밭에서 이루어지는 경우가 더 많았다. 그 방법은 지대율 자체를 올리거나, 지주와 소작인이 절반씩 부담하던 지세地稅나 종자곡種子穀을 모두 소작인에게 부담시키는 것이었다.

일부 지주들은 소작료를 인상하려고 수취법을 변경하였다. 수확을 절반씩 나누던 타조법打租法 대신 집수법執穗法을 도입하였던 것이다. 집수법은 집도법執賭法·검견檢見·집수답검執穗畓檢으로도 불렸는데, 지주나 그 대리인이 소작인 입회 아래 직접 일정 면적의 수확을 조사하여 전체 수확량을 산정하고 조세·종자는 소작인에게 부담시키면서 그 수확의 절반을 지대로 수취하였다. 타조법은 비록 수확

53) 李潤甲, 앞의 글(1991).

량을 절반씩 나눈다 하지만, 관례상 지대는 통상 수확의 40퍼센트를 넘지 못했다. 이에 견주어 집수법은 수확량의 산정이 철저하게 이루어졌고, 그 과정을 지주가 일방적으로 주도함으로써 지대를 10~20퍼센트 인상시키는 결과를 가져왔다.

이러한 지대 인상이나 집수법 도입에 앞장선 것은 일본인 농장 지주들이었다.

(소작) 계약 양식의 연혁: 구두 약속에 따른 것은 재래의 계약방법으로 옛날부터 행해져 왔고, 소작증서에 따른 계약은 명치明治 43년 무렵부터 역둔토 소작인허증 및 향교토지소작인허증 동양척식주식회사의 소작증서가 그 범례로 되어 시행되기 시작하여 차제에 증가하였다.[54]

(소작계약 기간의) 변천 경향: 고래의 소작에서는 일정 기간을 정하지 않고 소작인이 배신행위를 하지 않는 한 영년永年 계속되는 관습이 있었으나, 지금부터 약 25년(1905년 무렵 - 인용자 주) 전 역둔토 소작지의 소작기간을 설정하자 그것을 따라 기간을 정하게 되었다.[55]

논의 집조執租의 기원 연혁

경기: 약 20년 전 동척東拓회사가 소작료 징수에 검견제檢見制를 행하고, 뒤이어 히가시야마농사주식회사東山農事株式會社가 이 제도를 채택한 것을 시발로 이래 각 지역에서 행해 짐.

충북: 약 15년 전 동척회사가 행하자 지주들이 그것을 모방하여 차츰 시행되기에 이름.

충남: 일반적으로 이 제도가 행해지기 시작한 것은 약 15년 전 또는 20년

54) 慶尙北道農務課, 《小作慣行調査書》, 1934, 2쪽.
55) 慶尙北道農務課, 위의 책, 37쪽.

전 동척회사 기타 농사회사가 이를 도입한 것이 가장 유력한 동인
이 됨.

황해: 근년 동척회사를 시작으로 기타 회사농장, 일본인 지주, 조선인 부
재지주 등이 이를 본받아 평야지대에서 일시에 성행하게 됨.

평남 함남 함북: 동척회사가 처음으로 시행함.56)

이 자료에 따르면 동양척식주식회사를 비롯한 일본인 농장들이
먼저 소작기간을 제한하는 소작계약서와 집수법을 도입하여 소작권
을 약화시키고 소작료를 인상하였다. 러일전쟁 이후 토지겸병의 새
로운 주체로 등장한 일본인 거대 농장주들은 기본적으로 근대적 지
주제에 따라 식민지에서 초과이윤을 실현하려는 자본가적 경영주들
이었다. 이들은 농장 경영의 수익성을 높이고자 관습적 소작권과 물
권으로 성장해 있던 도지권 등 소작농민의 권리를 모두 부정하였다.
또 소작인과 소작경영에 대한 감시·감독을 강화하고, 소작료를 인상
하고 수취법을 변경하는 등 소작농에 대한 통제와 수탈을 강화했다.
여기에 영향을 받은 한국인 지주들도 소작농민에 대한 통제와 수탈
정도를 높이면서 지주경영 전반이 재정비되고 강화되어 갔다.

6. 농민층의 항조抗租운동과 의병 투쟁

갑오개혁 이후 한국 농업은 지주제에 바탕을 둔 개화파의 근대
화 정책과 함께 일본의 침략과 식민화정책으로 말미암아 농민경제

---

56) 朝鮮總督府, 《朝鮮의 小作慣行》 上, 1932, 128~129쪽.

가 급속히 몰락하였고, 대신 지주들의 토지겸병은 확대되면서 지대
수탈도 강화되는 변화가 있었다. 그러한 변화는 러일전쟁 이후 일본
의 농업식민책이 본격화되면서 급격히 확대되었다. 그 과정에서 지
주제는 양적인 측면에서만 강화된 것이 아니라 그 성격이나 재생산
구조면에서도 식민지 지주제로 재편되는 변화를 겪고 있었다.

지주제의 확대·강화 때문에 그 피해를 직접적으로 입게 된 농민
층은 강력히 저항하였다. 그 저항은 항조운동抗租運動으로 전개되었
지만, 이 시기 지주제 변동의 성격을 반영하여 반제·반봉건의 의병
투쟁으로 발전하기도 하였다.

농민들의 항조는 지대 인상폭이 크고 소작조건의 악화가 심했던
역둔토에서 가장 활발하게 일어났다. 역둔토에서 항조는 개별적으로
전개되기도 하고 집단적인 형태를 띠기도 하였다.[57] 개별적인 항조
는 향촌사회에서 나름의 세력을 가지고 있던 양반·호세가豪勢家·부
가富家·이속吏屬·병정兵丁 등이 주도하였다. 이들 가운데는 직접 역
둔토를 경작하는 소작인도 있었지만 중답주였던 자들이 많았다. 이
에 견주어 집단적인 항조는 영세 빈농층이 주도하는 것이 일반적이
었다.

집단적인 항조는 내장원에서 타작제打作制 도입을 추진하면서 지
대를 인상하려 한 1904년에 집중적으로 발생하였다. 작인들은 타작
제의 도입을 '가도加賭', 곧 지대 인상이라고 거부하며 봉세관捧稅官
이 파견한 간사인幹事人이 추수를 하지 못하도록 방해하였고, 심하게
는 실력을 행사해 내쫓았다. 작인들은 자신들이 상호부조를 위해 결
성한 '일심계一心契', '농계農契' 등의 조직을 항조투쟁에 활용하기도

---

57) 朴贊勝, 앞의 글(1983).

하였다. 한 예로 1909년 안변군安邊郡 삭안역朔安驛에서는 타작제에
반대해 수십 명의 작인이 '일심계一心契'라는 이름을 내세우며 마름
舍音을 폭행하고, 일부에서 타작해 거두어 둔 도조賭租를 다시 나누
어 가지는 사태가 발생하였다.58)

　작인들의 집단적인 항조는 민란民亂을 방불케 하는 형태로까지
격화되기도 하였다. 1899년 지평군砥平郡에서는 장둔壯屯의 무토둔無
土屯에 대한 도조 강제에 대항하여 각 동洞의 작인들이 사발통문沙鉢
通文을 돌려 도세賭稅 납부를 거부하고, 관찰부觀察府에서 순검巡檢을
파견해 주동자를 검거하려 하자 수백 명의 작인이 이를 막는 사태가
발생하였다.59)

　지주제 강화에 반발하는 농민들의 저항은 의병투쟁으로까지 발
전하고 있었다.60) 의병들은 일제의 식민지화 과정에 편승해 재물을
모으는 데만 열중한 지주나 부민富民들을 "다만 부자 될 생각만 하
고 나라 일은 돌보지 않는" 존재로 규정하였다. 그리하여 그들은 몇
몇 애국적인 지주를 제외한 모든 지주층을 공격하였다. 의병의 공격
은 추수곡을 탈취하거나 마름이 지대를 징수하지 못하게 명령하는
형태로 나타났다. 이 경우 의병들은 소작인들에게 추수곡을 지주에
게 내지 말고 의병 부대에 납부해 국권國權 회복을 후원하게 하였다.
또한 의병은 지주층을 공격하면서 방곡령防穀令을 공포하기도 하였
다. 그 방곡령은 지방의 부요민富饒民들이 곡물 가격의 지역 차액을
노리고 곡물을 다른 지역으로 암매暗賣하는 것을 금지하는 조치로,
농촌시장을 보호하고 곡가를 안정시켜 소·빈농층 생활을 안정시키

---

58) 〈安邊郡守에의 訓令〉,《訓照》14册, 光武 4年 12月 20日.
59) 〈砥平郡守報告書〉,《經理院驛屯土成册》2册, 光武 3年 9月 23日.
60) 金度亨,《大韓帝國期의 政治思想研究》, 지식산업사, 1994, 350~365쪽.

려는 것이었다.

이러한 공격으로 이 시기에는 비록 지주제가 확대·강화되는 추세에 있었지만, 지주경영 자체는 매우 불안정하였다. 거두어들인 지대를 경찰서로 옮겨 보관하는 지주도 있었고, 도조를 운반할 때 일본 순사의 호송을 받는 지주도 있었다. 의병의 공격을 견디다 못해 일본 군대의 보호를 받을 수 있는 서울이나 항구·읍 등지로 피신하는 지주도 적지 않았으며, 헌병출장소를 자기 지역에 두어 신변의 안전을 꾀하려는 지주도 있었다. 경영이 불안정하기는 일본인 농장도 마찬가지였다. 이들은 일본 헌병의 특별한 보호를 받았지만, 자체 경비체제를 갖추고 늘 경계하며 불안하게 지주제를 경영할 수밖에 없었다.

이 결과 일제가 자국의 지주·자본가를 앞세워 추구하고자 한 식민지 지주제 체제로의 재편은 착수 단계에서 더 이상 진전되지 못하였다. 식민지 지주제로의 재편은 일제가 폭압적으로 의병전쟁을 진압한 뒤에야 비로소 본격화될 수 있었다.

7. 맺음말

조선 후기 생산력의 발전과 상품유통경제의 발달은 농업에서 토지겸병을 촉발하여 지주제를 확대시키는 한편, 부농경영을 발전시키고 농민층 분화를 가져왔다. 유통경제가 발달한 지역에서는 전체 농가의 10~20퍼센트에 지나지 않았던 부농층이 18세기 전반에 이미 전체 농지의 40~60퍼센트를 소유할 정도로 토지소유가 분화되었고, 지주제도 발달하였다. 그러나 토지겸병의 확대와 부농경영의 성장은 소·빈농층의 몰락을 가져왔다. 이러한 가운데 신분이동이 활발히 일어나면서 신분제적 차별 원리로 운영되던 부세체제가 구조적으로 붕괴되는 '삼정문란'이 발생하였다. 지배층은 이를 해결할 근본적인 대책을 마련하지 못했고, 결국 '삼정문란'은 소·빈농층의 몰락을 촉진했을 뿐만 아니라 지주제나 부농경영의 성장을 가로막는 걸림돌로 전락하고 말았다. 이러한 모순 때문에 1862년에는 삼남지방의 70여 개 군현에서 지주나 부농층도 가담하는 농민항쟁이 발생하였다.

1876년 개항은 삼정의 모순이 근본적으로 해결되지 못한 상태에서 이루어졌다. 타율적 개항은 조선사회에 외세에 대한 저항과 근대화라는 긴박한 과제를 안겨 주었다. 근대화의 핵심은 원시적 자본축적의 터전이 되는 농업의 근대화였다. 농업의 근대화는 생산관계, 곧 토지소유를 근대화하는 것과 이를 가로막고 있는 봉건적인 부세제도를 개혁하여 근대적 조세체계를 확립하는 것이었다.

한말 조선사회에서는 농업의 근대화 방안을 둘러싸고 대립되는 두 개의 흐름이 형성되었다. 1862년 농민항쟁에서 1894년의 농민전쟁으로 발전한 아래로부터의 농민적 근대화운동과, 개화파가 주도해 갑신정변과 갑오개혁으로 이어지는 위로부터의 근대화운동이 그것이다. 이 두 흐름은 근대화를 위한 개혁에서 지주제나 지주적 토지소유를 처리하는 방식을 놓고 근본적으로 의견을 달리하였다. 전자가 지주제를 '경자유전'의 원칙에 따라 개혁하는 방식으로 농업 근대화를 추구했다면, 후자는 지주제를 보호·육성하고 이를 물적 토대로 삼아 근대화를 이룩하려 했다. 이런 차이 때문에 한말의 토지소유제도와 지주소작 관계는, 이 두 흐름의 각축과 각각의 성쇠에 직접적으로 영향을 받으면서 변동하였다.

한말 지주제는 결국 정치적 대결로 처리할 수밖에 없는 사안이었다. 그 최초의 시도는 개화파가 주도한 갑신정변으로 나타났다. 개항을 전후해 형성된 개화파는 서구의 동아시아 침략과, 여기에 대한 중국·일본의 대응을 주시하면서 근대 변혁의 시급성을 인식하고 갑신정변을 단행하였다. 개화파는 정변으로 권력을 장악한 다음 일본의 메이지유신을 모델로 삼아 근대적인 지조개혁을 단행하고, 지주제를 근대적 소유권으로 법인하여 이를 바탕으로 위로부터의 부르주아 개혁을 추진하였다. 그러나 이러한 시도는 외세의 개입으로 3일 만에 좌절되었다.

그 다음으로 지주제를 개혁 대상에 올린 정치적 변혁운동은 1894년 농민전쟁이었다. 1862년의 항세투쟁을 시작으로 개항 후에도 지속적으로 확대되던 소·빈농층 중심의 농민운동은, 1890년대에 들어 동학조직과 결합하면서 아래로부터의 반제·반봉건 투쟁으로 발전하였다. 농민전쟁의 지도부는 집강소 통치에 즈음해 '평균분작平均分作'과 '경자유전耕者有田'을 원칙으로 지주제를 개혁할 방안을 찾고 있었다. 그러나 이러한 개혁은 '척왜斥倭'를 기치로 재봉기한 농민군이 갑오내각의 관군을 앞세운 일본 군대의 공격을 받고 패배함으로써 좌절되고 말았다.

한편 농민전쟁의 소용돌이 속에서 일본 군대의 경복궁 쿠데타로 출범한 갑오내각은 개화파의 근대화 노선에 따라 재정과 조세제도를 개혁하였다. 농민전쟁이 진압되자 그들은 전쟁 기간에 농민군의 공격을 받았던 지주제를 복구하는 조치를 취했다. 그러나 이러한 개혁은 일본에 의존해 추진되었고, 일본이 침략할 수 있는 제도적 장치를 마련하는 방향으로 변질되었기 때문에 강한 반발을 불러 일으켰다. 그런 가운데 명성황후 시해사건이 발생해 전국에서 의병운동이 거세게 일어나 갑오내각이 붕괴되었고, 갑오개혁도 중단되었다.

　뒤이어 등장한 것이 갑오개혁을 계승하면서도 그 한계였던 외세 의존성을 극복하고 좀 더 주체적으로 위로부터 근대화를 추진하고 자 했던 '구본신참舊本新參'의 광무개혁이었다. 광무개혁의 중심 사업 은 양전量田·지계地契사업이었다. 광무정권은 근대적 소유권이라 할 지계 발급으로 개항장 이외에서 자행되던 외국인의 불법적 토지침 탈을 금지하고, 지주의 소유권을 근대적 소유권으로 법인하려 하였 다. 또한 광무정권은 이 사업과 연계해 역둔토에 대한 정리를 단행 함으로써 지주제를 근대화 사업의 기반으로 정비·강화하는 작업을 이끌었다. 비록 부족한 점은 있지만, 이 시기에 이르러 지주층·지주 제에 바탕을 두고 위로부터 근대화·자본주의체제화를 추구할 수 있 는 근대적 토지소유제도가 확립되었다.

　그러나 광무개혁은 러일전쟁을 전후해 일제의 침략이 강화되면서 중단되는 운명을 맞는다. 일제는 1904년에 외국인의 토지소유를 제 한한 광무개혁의 지계발급사업을 전면 중단시켰고, 통감정치를 실시 하면서 〈토지가옥증명규칙〉(1906), 〈토지가옥소유권증명규칙〉(1908), 〈국유미간지이용법〉(1907) 등을 제정하도록 강요했다. 이로써 일본인 들이 한국에서 아무런 제약 없이 토지를 침탈하고 소유할 수 있게 되었다. 이러한 침략정책은 한국의 농업을 일본인 지주·자본가에게 식민지 초과이윤을 실현하는 자본수출시장으로, 동시에 자국의 농업 모순을 해결하는 데 필요한 저가 농산품의 수탈처로 재편하려는 농 업식민책農業殖民策에서 비롯된 것이다. 일제는 자국의 지주·자본가 계급이 대지주가 되게 하고, 이들이 주도해 한국 농업을 재편하는 농 업식민책을 수립하고 있었다. 이러한 침략으로 말미암아 개화파의 근 대화 노선에 따라 추진되던 광무개혁은 러일전쟁을 계기로 완전히 좌절되고 말았다.

이에 따라 지주계급·지주제의 정치경제적 구실이나 위상도 근본적으로 변화될 수밖에 없었다. 갑오·광무개혁 때 지주제와 지주계급은 정부 주도로 국가와 사회를 근대화·자본주의화 하는 경제적 기반이자 정치적 기간 세력으로 보호·육성되었다. 그러나 일제가 침략해 광무개혁을 중단시키고 농업식민책을 추진하면서 한국의 지주제와 지주계급은 일본의 식민지 농업 수탈기구로 편입되어 갔다.

그러나 이러한 변화가 있었음에도 광무개혁에서 소유권을 인정받았던 지주적 토지소유는 여전히 보호되고 발전하였다. 일본의 농업식민책이 자국의 지주·자본가를 한국으로 진출시켜, 지주제로 한국 농업을 지배하고 수탈하는 방향으로 확립되었기 때문이다. 일제의 지주제 보호·육성은 대한제국의 지주 보호정책보다 훨씬 강력하고 무단적이었다. 이러한 상황 때문에 갑오개혁 이후 증가하기 시작한 토지겸병은 러일전쟁 이후 더욱 비약적으로 확대되었다.

러일전쟁 이전에는 한국인 지주들이 중심이 되어 곡물유통이 편리한 곡창지역에서 집중적으로 토지를 겸병하였다. 일제 아래에서 활동했던 한국인 대지주의 상당수는 이때 대지주로 성장하였다. 러일전쟁 전후부터 일제의 농업식민책과 관련해 일본인도 적극적으로 토지겸병에 가세하였다. 이들 또한 곡물유통에 편리한 지역에서 적게는 수십 정보 많게는 6천여 정보에 이르는 토지를 겸병했는데, 이렇게 지주제 농장을 설립한 회사가 1908년에 이미 29개를 넘어설 정도였다. 이러한 토지겸병 때문에 1910년 이전 곡물유통이 편리한 농업지대의 소작지율이 60~80퍼센트로 증가하였다.

한말에는 토지겸병이 확대됨과 동시에 지주 경영방식에도 질적인 변화가 일어났다. 조선사회의 전형적인 지주제는 관료-양반지주가 예속적 지위에 있는 전호농민을 인신적으로 지배하는 병작제였

다. 그러나 이러한 병작제는 1894년을 경계로 근본적으로 변화되었
다. 1894년의 농민전쟁과 갑오개혁으로 신분제가 폐지됨에 따라 양
반지주라 하더라도 전호의 인신을 구속하는 것이 법적으로 불가능
해졌기 때문이다. 이에 따라 경제외적 강제를 매개로 하는 봉건적인
병작제 대신 지주가 배타적인 근대적 토지소유권을 가지고 소작인
을 수탈하는, 경제적 관계로서의 근대적인 기생 지주제가 발달하게
되었다. 근대적인 지주소작 관계는 18세기 이후 서민지주·상인지주
가 등장하면서 나타나 반봉건투쟁이 발전하는 과정에서 확대되었는
데, 광무정권의 양전·지계사업을 계기로 마침내 전면화 되기에 이르
렀다.

　근대적인 지주제로 전환되었다고 소작농민에 대한 수탈이 약화
된 것은 아니었다. 일본인의 토지겸병과 회사 농장이 증가하면서 지
주소작 관계에도 전면적인 변화가 일어났다. 러일전쟁 이후 토지겸
병의 새로운 주체로 등장한 일본인 거대 농장주들은 근대적 지주제
로 이윤을 극대화하려는 자본가적 경영주들이었다. 이들은 도지권
등 소작농민의 권리를 모두 부정하고 소작료를 인상하였으며, 지대
수취에 철저를 기하는 등 소작농에 대한 통제와 수탈을 강화해 갔
다. 한국인 지주들도 일본인 지주의 경영방식을 따르게 되면서 지주
제 전반에서 소작농민에 대한 수탈이 심화되었다.

　한말 지주제가 이처럼 확대·강화되자 농민들의 저항도 거세어졌
다. 그들은 소작료 수탈을 강화하려는 지주층에 맞서 항조운동을 벌
였는데, 지대 인상폭이 크고 소작조건의 악화가 두드러졌던 역둔토
에서 가장 활발하게 일어났다. 역둔토에서 항조는 개별적으로 이루
어지기도 하고 집단적인 거납拒納이나 항거 형태를 띠기도 하였다.
나아가 농민들은 항조운동을 반제·반봉건의 의병투쟁으로까지 발전

시켰다. 이러한 저항 때문에 일제가 자국의 지주·자본가를 앞세워 추구하고자 한 식민지 지주제 체제로의 재편은 의병전쟁을 진압할 때까지 늦추어졌다.

제2장

일제강점기 조선총독부의 소작정책과 식민지 지주제의 전개

1. 머리말

일제는 조선에서 시행한 식민정책 가운데 소작정책을 특별히 중시하였다. 지주제가 조선에서 농업을 지배·수탈하는 핵심기구로 기능했기 때문이다. 조선에 대한 식민지 수탈에서 농산물이 차지하는 비중은 매우 컸고, 그 절대량은 일제강점기 말까지 증가하였다. 일제의 농산물 수탈은 대부분 지주소작 관계를 이용해 이루어졌기 때문에, 지주소작 관계를 적절히 통제·관리하는 것은 식민정책에서 긴요한 과제였다. 그뿐만 아니라 식민지를 안정적으로 지배하는 것도 중요하였다. 일제강점기에 조선 인구 80퍼센트는 농민이었고, 그 가운데 절대 다수가 소작농이었다. 따라서 식민지 지배질서를 확립하려면, 소작문제로 말미암아 발생하는 농민의 저항과 동요를 안정시키는 것이 급선무였다.

이런 필요에서 일제는 통감부 때부터 조선농회를 앞세워 조선의 소작관행과 지주소작 관계를 여러 번 조사하였다. 강점 이후에는 토지조사사업을 실시하였으며, 〈조선민사령〉을 공포해 지주제를 법제화하는 한편, 전국적으로 지주회를 조직하여 소작제도를 통제하려 하였다.

1920년대 들어 산미증식계획 등 식민농정이 본격적으로 추진되고, 그에 따라 3·1운동으로 촉발된 농민들의 저항도 급속히 확대되어 곳곳에서 농민단체가 결성되고 소작쟁의가 폭발하였다. 이러한 변화에 대처해 일제는 식민농정을 차질 없이 수행하고 농촌사회의 동요를 진정시킬 소작제도 개선방안을 찾는 한편, 〈치안유지법〉과

〈폭력행위 등 처벌에 관한 법률〉을 제정하는 등 농민운동에 대한 탄압을 강화하는 정책도 실시하였다.

일제의 소작정책은 1929년 몰아닥친 대공황을 계기로 중대한 변화를 맞이하였다. 이때 조선에서는 혁명적 농민운동이 발전하고 있어 더 이상 기존의 소작대책으로 문제를 해결할 수 없게 된 일제는 〈조선소작쟁의조정령〉(이하 〈조선소작조정령〉이라 함)과 〈조선농지령〉(이하 〈농지령〉이라 함)을 제정하였다. 이 두 가지는 조선총독부가 시행한 최초의 법적 구속력이 있는 전문 소작정책이었다. 이후 소작정책은 중일전쟁 때 전시동원체제 구축과 관련해 어느 정도 변화를 겪지만, 기본적으로 두 법령을 바탕으로 전개되었다.

이와 같은 일제강점기 조선총독부의 소작정책을 밝히는 것은 이 시기 식민지 농업정책과 농업변동을 이해하는 데 중요하고, 나아가 일제강점기 농민운동과 민족해방운동 연구에도 필요한 작업이다. 그러나 이에 대한 연구는 거의 이루어지지 못했다. 일제가 조선에서 시행한 소작정책에 대한 연구는 지금까지 주로 1930년대 초반에 시행된 〈조선소작조정령〉과 〈조선농지령〉의 제정 과정, 내용 및 그 운용에 대한 분석을 중심으로 이루어져 왔다.[1]

물론 〈조선소작조정령〉과 〈농지령〉은 일제가 조선에서 시행한 최초의 소작관계법령임에 틀림없다. 그러나 〈조선소작조정령〉이나

---

[1] 近藤康男, 〈朝鮮農地令の役割〉, 《大學新聞》 1935년 10월 28일자(《日帝下 朝鮮關係新聞資料集成》 5, 永進, 193~194쪽 재인용); 久間健一, 〈農政の矛盾と課題〉, 《朝鮮農政の課題》, 1943, 59쪽; 박섭, 〈식민지조선에 있어서 1930년대의 농업정책에 관한 연구―'農村振興運動'과 '朝鮮農地令'을 중심으로〉, 《한국근대농촌사회와 농민운동》, 열음사, 1988; 鄭然泰, 〈1930년대 '조선농지령'과 일제의 농촌통제〉, 《역사와 현실》 4, 1990; 金容燮, 〈日帝 强占期의 農業問題와 그 打開方案〉, 《東方學志》 73, 1991; 이경희, 〈1930年代 小作爭議 硏究―조선農地令과의 聯關性을 中心으로〉, 충남대 석사논문, 1991.

〈조선농지령〉은 그 이전에 여러 법령들로 이미 제도화된 지주소작 관계를 만주침략 이후 새롭게 재편한 식민정책에 맞게, 더 구체적으로는 우가키 총독의 농촌진흥운동에 적합하게 개편·보완한 것이었다.[2] 또한 1920년대 소작정책 시행에 이 법령들이 필요하여 제정된 것이다. 따라서 이들 법령을 제대로 이해하려면 1910~20년대 소작정책 연구가 꼭 필요하다.

〈조선소작조정령〉과 〈농지령〉에 대한 선행연구에서 이루어진 이 법령의 계급적 성격에 대해서도 재검토가 필요하다. 선행연구의 쟁점은 〈농지령〉의 계급적 성격이었다. 크게 보면 〈농지령〉을 지주 권익을 본질적으로 제약하지 않는, 다시 말해 제한적인 개선으로 지주제를 안정적으로 유지하려는 정책으로 파악한 견해와, 경작권을 보장함으로써 농가 경제의 안정화에 이바지한 농민적 정책으로 파악하는 견해가 대립하고 있다.[3] 전자의 연구는 〈농지령〉에 소작료 제한규정이 없는 점, 그 제정 과정에서 지주들이 반대운동을 펼쳐 계

---

2) 조선총독부 농무과 직원으로 〈조선농지령〉을 제정하는 실무작업을 담당하였던 吉田正廣은 일본 민법과 〈조선농지령〉의 관계에 대해 다음과 같이 설명했다. "농지령은…… 이른바 민법의 특별법이다. 따라서 소작관계 가운데 농지령에 규정되어 있는 사항은 특별법이 보통법에 우선한다는 원칙에 따라 농지령의 규정을 받고, 농지령에 규정되지 않은 사항은 민법의 적용을 받으며, 양자가 경합하는 경우에는 농지령의 규정이 먼저 적용된다. 따라서 소작관계의 법률관계를 모두 알려면 농지령과 민법의 규정을 아울러 알 필요가 있다"(吉田正廣, 《朝鮮に於ける小作に關する基本法規の解說》, 朝鮮農政硏究同志會, 1934, 18~19쪽).

3) 전자 입장인 연구자로는 宮田節子·주봉규가 있고, 후자 연구자로는 박섭·정문종·정연태가 있다. 그러나 후자의 경우도 〈농지령〉에 대한 평가에서 연구자마다 다소 차이를 보인다. 박섭은 〈농지령〉에 대해 농가경제 안정화정책으로 일관되게 긍정적으로 평가했으나, 정연태와 정문종은 농민경제의 안정화를 추구한 소작정책으로 파악하면서도 소작료 제한규정이 없는 점을 들어 지주의 이익도 동시에 보장하려 한 절충적 성격의 사회개량적 입법으로, 그로 말미암아 농가경제를 안정시키기에는 본질적 한계가 있는 정책으로 보았다.

급적 이익을 관철시킨 점 등을 주된 논거로 제시하였다. 후자의 경우 지주의 권익을 일방적으로 옹호한 이전의 소작대책과 달리 경작권을 보장하고 마름에 대해 규제하고 있는 점, 또 이 법령과 유기적 관계를 갖고 추진된 농촌진흥운동이 농민의 사회적 지위를 상승시키고 있었던 점 등을 논거로 들었다.

〈농지령〉을 비롯한 농촌진흥운동 당시 일제의 소작정책에 대한 이해를 진전시키려면, 먼저 〈조선소작조정령〉과 〈농지령〉의 관계를 명확하게 할 필요가 있다. 일본의 소작법령은 경작권 보장으로 지주제를 개혁하려는 소작법 입법이 중심이 되고, 이 법을 바탕으로 소작관계를 조정·통제하는 소작쟁의조정법의 입안이 추진되는 과정을 거쳤다. 그러나 입법 과정에서 지주들의 거센 저항으로 소작쟁의조정법이 먼저 입법되고 소작법은 끝내 제정되지 못하였다. 이에 견주어 조선에서는 같은 명칭의 법령이 다른 방향으로 입법되었다. 조선총독부도 소작법(입법과정에서 〈농지령〉으로 이름이 바뀌었다)과 소작쟁의조정법의 제정을 연계해 추진했지만, 일본과 달리 소작쟁의조정법의 입법에 주안을 두고 이를 보조하는 법령으로 소작법을 제정하였다. 소작법령을 제정하는 주된 목적이 일본에서는 지주제를 개혁하는 소작법에 있었던 것과 달리, 조선에서는 소작쟁의가 혁명적인 계급·민족운동으로 발전하지 못하도록 개별화시키고 체제 안으로 포섭하는 소작쟁의조정법에 있었던 것이다. 조선의 〈농지령〉은 소작쟁의조정법이 기능할 수 있도록 제정된 것일 뿐, 일본처럼 처음부터 지주제 개혁을 목표로 하지 않았다. 따라서 농촌진흥운동 당시 소작정책의 핵심이 〈농지령〉에 있다는 관점은 재검토될 필요가 있다.

둘째, 〈농지령〉을 지주의 권익을 제한하고 농가경제 안정에 이바지한 소작법령으로 평가하게 만든 '일반 농사 경작권 3년 보장조항'

과 '마름제도 규제조항'에 대한 실체적인 검토가 필요하다. 그 가운데 핵심이 되는 것은 경작권 3년 보장조항이다. 선행연구에서는 이 조항을 일본 소작법의 경작권 5년 보장조항과 비슷한 것으로 여기고, 이것을 지주의 양보를 법제화하여 농가경제를 안정화하는 규정으로 이해하는 경우가 많았다. 조선에서 지주들이 조직적으로 〈농지령〉 반대운동을 펼친 사실도 이러한 논리의 배경이 되었다. 일본 소작법의 경작권 5년 보장조항은 소작권 해제와 소작료율 및 소작 조건, 소작료 납부 방법 등에 관한 여러 규정들과 결합되어 민법이 보장한 지주의 권익을 제한하고 소작농가의 안정을 돕는 내용으로 되어 있다. 그러나 〈농지령〉의 경작권 보장조항은 그 기간도 3년으로 줄었을 뿐만 아니라, 일본과 달리 민법이 보장한 지주의 권익을 제한하는 규정도 없다. 그러므로 〈농지령〉의 성격을 이해하려면 이러한 차이에 주목할 필요가 있다.

셋째, 소작정책을 그 일부로 포함하였던 농촌진흥운동에 대한 실체적 연구를 심화시킬 필요가 있다. 조선의 농촌진흥운동은 농촌통제정책인 동시에 농업재편정책이었다. 농촌통제와 농업재편은 모두 지주제와 직결되어 있었기 때문에 농촌진흥운동은 소작정책과 떼려야 뗄 수 없는 관계 속에서 추진될 수밖에 없었다. 그러나 농촌진흥운동에 대한 연구에서도 〈농지령〉 연구와 맥을 같이하는 논쟁이 진행되고 있다. 그 논쟁을 해결하는 길은 농촌진흥운동의 실질적인 시행 과정과 그 현실적 효과의 실체를 밝히는 것이다. 이 글은 이를 과제로 하지 않기 때문에 간단히 언급하고자 한다.

대공황 이후 일제는 1931년 만주를 침략하여 독자적인 블록경제 구축을 시도하였고, 1937년에는 중국에 대한 전면 침략을 감행해 전쟁을 확대하는 등 세계경제의 블록화에 대처해 재생산구조를 전체적으로 재편하고 있었다. 농촌진흥운동도 일본 제국주의의 이러한 구조변화에 따라 재편되었다. 농촌진흥운동이 농가경제의 안정을 표방한 것은 시작 초기인 1933년과 1934년에 지나지 않았고, 1935년 이후가 되면 '일·선·만 블록' 구축을 위한 '국책자원'의 증산정책으로 급속히 전환되었다. 1933년과 1934년에도 농촌진흥운동을 입안하고 주도한 우가키 총독의 주된 관심은 농촌의 혁명적 계급·민족운동을 진압하고, 만주침략으로 급변하는 국제정세에 대처해 '일·선·만 블록'을 구축하는 것이었다. 이로 말미암아 실제 농촌진흥운동에서 농가경제의 안정은 혁명운동의 진압을 위해 요란하게 선전된 정치적 구호 이상의 의미를 갖기 어려웠다.[4] 〈조선소작조정령〉과 〈농지령〉을 주축으로 했던 이 시기 조선총독부의 소작정책은 이러한 농촌진흥운동과 긴밀하게 결합되어 추진되고 있었다.

조선총독부의 소작정책은 일제가 중일전쟁과 태평양전쟁을 일으키면서 다시 변화를 맞게 된다. 일제는 군국주의 침략전쟁을 치르기 위해 1938년 조선에서도 전쟁총동원체제를 수립하였다. 전쟁총동원체제는 전쟁물자 생산과 수집을 극대화할 목적으로 수립되었는데 농업에서는 쌀을 최대한 증산하고 수집하는 것을 주된 목표로 삼았다. 이에 따라 소작정책도 수정되었는데 1939년 〈소작료통제령〉과 1943년의 '조선농업계획'이 그것이었다. 〈소작료통제령〉과 '조선농업계획'의 공통점은 쌀 증산을 위해 지주의 생산적 기능을 확대하는 것이다. 다만 전자가 생산적 기능을 담당하도록 권장하는 수준이라면 후자는 의무적으로 요구하고, 협조하지 않는 지주에 대해서는 그 소유지 경영을 신탁하도록 강제 조치한 점에서 차이가

---

4) 李潤甲, 〈우가키 가즈시게 총독의 시국인식과 농촌진흥운동의 변화〉, 《대구사학》 87, 2007.

있었다. 그러나 이 정책들은 어디까지나 지주제의 유지를 전제로 마련된 것일 뿐 지주제의 혁파를 목표로 하지는 않았다. 말하자면 지주제 경영을 전시총동원체제에 부합하도록 '동태적'으로 재편하려는 소작정책이었다.

이 글은 이러한 문제의식에 따라 조선 강점 직후 착수한 '토지조사사업'에서 시작해 태평양전쟁기 '조선농업계획'(1943)에 이르기까지, 조선총독부의 소작정책이 어떻게 수립되고 변화했는지를 검토하였다. 더 구체적으로는 일본 민법에 따라 근대적 임대차관계로 지주소작 관계를 재정립했던 토지조사사업시기(1910~1919), 지주제 보호육성책이 일방적으로 추진된 산미증식계획기(1920~1930), 최초의 소작법령인 〈조선소작조정령〉과 〈농지령〉을 제정한 농촌진흥운동시기(1931~1938), 〈소작료통제령〉과 '조선농업계획' 등으로 전쟁물자 증산에 주력했던 전시총동원체제기(1939~1945) 등 5개의 작은 시기로 나누어 시기별로 조선총독부 소작정책이 어떻게 형성되고 변화했는지, 동시에 그러한 변화가 지주제의 변동과 지주소작 관계에 어떤 영향을 끼쳤는지를 밝히고자 하였다.

2. 1910년대 식민정책과 소작정책

1) 토지조사사업에 따른 지주적 토지소유의 근대법적 법인

일제가 1910년대에 실시한 식민정책 가운데 가장 역점을 두었던 것은 '조선토지조사사업'(이하 '토지조사사업'이라 함)으로 조선을 강점한 직후 시작해 1918년까지 실시한 것이다. 이는 전국의 모든 토지

를 측량하여 지적도를 작성하고 그 소유권자를 조사·확정하여 토지
대장을 만들어 등기제도를 시행하는 한편, 지가를 책정하여 지세 산
정의 근거를 마련하는 것이 그 주요 내용이었다. 이 사업으로 조선
에는 근대법적 토지소유권제도가 전면적으로 도입되었다.

근대법적 토지소유권제도를 도입하려는 시도는 일제강점기 훨씬
이전부터 있었다. 19세기 초부터 정약용과 서유구를 비롯한 많은 실
학자들이 양전제도의 개혁을 주장하였고, 갑신정변에서는 근대적 토
지측량과 지세제도 개혁이 근대화 과제의 핵심으로 제시되었다. 나
아가 한말 갑오개혁과 특히 대한제국의 광무양전·지계사업에서는
철저하지 못했지만 근대적인 토지측량법과 소유권제도가 도입되었
다. 일제의 토지조사사업은 이러한 성과를 바탕으로 실시되었고, 그
로 말미암아 일본이나 식민지 대만에서 시행된 토지조사사업보다
적은 경비로 짧은 기간에 완수될 수 있었다.5)

한말에 광무정권이 추진한 양전·지계사업이 뜻한 바를 이룰 수
없었던 가장 큰 이유는 농민층의 저항과 국가권력의 취약성 때문이
었다. 양전·지계사업은 토지소유권자를 국가가 공인하고 지세원을
확보하는 사업이었다. 광무정권은 토지 소유권자를 지주로 하고, 결
부제의 맹점을 악용해 부정하게 은폐되었던 세원을 최대한 찾아낸
다는 방침으로 이 사업을 추진했다. 그러나 이러한 방침은 농민층에

---

5) 토지조사사업에 관해서는 다음의 연구를 참조하였다. 田中愼一, 〈韓國財政整理にお
   ける'徵稅臺帳'整備について〉, 《土地制度史學》 63, 1974; 愼鏞廈, 〈日帝下의 '朝鮮土地調
   査事業'에 대한 一考察〉, 《韓國史研究》 15, 1975; 宮嶋博史, 〈朝鮮'土地調査事業'研究序
   說〉, 《アジア經濟》, 1978. 9; 裵英淳, 〈韓末·日帝初期의 土地調査와 地稅改正에 關한 研
   究〉, 서울대 박사논문, 1987(《한말일제초기의 토지조사와 지세개정》, 영남대출판
   부, 2002로 간행); 金容燮, 〈日帝의 初期農業殖民策과 地主制〉, 《韓國近現代農業史研
   究》, 1992.

게 불리하여 곳곳에서 반발이 일어났다.6) 농민 저항은 농민적 토지
개혁을 실현하려던 동학농민전쟁의 이념을 직·간접적으로 계승하면
서 전개되었고, 많은 지역에서 민란으로 폭발하였다. 광무정권은 이
러한 저항을 제압하기에 역부족이었고, 이 때문에 많은 지역에서 토
지조사는 철저하지 못하고 형식적으로 이루어졌다. 비록 지계 발급
이 이루어져도 현실적으로 그 소유권이 확고하게 보장될 수 없었던
것이다.7)

일제는 광무양전·지계사업의 기본방침을 이어받는 방식으로 토
지조사사업을 실시하였다. 그러면서도 광무양전·지계사업과 달리 일
본인의 토지소유를 완전히 보장하고, 나아가 조선총독부나 동양척식
주식회사 소유가 될 국·공유지를 최대한 확대하였다. 이로써 일본인
지주의 조선 진출을 적극 뒷받침하였으며, 농민적 토지소유권을 모
두 부정하는 방식으로 추진하였다. 말하자면 일제의 토지조사사업은
중세적인 지주적 토지소유를 근대적 소유권으로 바꾸고 일본 자본
의 토지진출을 보장·확대하며, 이를 위해 성장하고 있던 농민의 전
통적인 토지소유권을 모두 부정하는 등 광무양전·지계사업보다 더
농민층에게 불리한 방향으로 추진되었다.

그럼에도 일제가 광무정권과 달리 토지조사사업에 성공한 까닭
은 강력한 물리적 탄압으로 정책에 반발하는 농민 저항을 억누를 수
있었기 때문이었다. 의병전쟁의 물리적 진압은 정치적으로 국권 강
탈을 완수하는 과정이었지만, 경제적으로는 중세적인 지주적 토지소

6) 김도형, 〈한말 의병전쟁의 민중적 성격〉,《한국민족주의론》3, 창작과비평사, 1985.
7) 광무양전·지계사업의 토지조사 및 소유권사정의 실상에 대해서는 다음 연구를 참
   조. 김홍식 외,《대한제국기의 토지제도》, 민음사, 1990; 한국역사연구회 근대사분
   과 토지대장연구반,《대한제국의 토지조사사업》, 민음사, 1995.

유를 근대적 소유권으로 법인하는 것에 저항하는 농민적 근대화투쟁을 최종적으로 궤멸시키는 과정이었다.

일제가 조선을 식민지로 강점하면서 지주적 토지소유를 보호하던 광무양전·지계사업의 기본 방침을 이어받는 방식으로 식민정책을 입안한 데는 그럴 만한 이유가 있었다. 그러한 식민정책의 입안은 일본 근대화의 특수성으로부터 비롯된, 어쩔 수 없는 것이었다. 메이지유신 이후 일본 정부의 농업정책은 후발자본주의 자본축적 체제 특수성의 제약으로, 지주제를 보호하고 그것을 중심으로 한 농업기구를 유지·발전시키는 방향으로 나아갔다.[8]

일본은 조선을 식민지화하기 위한 준비공작으로 1900년 전후부터 정부 관리를 파견하거나 농업문제에 식견이 있는 전문가들을 동원하여 여러 번 조선 농업을 시찰·조사하였고, 광무정권의 양전·지계사업에 대해서도 깊은 관심을 보였다.

일본은 시찰단에게 식민정책의 수립과 관련해 조선의 지주제에 각별히 관심을 갖고 조사할 것을 주문하였다. 이들은 공통적으로 조선은 기후·토성 등에서 농업생산에 적당한 조건을 갖추고 있고, 농법개량으로 증수할 여지가 크다고 보고하였다. 또한 지가가 일본에 견주어 5분의 1에서 30분의 1 수준으로 저렴할 뿐 아니라, 일본인의 토지 구입이 쉽고 토지 공과금이 일본보다 매우 싸다고 하였다. 그들은 조선의 지주소작 관례상 수익분배가 지주에게 유리하니 일본인을 조선으로 진출시켜 지주경영을 하게 하면 큰 수익을 올릴 수 있을 것이라 덧붙였다.[9]

---

8) 金容燮, 〈日帝의 初期 農業殖民策과 地主制〉, 《韓國近現代農業史研究》, 일조각, 1992, 35~36쪽.
9) 金容燮, 위의 책(1992), 36~42쪽.

일제는 자국 자본주의 체제의 요구와 조선 농업의 이러한 상황을 참조해 지주제를 바탕으로 식민지 농업수탈 체제를 수립하기로 결정하고, 그 체제에 맞는 소유권제도를 확립하는 식민정책으로 토지조사사업을 실시하였다. 이를 위해 일제는 1912년에 〈조선민사령〉, 〈조선부동산등기령〉 및 동 시행규칙, 〈토지조사령〉 및 동 시행규칙 등의 법령을 제정하였다.

토지조사사업은 여러 요소로 구성되었지만 가장 핵심은 토지소유권을 조사하여 확정하고, 이를 법적으로 보장하는 등기제도를 실시하는 것이었다. 토지조사사업에서 토지소유권 조사는 준비 조사, 일필지 조사, 분쟁지 조사를 거쳐 최종적으로 토지소유권과 강계疆界를 확인하고 사정査定하는 방식으로 진행되었다.

일제는 토지소유권 조사를 위해 먼저 조사 대상이 된 지방에 토지조사국 직원을 파견하여, 그 지역의 면장·동리장·지주총대 및 주요 지주 등을 상대로 토지조사의 취지·방법·지주 의무, 토지조사 측량의 순서, 토지 신고상 주의사항, 지주총대의 유의사항, 지주의 주의사항 등을 상세히 설명하였다. 아울러 그 지역 관공서에서 보관하고 있는 토지조사에 참고가 될 수 있는 문서들, 이를테면 과세지견취도·결수연명부·토지증명부·국유지대장·민적부 등을 조사해 소유권 조사에 필요한 부분을 차입·등사하게 하였다.

이러한 준비가 끝난 뒤 토지소유자에게 소유 토지를 신고하도록 하였다. 토지 신고는 〈토지조사령〉 제4조의 규정에 따라 토지소유자가 "조선총독이 정한 기간 안에, 그 주소·성명 또는 명칭 및 소유지의 소재·지목·자번호·사표·등급·지적·결수를 임시토지조사국장에게 신고"하는 절차였다. 토지소유자는 이 규정에 따라 자기 소유의 토지를 신고하는데, 그 신고서는 반드시 결수연명부結數連名簿에 따라 작성하여야 했다.10) 결수연명부는 통감부 시대에 만들어진 일종의 징세대장이었다. 1908년 7월 탁지부는 각 지방 재무서에 지세징세대장을 작성하도록 명령하였다. 이 대장을 바탕으로 과세물건의 소재를 분명히 하고 납입별 소유토지의 가격을 추정할 수 있도록 좀 더 세밀하게 각 납세 의무자별로 면의 결수를 조사하게 하였는데, 이렇게 해서 만들어진 것이 결수연명부였다.11)

토지조사사업에서 토지소유권 조사는 이렇게 신고된 내용을 중심으로 진행되었다. 조사원은 신고서와 통지서를 결수연명부 원본 등 관련 문부 및 실제 필지와 대조하고, 지주명과 기타 신고 사항에 이상이 없을 경우 그 신고인을 토지의 소유주로 인정하였다. 그리고 그 과정에서 문제나 분쟁이 발생하면 분쟁지심사위원회에서 행정처분으로 소유권 문제를 해결하였다.

토지조사사업은 이러한 과정을 거치면서 조선의 중세적인 지주적 토지소유를 일본 법률이 보증하는 확고한 근대적 토지소유권으로 전환시켰다. 이로써 농민적 근대화 투쟁으로 동요하던 한말의 지주소작 관계도 조선총독부의 막강한 권력과 법체계의 보호를 받는 강고한 지주제로 재편되었고, 더욱 확대·발전할 수 있게 되었다.

2) 〈조선민사령〉에 따른 지주소작 관계의 법제화

토지조사사업이 지주제가 발전할 수 있는 토지소유권을 공고히 하는 식민정책이었다면, 〈조선민사령〉을 공포해 일본 민법을 조선에 적용할 수 있게 한 조치는 종래 관습적 관계로 운영되던 지주소작

---

10) 배영순, 앞의 책(2002), 210~217쪽.
11) 田中愼一, 앞의 글(1974).

관계를 근대적인 임대차관계법을 적용해 더 강력하게 재편하는 것
이었다. 다시 말해 조선총독부 권력이 그 관계를 법적으로 규제할
수 있게 하는 식민지 지주제의 법제화정책이었다.

　〈조선민사령〉은 1912년 3월 제령 7호로 제정되었다. 제1조는 이
법령과 기타 법령에 따라 특별히 규정되지 않은 민사사항 전부를 일
본의 민법 및 동 시행법, 민사소송법 등에 따라 규제한다고 규정하
였다.[12] 이로써 조선의 지주소작 관계도 일본 민법의 규제를 받게
되었다.

　일본의 민법 조항 가운데 지주소작 관계에 적용된 조항은 무엇
일까? 조선총독부의 농정과 직원으로 소작관행 조사나 〈농지령〉 제
정 등 주요 소작사무에서 핵심적 역할을 담당한 요시다吉田正広는
1934년에 《조선에 있어서 소작에 관한 기본규칙의 해설朝鮮に於ける
小作に關にする基本法規の解說》을 간행하였다. 이 해설서는 〈농지령〉에
대한 이해를 돕고자 만들어졌는데, 요시다는 이 책의 부록으로 조선
에서 소작관계를 규제하는 데 적용된 제반 법령을 발췌해 수록하고
있다.

　이 자료에 따르면 지주소작 관계는 주로 임대차관계를 규정한
민법 조항의 규제를 받는다. 민법에 따르면, 임대차관계는 임대인과
임차인이 부동산이나 동산을 빌려주고 그 대가로 임대료를 지불할
것을 약속하면서 성립한다(601조).[13] 그러나 임대차 기한은 무제한
으로 할 수 없고, 나무를 심어 기르거나 벌채를 목적으로 하는 산림
은 10년, 기타 토지는 5년을 넘지 못한다(602조). 또한 임대차 존속

---

12) 朝鮮總督府 編, 〈朝鮮民事令〉, 《朝鮮法令輯覽》 下-1, 15輯, 1쪽.
13) '일본 민법 제601조'를 이와 같이 표기한다(이하 모두 같음). 민법 조문의 출전
　은 吉田正廣, 앞의 책(1934), 213~235쪽.

기간은 20년을 넘을 수 없고, 그 이상으로 계약된 것은 전부 그 기
간을 20년으로 단축해야 하며(604조), 임대차계약의 갱신은 계약기
간 만료 1년 안에 해야 한다(603조). 이러한 조항들은 임대차 기간이
오랫동안 지속되어 소유권이 약화·침해되는 것을 막고자 만들어진
것이다.

다음으로 당사자가 임대차 기간을 정하지 않았을 경우 임대인과
임차인 모두 언제든지 해약을 요구할 수 있고, 이 경우 토지는 1년,
건물은 3개월이 지나면 자동적으로 계약이 종료된다. 다만 수확계절
이 있는 토지의 임대차는 그 계절 이후 다음 경작을 시작하기 이전
에 해약을 요구해야 한다(617조). 또한 임대차 기간을 정한 계약도
그 기간 안에 일방 또는 쌍방이 해약할 권리를 가지는 것으로, 계약
할 경우 이 규정을 준용한다(618조). 임차인이 파산선고를 받을 경우
에는 임대차 기간이 정해졌더라도 임대인 또는 파산 관리인이 해약
을 신청할 수 있고, 이 경우 각 당사자는 상대방에게 해약으로 말미
암아 발생하는 손해배상을 청구할 수 없다(621조). 임차인은 계약에
정해진 시기에 차용물을 반환해야 하며, 반환할 때는 차용물을 원상
으로 회복시킬 의무가 있다(579조).

셋째, 임대인은 임대물의 사용과 수익에 필요한 수선을 해야 할
의무가 있으며, 임대인이 임대물의 보존에 필요한 행위를 하고자 할
경우에는 임차인은 이를 거절할 수 없다(606조). 임대인의 이러한 행
위로 말미암아 임차의 목적이 달성될 수 없을 경우 임차인은 계약의
해제를 요구할 수 있다(607조). 또한 임차인이 임차물에 대해 임대인
의 부담에 속하는 필요비를 지출할 경우 임대인에게 비용을 청구할
수 있다(608조).

넷째, 임차인은 계약 또는 그 목적물의 성질에 맞게 임대한 물건

을 사용하고 수익 활동을 해야 한다(594조). 임대물을 계약 내용에 위배되는 방식으로 사용하거나 수익 활동을 하여 손해가 발생할 경우, 임차인은 이를 임대인에게 배상해야 한다(600조).

다섯째, 임차인은 임대인의 승낙 없이 그 권리를 양도하거나 임차물을 전대할 수 없다. 임차인이 이 규정을 어겨 제3자로 하여금 임차물을 사용하거나 수익 행위를 하면 임대인은 계약을 해지할 수 있다(612조).

여섯째, 임대료, 즉 차임借賃은 토지의 경우 매년 말에 지불해야 하고, 수확계절이 있는 임대료의 경우 그 계절 이후 바로 지불해야 한다(614조). 또한 수익을 목적으로 하는 토지의 임차인이 불가항력으로 차임보다 적은 수익을 얻었을 때는 그 수익액에 이를 때까지 차임의 감액을 청구할 수 있고(609조), 불가항력으로 계속하여 2년 이상 차임보다 적은 수익을 얻을 경우에는 계약 해지를 요구할 수 있다(610조).

이상이 민법 가운데 지주소작 관계를 규제하는 임대차 조항의 주요 내용이다. 이를 다시 지주소작 관계에 적용해 정리하면 지주는 임대인이, 소작인은 임차인이 되며 지주소작 관계는 농지를 임대하고 임대료(소작료)를 받는 임대차관계가 된다. 농지의 소작은 5년 이내로만 계약이 가능하며, 별도로 소작기간을 보증하지는 않는다. 소작기간을 별도로 계약하지 않을 경우 지주는 추수가 끝날 때마다 소작인을 바꿀 수 있다. 소작인은 지주가 요구하면 법정 기한 안에 농지를 원상으로 회복시켜 반환해야 한다.

소작지 이용에서도 소작인은 임대차 규정에 따라 지주가 요구하는 방식으로 농사를 지어야 한다. 또 소작하는 동안에도 지주가 수리조합을 설립하는 등 토지개량사업을 시행하겠다고 하면 이 요구

에 따라야 하고, 그것이 소작인의 농업경영에 차질을 줄 경우에 소
작인이 할 수 있는 조치는 고작 소작계약을 해제하는 것뿐이다. 그
러나 소작인은 소작계약을 해제하면 바로 생계를 위협받기 때문에
지주의 그러한 조치를 감수할 수밖에 없었다.

소작료는 수확이 끝나면 바로 소작계약에서 규정한 대로 지주에
게 납부해야 한다. 다만 불가항력의 재해를 입을 경우 소작인은 지
주를 상대로 소작료의 감면을 요청할 수 있다. 그러나 이를 문제 삼
아 지주가 소작계약을 갱신하지 않을 경우 소작인이 대처할 방어수
단은 전혀 없다.

이러한 내용으로 보면 일본 민법의 조항들은 지주에게 일방적으
로 유리하다. 임차인의 권리를 보호하는 조항들이 있지만, 그것은
어디까지나 대등한 관계를 전제로 임차인이 행사할 수 있는 권한들
뿐이고, 지주소작 관계처럼 임차인이 예속적인 처지에 놓인 조건에
서는 거의 행사될 수 없는 허울뿐인 권한들이었다. 조선총독부 당국
자의 표현을 빌리면 "현재의 민법은 소유권 존중 정신에 따라 만들
어진 것으로, 지주의 권리는 옹호하지만 소작인의 경작권은 모두 희
생"[14]시키는 것이었다.

일본 민법의 지주 권익 옹호는 여기서 그치지 않았다. 민법에는
이를 소작관계에 적용하는 원칙규정과 참고규정도 설정하고 있다.
그 규정을 보면 계약 당사자가 법률적 조항과 다른 관습을 채택할
의사를 가졌다고 인정될 경우 그 관습에 따르게 하고 있다(92조).
곧, 민법 조항과 불합치하는 내용이라도 법률행위 당사자가 그 관습
에 따르겠다고 하면 이를 인정한다는 뜻이다. 지주소작 관계의 경우

14) 〈小作慣行의 두 개의 新法令〉, 《朝鮮朝日新聞》 1930년 12월 18일자.

계약조건은 소작농의 생사여탈권을 쥐고 있는 지주가 일방적으로 결정하는 것이 일반적이다. 그렇더라도 형식적으로는 지주와 소작이 계약을 맺은 것이므로, 설령 지주가 소작관습 가운데 자신에게 유리한 내용만 선별해도 그 계약은 법률적으로 유효하다는 것이다.

또한 이 원칙규정에는 채무의 상환을 강제로 이행할 수 있게 하는 조항도 포함되어 있다. 계약 당시 지정한 시기에 소작료를 납부하지 않으면 그것은 곧 지주에 대한 소작인의 채무로 전환되고(412조), 이를 소작인이 임의로 이행하지 않을 경우 지주는 그 채무의 강제이행과 손해배상을 재판소에 청구할 수 있다(414조, 415조).

다른 한편 민법은 영소작권永小作權에 대해서도 많은 규정을 두어 규제하고 있다. 조선에는 영소작제도가 발달해 있었는데, 그 내용을 보면 다음과 같다. 먼저 영소작권은 존속기한이 없는 무기한의 영대소작권이었다. 이것은 소작인에게 사유화된 토지사용권으로, 그 자체가 가격을 갖는 물권이라 제3자에게 전대할 수 있고 매매하거나 상속할 수도 있었다. 그런 까닭에 지주는 그 소유자로부터 영소작권(도지권)을 매수해야만 비로소 이를 소멸시킬 수 있었다. 또한 영소작의 소작료는 총수확량의 3분의 1 수준인 저율정액지대였고, 일반 소작보다 훨씬 저렴하였다.15)

그러나 일본 민법에 담겨 있는 영소작권에 대한 규정은 소작권으로서 그 권한을 매우 축소하고 있다. 영소작권에 대한 규정을 보면, 먼저 그 존속기한을 20년 이상 50년 이하로 제한하였다. 별도의 관습에 따라 영소작을 설정하는 경우 말고는 그 존속기간을 30년으로 한정하였고, 존속기간이 50년 이상으로 설정된 영소작도 기한을

---

15) 허종호, 《조선봉건말기의 소작제연구》, 사회과학원출판사, 1965, 187~198쪽(한마당, 1989 재간행).

50년으로 줄이게 하였다. 또한 민법 시행 이전에 설정된 존속기한 50년 이상의 영소작도 모두 민법 시행일로부터 기산起算해 50년을 넘지 않도록 줄였다(278조).

다음으로 영소작인이 그 권리를 타인에게 양도하거나 권리의 존속기간 안에서 경작 또는 목축을 위해 토지를 임대할 수 있게 보장하였다(272조). 그러나 영소작인이 토지에 영구적인 손해를 끼칠 수 있는 변경은 할 수 없게 하였다(271조). 영소작인은 권리가 소멸되면 토지를 원상으로 돌려놓아야 했다. 이 경우 영소작인은 자신이 설치한 지상 공작물을 수거할 수 있지만 토지 소유자가 이 공작물에 시가를 제공하고 매수할 의사를 통지하면, 정당한 이유 없이 거절할 수 없었다(269조).

영소작권의 소작료에 대해서는 불가항력으로 수익에 손실을 입을 경우라도 소작인은 소작료의 면제나 감액을 청구할 수 없게 하였다(274조). 그러나 불가항력으로 3년 이상 계속 수익을 얻지 못하거나 5년 이상 소작료보다 적은 수익을 얻을 경우에는 그 권리를 포기하는 것이 가능했다(275조).

영소작권의 해제나 소멸에 대해서도 영소작인이 계속해서 2년 이상 소작료 지불을 게을리하거나 파산선고를 받았을 경우 지주는 영소작권의 소멸을 청구할 수 있게 하였다(276조). 영소작의 기한이 만료되었을 경우에도 지주가 1년 안에 영소작권 소유자에게 상당한 상금을 지불하고 이의 소멸을 청구할 수 있었다(47조).

민법의 영소작 규정은 조선의 전통적인 영소작권과 비교하면 그 기한이 최대 50년을 넘지 못하게 한정하였고, 상속권이 인정되지 않는 등 물권으로서의 권한이 축소·약화되었다. 저율정액지대와 같은 소작료 규정은 아예 없고 영소작권의 소멸조건도 훨씬 쉽게 완화하였다. 또한 민법의 영소작 규정에 포함되지 않은 내용은 임대차규정 일반에 따르게 하였다. 요컨대 민법의 영소작권 규정은 전통적인 영대소작권(도지권)의 장점과 특징을 지주에게 유리하도록 크게 약화시키거나 해체하고 있었다.

이처럼 〈조선민사령〉에 따라 일본 민법이 조선에도 적용됨으로써 오랜 기간 관습적으로 유지되던 조선의 지주소작 관계는 법령으로 보호받는 법제적 관계로 바뀌었다. 민법체계는 지주의 권익을 우선적으로 보호하는 것이었으므로, 이러한 전환은 지주제가 더욱 안정적으로 확대하고 발전하는 좋은 조건이 되었다.

3) 지주회 설립과 소작제도 개선 권고

토지조사사업과 〈조선민사령〉 시행은 조선에서 지주제가 더 안정적으로 발달할 수 있게 하였다. 여기에 조선의 지가는 일본보다 훨씬 저렴하였으므로 토지겸병에도 유리하였다. 이로 말미암아 강점 이후 토지겸병을 목적으로 조선에 진출하는 일본 자본이 급증하였고, 지주제는 양적으로나 질적으로 더욱 확대되고 강화되었다.

1910년 조선 강점 당시 조선의 총경지 면적과 소작지 면적을 파악할 자료가 없기 때문에 토지조사사업 기간에 소작지 면적에 어떠한 변동이 있었는지 정확하게 파악하기는 어렵다. 일본 자본가들이 이 기간에 집중적으로 대규모 소작농장을 개설한 점을 감안하면 소작지 면적이 빠르게 증가한 것은 틀림없다. 참고로 일제강점기에 지주제가 확대되는 양상을 살펴보면, 1918년 토지조사사업이 끝났을 당시 조선의 총경지 면적은 423만 5천 정보였고, 그 가운데 소작지 면적은 217만 3천 정보로 총경지 면적의 50.2퍼센트였다. 다시 1939

년 상황을 보면 총경지 면적은 444만 8천 정보였고 소작지 면적은 258만 2천 정보였으며, 소작지율은 58퍼센트였다. 20년 동안 경지 면적은 12만 3천 정보 증가하였지만 소작지 면적은 41만 정보, 소작 지율에서는 8퍼센트 증가하였다.[16]

지주제 확대는 농가 계급구성에서 더욱 뚜렷하게 나타났다. 1916년 조선의 지주는 6만 6천 호였고, 자작농은 53만 호, 자소작농은 107만 3천 호, 소작농은 97만 1천 호였다. 1939년의 상황은 지주가 11만 2천 호, 자작농이 54만 호, 자소작농이 71만 9천 호, 소작농은 158만 4천 호, 화전민이 6만 9천 호였다. 20여 년 동안 지주가 4만 6천 호 증가한 것과 달리 자소작농은 35만여 호 감소하고, 대신 순소작농과 화전민이 68만 호 남짓 증가하였다.[17]

지주제는 조선 농업을 수탈하는 기구였던 까닭에 일본 제국주의 입장에서 지주제가 확대되고 강화되는 것은 바람직한 일이었다. 그러나 지주제가 농업 수탈기구로 기능하려면 수탈 기능에 농업생산을 재편하고 증산하는 생산적 기능도 겸해야 했다. 아울러 식민지 농촌질서를 구축하고 유지하는 정치·사회적 기능도 발휘해야 했다.

더 구체적으로 살펴보면, 조선 농업은 일제가 수탈하기에 적합한 생산구조를 갖고 있지 않았다. 따라서 조선 농업을 수탈하려면 먼저 농업생산구조를 그에 맞게 개편해야만 했다. 이러한 개편은 지주제가 중심이 된 농업 체제에서는 기본적으로 지주 역할에 기대어 이루어질 수밖에 없다.

또한 지주제가 기능하기에 적합한 촌락 질서를 형성해야만 수탈이 가능했다. 그것은 지주에게 대항하지 못하도록 소작인을 통제하

---

16) 朝鮮總督府農林局, 《朝鮮小作年報》 2輯, 1940, 109쪽.
17) 朝鮮總督府農林局, 위의 책, 139쪽.

고 소작운동을 제압·봉쇄하는 것을 뜻했다. 식민지 농촌질서를 형성
하고 유지하는 것은 기본적으로 조선총독부의 몫이지만, 그 핵심 요
인은 지주소작 관계에서 발생하는 것이기 때문에 지주의 구실도 막
중하였다. 지주소작 관계는 경제적 관계이자 동시에 정치사회적 관
계였던 것이다.[18]

　조선에서 지주제가 일본 자본주의 재생산 체제의 하나로 기능하
려면 이와 같은 기능을 복합적으로 발휘해야 했지만, 지주 개개인은
이러한 구실을 제대로 인식하거나 충실히 수행하고 있지 않았다. 개
별 지주들이 자기 수익활동에 더 관심을 가지고 몰두하는 것은 당연
한 현상이었다.

　이에 일제는 지주제가 이러한 기능들을 복합적으로 수행하도록
통제하고 유도하고자 지주회를 조직하였다.[19] 조선총독부는 1914년
농업기술관 회동에서 전국적으로 지주회를 조직하도록 지시하였다.
"지주의 각성을 촉구하고 농사개량에 앞장서게 하는 것이 농업개발
의 지름길"[20]이 된다고 판단한 것이다. 1912년부터 결성되기 시작
한 지주회는 이 지시를 계기로 도·군 등 행정기관 주도로 전국에서
체계적으로 조직되었다. 도에서 통첩이나 훈령으로 지주회의 설립
을 명령하면 군수가 관내 지주를 소집해 지주회를 결성하였다. 전
북에서는 이 지시를 전후해 군 단위로 권농회라는 이름의 지주회가

---

18) 李潤甲, 〈1920년대 경북지역 농촌사회의 변동과 농민운동〉,《韓國史硏究》113, 韓
　　國史硏究會, 2001.
19) 지주회의 설립과 활동에 대해서는 다음 연구를 참조할 것. 文定昌,《朝鮮農村團體
　　史》, 日本評論社, 1942, 60~67쪽; 李基勳, 〈1910~1920년대 일제의 농정 수행과 지
　　주회〉,《韓國史論》33, 서울대 국사학과, 1995; 鄭然泰, 〈1910년대의 日帝의 農業政策
　　과 植民地地主制〉,《韓國史論》20, 서울대 국사학과, 1988.
20) 1920년 농업기술관 회동 지시사항 가운데 〈地主指導に關する件〉(《朝鮮農會報》
　　15-12) 참조.

설립되었고, 전남에서는 1914년에 도지주회가 그 이듬해에는 군별로 지주회가 일제히 설립되었다. 경북이나 경남·함남·경기도 등에서도 1914년에서 1915년 사이 군 단위 지주회가 만들어졌고, 황해도에서는 조금 늦은 1918년에 지주회가 조직되었다. 1920년 통계에 따르면 지주회는 강원과 함북 지역을 제외한 전국 157개 군에서 결성되었다.

지주회 회원은 행정관료와 일정 규모 이상의 토지를 소유한 지주 또는 자작농들로 이루어졌다. 지주의 경우 토지소유 규모 10정보 이상 소유자는 어느 지역에서나 회원이 되었고, 남부 지방에서는 2.5~5정보 이상의 토지를 소유하면 가입이 가능했다. 주된 회원은 지주였고, 일부 지역에서는 자작농도 일부 참여하였다. 회원 구성에서는 지주가 대부분을 차지했지만, 정작 지주회 운영은 모두 행정관료들이 주도하였다. 지주회 회장은 군수가 맡았고, 명예직이었던 부회장은 일반 회원 가운데 호선하거나 회장이 임명했다. 한편 지주회의 실제적 운영을 담당했던 간사는 군청의 권업과장 등 농업실무 담당 책임자들이 맡았고, 회계사무와 기술지도를 담당한 기수나 서기는 금융조합 직원이 맡았다. 평의원도 대부분 면장이 맡았다. 이러한 간부 구성을 보면 알 수 있듯이 지주회는 행정기관이 지주들에게 수행해야 할 역할을 지시·강제하는 준행정조직이었다.

지주회의 주 업무는 수탈 대상인 농산물에 일본 품종을 보급하고, 농사시험장이나 권업모범장에서 개발된 농업기술을 지주를 통해 직접 생산자에게 전달하는 것이었다. 이 밖에도 농사개량 업무에는 쌀의 상품성을 높이기 위한 건조조제개량사업이나 병충해 구제 및 예방사업, 도급기 도입 등도 포함되었다. 당시 지주들은 전국 농지 면적의 50퍼센트를 웃도는 소작지를 소유하였고, 전체 농민의 80퍼센트에 해당하는 농민을 소작농으로 지배하였는데, 조선총독부는 이러한 지주들의 농업 지배력을 이용해 농사개량을 추진하려 했다.

농사개량은 지주회가 회원인 지주들에게 농사개량을 지시하면, 지주들이 지시에 따라 소작인에게 신품종이나 새로운 농사기술을 도입하도록 강요하는 방식으로 진행되었다. 구체적인 예로 1918년 황해도 대지주협의회의 경우 우량품종 보급, 현미조제개량, 퇴비 제조의 확대 등을 위해 "지주가 적어도 연 1회 이상 소작인과 소작지를 순시하여 소작인의 근태, 토지의 양부를 조사하고 그 개선 방법을 지도할 것"을 결의하였다.[21]

지주회의 또 다른 업무는 조선총독부가 요구한 이른바 "소작인 보호 장려의 방법을 강구"하는 것이었다. 이에 따라 거의 모든 지주회는 그 결의사항에 '소작인 보호' 항목을 포함하고 있었다. 구체적인 내용은 소작계약을 문서로 작성할 것, 소작기간을 가능한 장기로 하고 소작인을 함부로 변경하지 말 것, 마름의 횡포를 규제할 것, 부당하게 소작인을 부리지 말 것 등이다. 여기서 보듯이 '소작인 보호'란, 계약을 문서화하고 소작기간을 장기화해서 소작경영의 안정성을 높이는 것을 의미했다.[22] 조선총독부는 이렇게 하는 것이 농사개량의 성과를 높이고 농촌사회를 안정시킬 수 있는 방안이라 보았다.

일제는 토지조사사업과 〈조선민사령〉 제정으로 지주제가 발전할 수 있는 법제적 기반과 조건을 조성하고, 지주회를 이용해 행정기관 주도로 일본자본주의 체제에 부합할 수 있는 식민지 지주제의 구체적인 운용방안과 발전방향을 형성하려 하였다. 그것은 일제가 요구하는 식민지 농사개량에 적극적인 소작관계, 지주와 소작인 사이 계

---

21) 朝鮮農會, 《朝鮮農會報》 13-7, 1918, 66쪽.
22) 李基勳, 앞의 글.

급 갈등을 되도록 줄이는 소작관계를 형성하는 것이었다. 그러나 일
제는 소작관계 변화를 요구하면서도 소작료 인하에 대해서는 매우
소극적이었다. 이는 일제가 소작관계의 개선을 추구하는 주안점이
소작농가의 경제 안정과 향상에 있지 않음을 보여준다. 그 목적은
소작인에게 "토지애호 사상을 기르게" 하는, 달리 말해 소작인이 농
사개량의 지시를 잘 따르게 만드는 소작관계 형성에 있었다. 지주와
소작인 사이 계급 갈등을 줄이는 소작관계의 개선은 이 안에서 요구
되는 것일 뿐이었다.

　지주들은 지주회에서 전달하는 농사개량 업무에는 능동적이었는
데, 지주경영의 수익성을 높이기 위해서도 필요했기 때문이다. 그러
나 '소작인 보호'에 관한 지시에 대해서는 형식적으로 결의하고 찬
성하였을 뿐, 받아들이지 않았다. 받아들이는 경우에도 이를 소작조
건의 강화 수단으로 이용하였다. 그러나 조선총독부는 지주들의 이
러한 태도에 대해 '소작인 보호'의 필요성만을 거듭 강조했을 뿐 그
이상의 소작조건 개선을 요구하지는 않았다.

　그리하여 결국 1910년대 후반으로 갈수록 지주의 권한이 일방적
으로 확대되고 강화되면서 소작조건은 급속히 악화되었다. 소작계약
기간은 짧아졌고 수취율이 가장 높았던 집수법執穗法 도입이 빠르게
확대되었으며, 소작경영에 대한 간섭과 통제는 더 강화되어 갔다.
지주들이 이렇게 "자신의 이익과 권력만을 증장"시키는 방향으로 나
아가면서 토지조사사업이 진행되는 동안 소작료가 자그마치 10~20
퍼센트나 인상되었다.[23] 조선총독부 내무국 사회과에서 1922년에
조사한 바에 따르면, 최근 10년 동안 소작료가 충북·충남지역에서는

---

23) 慶尙北道, 〈小作慣例에 關한 調査〉, 《朝鮮彙報》 大正 7-7, 1918.

10퍼센트 남짓, 전북에서는 25~30퍼센트, 경북에서는 20~30퍼센트, 경남과 황해도에서는 10~20퍼센트가 올랐다.[24]

　이러한 지주제 강화에 앞장선 것은 식민지 초과이윤을 노리고 조선에 진출한 일본인 농장지주들이었다. 이들은 수익성을 높이는 데 주안점을 두고 지주경영을 했으며, 그 방향에 맞게 소작조건과 소작인에 대한 통제관리망을 강화했다. 이들의 지주경영 방식이 높은 수익을 내자 조선인 지주들도 이를 따라갔다.[25]

3. 1920년대 농민운동의 발전과 소작정책의 추이

1) 1920년대 초반의 농민운동과 소작제도 개선 지침

　1920년대 초반 조선에서는 농민운동이 폭발적으로 성장하였다. 3·1운동의 여세를 몰아 1920년 2월 조선노동공제회가 조직되자, 그 지회들이 전국 각지에서 잇달아 결성되었다. 조선노동공제회는 1922년 7월 소작문제를 각종 사회문제 가운데 가장 급한 문제라 판단하고, 그것을 해결하려면 "소작인의 자각적 단결"이 시급하다는 장문의 농민문제 선언을 발표하였다.[26] 이를 계기로 전국 각지에서 청년·지식인들이 나서 소작인조합을 조직하였고, 2~3년 사이 수십 명에서 많게는 수천 명의 조합원을 가진 소작인조합이 전국에서 2백여 개나 결성되었다. 소작인조합이 결성되면서 소작쟁의가 연쇄 파

---

24) 朝鮮總督府, 《朝鮮의 小作慣行》 下卷 參考編, 1932, 249~251쪽.
25) 朝鮮總督府, 위의 책, 304~305쪽.
26) 〈小作人問題에 對하야〉, 《東亞日報》 1922년 7월 31일자~8월 3일자.

급적으로 확대되었고, 대지주 투쟁은 매우 격렬한 양상을 띠었다.

농민운동이 급속히 확대되자, 일제는 소작관행의 개선 방안을 찾아 지주회를 통해 지주들에게 권장하였다. 먼저 조선총독부는 1921년 5월에 각 지방관청에게 소작관습을 조사하라고 명령하는 한편, 총독부 내무국과 식산국에게 소작법을 조사하게 하였다.[27] 소작관습을 조사하도록 한 것은 지역과 지주에 따라 다양했던 소작관습의 실상을 정확하게 파악하지 못하면 소작제도 개선에 실효성 있는 방안도 마련할 수 없다고 판단했기 때문이다. 조선총독부는 도별로 소작관행 조사 보고가 마무리되자, 이를 바탕으로 소작관행 개선의 기본지침을 마련하였다.

이 지침 마련에 중요한 구실을 한 인물은 이각종이었다. 그는 1911년 6월 조선총독부 내무부 학무국 학무과 직원으로 총독부 관리 생활을 시작해 1917년 9월에는 경기도 김포군수로 발령받아 근무하였다.[28] 조선총독부는 농촌사정에 정통한 이각종에게 소작관행 개선방안을 마련하도록 촉탁하였고, 그는 소작관행 개선방안을 구체적으로 담은 보고서 〈조선의 소작제도朝鮮ニ於ケル小作制度〉를 제출하였다.[29]

이 보고서를 보면, 이각종은 종자개량이나 토지개량 등 '농법의 진보개량'을 가능하게 할 농업조직을 만든다는 관점에서 소작제도 개선방안을 마련하고 있다. 곧 농사개량을 방해하는 지주의 횡포를 다스리고, 소작인이 수탈에 저항하려고 소작조합을 만들어 지주와

---

27) 〈小作制度를 設定, 지방지주와 사음의 포악한 폐해를 막고자 총독부에서〉, 《東亞日報》 1921년 5월 23일자.
28) 安龍植, 《韓國行政史研究》 (1), 대영문화사, 1993, 375쪽.
29) 朝鮮總督府, 《朝鮮の小作慣行》 下卷 參考編, 1932, 159쪽.

대결하는 분쟁사태 확산을 막고자 개선방안을 마련하였던 것이다. 그러한 관점은 조선총독부가 소작문제를 보는 관점과 기본적으로 일치하였다.

이각종이 제시한 구체적인 개선방안은 다음 네 가지였다.

① 소작 기한을 확정하고, 적어도 5개년으로 할 것.

② 소작료를 확정하고, 많아도 생산량의 40퍼센트를 넘지 못하게 할 것.

③ 지조공과地租公課는 모두 지주 부담으로 할 것.

④ 마름을 단속하고, 그들을 농사개량에 이용할 것.[30]

이각종의 개선안은 당시 상황에서 보면 소작농에게 유리했다. 1920년대 초반 소작조합이 내건 대지주 요구사항은 이각종의 개선안과 기본적으로 크게 다르지 않았다. 그런 만큼 그 방안은 지주계급의 강한 반발을 불러올 수 있었다. 조선총독부는 이각종의 개선방안을 기본 골격으로 하면서도 지주층의 반발과 식민지 수탈문제를 고려해 소작기간이나 소작료율을 수정하는 방식으로 소작제도 개선 지침을 마련하였다. 곧, 소작기간에 대해서는 '가능한 한 장기간'으로 계약하도록 하고, 소작료에 대해서는 되도록 정조正租로 하며, 정조가 아닌 경우 50퍼센트를 표준으로 하도록 완화하였던 것이다.

이 지침에 따라 1922년 말부터 도·군에서는 당국자나 군수가 지주회, 산업간담회, 소작인상조회 등의 형태로 관내 지주들을 모아 소작관행을 개선하도록 결의하게 하고, 그 실행을 권장하였다. 이를테면 1923년 2월 14일에 개최된 전남 여수군 지주협의회 결의사항

---

30) 朝鮮總督府, 위의 책, 186쪽.

에는, 지세공과금을 지주가 부담하고 소작료는 수확의 절반으로 하
며 소작권은 10년으로 한다고 되어 있다. 또 농사개량과 곡물 건조
조제개량에 힘쓰고, 소작인에게 선물을 요구하거나 무리하게 노역을
요구하는 것을 금한다는 내용도 포함되어 있다. 그해에 열린 충북
영동군 소작인상조회, 경남 진주군 지주회, 전남 여수군 지주회, 경
상북도 산업간담회, 전남 광주군 지주회, 전북 고창군 소작인상조회
등에서의 결의사항도 이와 비슷했다.[31]

   또한 조선총독부는 소작쟁의가 발생할 경우 이 지침을 참고해
지방관료나 경찰이 중재하도록 지시했다.[32] 그리하여 1922~23년의
경우 소작쟁의가 발생한 많은 지역에서 지방관리나 경찰이 이 지침
이나 결의를 염두에 두고 적극적으로 중재활동을 벌여 소작제도 개
선을 유도하기도 하였다. 소작제도 개선지침을 마련하는 데 참여했
던 이각종은 1923년 말 직접 1개월 남짓 영·호남의 농촌지역을 시
찰하고 사회운동과 생활상태 일반을 조사한 뒤 신문에 기고하였다.
이 글에서 그는 지방관헌의 이러한 노력이 농업중심지였던 삼남 지
역에서 소작쟁의를 줄이고 농촌의 평온을 만들어 내는 데 기여하였

---

31) 〈地主協議會 二十個條決議〉, 《東亞日報》 1923년 2월 14일자; 〈永同郡 地主會開催〉,
   《東亞日報》 1923년 2월 26일자; 〈麗水地主總會 郡農會로 改稱〉, 《東亞日報》 1923년 5
   월 27일자; 〈慶北産業懇談 地主小作間事項〉, 《東亞日報》 1923년 8월 22일자; 〈光州地
   主總會 소작료는 5할로 결의〉, 《東亞日報》 1923년 10월 10일자; 〈密陽地主決議〉, 《東
   亞日報》 1923년 10월 14일자; 〈地主小作問題 小作評議會決議〉, 《東亞日報》 1923년 10
   월 23일자; 〈晋州郡地主會 20項의 決議事項〉, 《東亞日報》 1924년 3월 21일자.
32) 《東亞日報》 1924년 3월 21일자의 〈晋州郡地主會 20項의 決議事項〉 기사를 보면, 지
   주회 부회장인 대지주 강 원로가 "지세와 공과(地稅及公課)는 지주가 부담한다 함
   은 언제(何時)에 정함이냐"고 묻자, 군수는 "재작년도(1922년-필자)부터 시행케 되
   얏스며 작년 4월 30일 지주회 발회 당시에도 이미(旣) 정한 바이며 또한 법률상으
   로나 여론상으로 본다 하야도 차는 당연히 지주가 부담함이 적당한 줄 인정하노
   라"고 대답하였다.

다고 평가하였다.[33] 일제는 이러한 방법으로 3·1운동에서 이탈한 농촌의 민심을 되돌리고, 소작분쟁 때문에 일어날 농촌사회의 동요를 진정시키려 하였다.

이러한 조치는 농민들로서는 환영할 만한 일이었다. 소작인조합운동이 시작되던 초기 단계에서는 이러한 조치가 소작농을 조직화하는 데 도움이 될 수도 있었다. 소작농이 소작인운동에 가담하면 바로 지주의 보복대상이 되었다. 지주들은 소작인조합에 적대적이었고, 소작조합을 약화·붕괴시키는 수단으로 조합원의 소작지를 회수하였기 때문에 소작인들은 소작인조합에 가입하는 것을 망설였다. 그런 상황에서 당국이 지주들을 소집해 공개적으로 소작제도의 개선지침을 결의하도록 한 것은 소작인들이 안심하고 소작인조합에 가입해 활동할 여지를 넓혀 주는 것이었다.

1920년대 초반 농민운동은 이 점을 적극적으로 활용하였는데, 특히 지세·공과를 지주가 부담하는 것과 소작료를 50퍼센트로 낮추는 항목에 주목하였다. 지주가 지세·공과를 부담하는 것은 소작제도 개선지침에도 포함되어 있었고, 〈지세령〉제6조 법령으로도 규정되어 있는 내용이었다. 〈지세령〉의 지주납세규정은 1914년에 제정되었는데, 토지조사사업이 끝나 소유권이 확정되자 당국에서도 1922년부터 이를 본격적으로 실행하려 하였다.[34] 소작인조합이 지주의 지세 납

<hr>

33) 〈嶺湖督見−李覺鐘〉,《東亞日報》1923년 12월 17일자. "이에 특히 주목할 것은 관헌의 태도이다. 평소에 소농 보호를 위하야 항상 지주의 각성을 촉하든 성의 잇는 당국자는 곳 '소작인의 소리'로서 한 성원을 득한 줄로 생각하고 그 소리를 비러가지고 일층 지주를 경성하고 지도하야 지주로 하여금 자진하야 숙폐개선을 단행케 하야 분쟁을 미연에 방지하랴고 노력한 일이 불소하니 금추에 남선에서 소작쟁의가 극히 희소하고 대개는 평온히 경과한 원인의 한 가지는 이면에 이러한 당국자의 노력이 잇섯든 것이다."
34) 주 30 참조.

부문제를 전면에 내세우면, 군청이나 경찰도 그 요구를 지지할 것이었다. 삼남 지방에서는 토지조사사업으로 지세부담이 크게 증가한 상황이라 지세를 지주가 부담하게 하면 소작농민에게도 크게 호응을 받을 수 있었다. 이 점에 착안해 많은 지역에서 지세의 지주 부담과 소작료 인하를 내세우고 소작인조합 설립이 추진되었다.

그 대표적인 예가 전남 순천군과 경북 달성군의 소작인조합운동이었다. 순천에서는 1922년 12월 13일 서면의 소작인 1천6백여 명이 지주가 지세를 부담할 것을 면사무소에 진정하였고, 이러한 진정운동은 이듬해 1월까지 각 면으로 확산되었다. 이 움직임은 곧 소작조합의 결성으로 발전하였고, 결국 이 문제를 해결하고자 군 당국이 각 면의 소작조합 대표와 교섭을 벌였다. 군 당국은 그 결과를 가지고 1월 22일 지주회 임시총회를 열어 지주들에게 이를 수용하게 하였다. 지주회에서는 소작인의 요구에 반대하는 의견이 우세했지만, 군의 권업과장과 경찰서장의 설득으로 결국 소작인측의 요구사항을 대부분 수용하는 9개항에 결의하였다. 이 결의는 실행에 옮겨져 수백 명의 지주가 거둔 지세를 소작인에게 돌려주었다. 이 지세반환투쟁의 성공은 이후 순천군에서 소작인조합운동이 급성장할 수 있는 중요한 바탕이 되었다.[35]

이와 비슷한 예는 경북 달성군 논공소작조합의 결성 과정에서도 발견된다. 1924년 논공면장이 경상북도 주최 지주간담회에서 지세를 지주가 부담할 것을 결의한 공문을 보고 이를 농민들에게 알리면서 소작조합의 결성이 추진되었다. 논공소작조합은 대구노동공제회와 함께 지주의 지세 납부를 목표로 활동하였다.[36]

35) 大和和明, 〈1920年代前半期の韓國農民運動－全羅南道順天郡の事例を中心する－〉, 《歷史學研究》 502, 1982(《抗日農民運動硏究》, 동녘, 1984에 재수록).

이와 같이 조선총독부의 소작제도 개선지침이 작용하자 지주들은 곧바로 반발하였다. 먼저 개별적으로 지주회에서 결의한 소작제도 개선방안을 고의로 지키지 않았다. 지주들은 여전히 소작인에게 지세를 납부하도록 강요하고, 그 요구를 거부하면 소작권을 회수하였다. 지세 납부 요구를 받아들이는 경우도 대다수는 그 액수만큼 소작료를 인상하였다.[37] 그렇게 되면 형식적으로만 지세를 지주가 납부할 뿐, 소작인의 부담은 줄지 않았다.

나아가 지주들은 집단적으로 자신들의 독자적 이익단체를 만들 것을 결의하는 등 조직적으로 행정당국에 반발하였다. 소작조합운동이 가장 활발하였던 전남 순천에서는 지세문제가 불거지자마자 순천·보성·고흥의 지주들이 모여 연합지주대회를 열고 자신들의 권익 옹호에 나섰다. 지주들은 이 대회에서 "군수가 회장, 서무주임이 부회장으로 있는 관설 지주회는…… 소작인을 위하여 행정상 편리를 도모하는 기관에 지나지 못한다"고 공격하면서, 관설지주회를 폐지하는 대신 지주의 이익을 옹호할 독립적 기관을 세우자고 결의하였다. 또한 도 당국을 상대로 종래와 같이 지주를 도외시하지 말고 마땅한 대우를 하고 존중해 줄 것, 소작료를 결정하는 데 관청이 일절 개입하지 말 것, 당국이 지주에 대항하고자 조직된 소작단체를 해산시킬 것 등을 요구하였다.[38] 이러한 대응은 경북 안동 풍산면에서도

36) 〈道廳公文이 原因 面長이 率先唱道한 小作組合〉,《東亞日報》1925년 3월 12일자.
37) 〈小作農아 團結하라 淸道 一記者〉,《東亞日報》1925년 12월 17일자. "소작인을 보호한다는 미명하에 군농회에서는 소위 지주농업간담회를 개최하야 지주로 하야금 소작지 시찰, 대두박의 교부, 우인의 교부 등 기타를 협정하엿다. 그러나 이를 실행하는 지주는 한 사람도 업섯슬 뿐 아니라 도로혀 이 협정으로 말미암아 소작인은 더욱 손해와 위협만 당하고 잇다."
38) 〈全南地主의 團結에 도청당국은 은근히 원조 소작인은 점점 죽을 지경〉,《東亞日報》1923년 4월 30일자.

볼 수 있었는데, 풍산소작조합의 대지주투쟁이 큰 성과를 거두자, 지주들은 1924년 8월 풍서농무회를 조직하고 활동기금 1만 원을 조성하여 독자적으로 소작농민운동을 파괴하는 활동에 나섰다.[39] 지주들의 기득권을 지키려는 이러한 활동에서 주도적 역할을 했던 것은 순천이나 풍산 모두 일본인 농장주들이었다.

이처럼 지주들이 강력하게 반발하자, 곳곳에서 소작제도 개선을 권장하거나 중재하던 관리·경찰당국자들은 지주의 요구를 존중하는 쪽으로 태도를 바꾸었다. 전라남도의 경우 지주연합대회 대표단의 항의를 받은 도 당국이 소작료 결정분배에 대해서는 종래대로 불간섭주의를 지킬 것이고, 소작인단체도 치안에 방해가 되면 용서하지 않고 해산시킬 것이라고 했다. 또한 지주를 우대하라는 요구도 적극적으로 동감한다면서, 소작제도 개선을 권장하는 과정에서 지주의 감정을 사게 된 점에 대해 유감을 표시하였다.[40]

소작제도 개선을 권장·유도했던 당국의 태도가 이렇게 바뀐 데는 농민운동이 지주제의 전면적 개혁을 요구하는 계급투쟁으로, 나아가 민족해방운동으로 발전하고 있었던 점도 중요한 원인으로 작용하였다. 소작조합은 합법적인 소작제도 개선투쟁을 매개로 출발하였지만, 곧 일제가 설정한 소작제도 개선의 한계를 뛰어 넘어 지주제의 근본적인 개혁을 추구하였다. 그 투쟁 방법도 식민지 관리나 경찰에 의존하는 방법에서 집단시위나 소작료 불납동맹, 공동경작 등 조직적으로 대항해 요구를 쟁취하는 전투적·혁명적 방법으로 발

---

39) 姜貞淑, 〈日帝下 安東地方의 農民運動에 관한 硏究〉, 《한국근대농촌사회와 농민운동》, 열음사, 1988.
40) 〈全南地主의 團結에 도청당국은 은근히 원조 소작인은 점점 죽을 지경〉, 《東亞日報》 1923년 4월 30일자.

전하였다. 또한 소작인조합 결성을 주도하였던 청년·지식인들은 농민운동에 사회주의 사상을 도입하고 개별소작조합을 연합해 조선노농총동맹 등의 전국적 조직을 만들어 농민운동을 반제민족해방운동으로 발전시키려 하였다.

농민운동이 이렇게 확대·발전되어 가자 조선총독부는 1924년부터 더 이상 소작제도 개선에 무게를 두지 않는 대신 지주를 적극적으로 비호하면서 소작운동을 탄압하였다. 농민운동이 빠르게 발전하는 상황에서는 식민지 지주제와 농촌질서를 확립하는 것이 무엇보다도 중요하고, 소작조건의 개선은 어디까지나 그 안에서 이루어져야 한다고 본 것이다. 그리하여 일제는 소작쟁의가 발생하면 중재보다 경찰을 출동시켜 소작인조합의 지도자를 구속하여 쟁의를 무력화시켰고, 그에 반발해 대중적 저항이 일어나면 무차별 대량 구속으로 소작조합을 와해시켰다.[41]

지주들은 민법에 보장된 자신들의 권리를 적극적으로 활용하여 식민지 권력기관을 소작문제 해결에 끌어들이고 소작인을 압박하였다. 소작인조합이 소작료 납부를 거부하면 업무방해죄로 고소하고 집달리執達吏와 경찰을 대동해 가차압을 집행하였으며, 지주의 이작移作을 거부하고 공동경작으로 대항하면 업무방해죄로 고소했다. 또 지주집에 몰려가 시위를 하면 가택침해나 구타상해죄, 공갈협박죄로 고발하였다. 지주들이 요청하면 경찰은 바로 출동하여 소작인조합과 소작농을 탄압하였고, 저항하면 소요죄나 공무집행방해죄를 적용하여 체포·구속하였다.[42]

---

41) 李潤甲, 앞의 글(2001).
42) 〈惡地主에 對策決議 경북풍산소작인회에서〉,《東亞日報》, 1924년 4월 14일자;〈小作爭議의 犧牲者〉,《東亞日報》 1924년 4월 24일자;〈小作幹部檢束〉,《東亞日報》 1924

농민운동에 대한 당국의 탄압은 지주회나 농회 등 지주중심 단체의 활동과 유기적으로 결합되어 이루어지기도 했다. 농촌 실정을 잘 알던 이성환은 지주들로 구성된 지주회나 농회가 식민지 권력과 결합해 농민운동을 탄압하는 방법을 다음과 같이 구체적으로 설명하였다.

> 지주자산가들은…… 소위 지주회를 조직하야…… 자기네의 사욕과 수심獸心을 만족시키기 위하야 정치적으로 간섭, 토의, 비판, 감독을 열렬하게 한다.…… 그네들은 말한다. '진주소작운동 같은 것은 일종의 망동이니 현재의 조선 농촌에다가 신사상을 용허하면 불가하다. 농촌에는 노동사상이며, 경제적 의식을 침입케 하거나 선전함은 방지하여야 된다. 소작농민의 소작운동적 사상계발은 이것을 절대로 반대하지 아니하면 안 된다'라고 결의한다. 이에 지주와 호농들의 자방子房(張良)(한 고조 유방의 책사─필자)인 정치가들도 드디어 유유낙낙하야 그 보조를 한가지로 한다. 따라서 지방의 군수들도 지주의 주장이 옳다고 극력 설명하며, 경찰서장은 소작인이 그르다고 호출 취조한다.[43]

곧, 지주들이 지주회나 농회의 결의로 소작운동이나 이를 야기할 사회주의 같은 신사상이 농촌에 침투해서는 안 된다고 강하게 주장

년 7월 9일자; 〈農會幹部 公判〉, 《東亞日報》 1924년 8월 22일자; 社說 〈小作運動에 對한 觀察〉, 《東亞日報》 1924년 9월 9일자; 〈安東小作爭議公判〉, 《東亞日報》 1924년 10월 9일자; 〈解放運動者 第一回臨時總會〉, 《東亞日報》 1925년 2월 1일자; 〈알몸으로 쫓겨난 舍人東拓作人〉, 《東亞日報》 1925년 2월 3일자; 〈莞島事件 겨우 豫審終結〉, 《東亞日報》 1925년 2월 9일자; 〈千餘小作人 示威行列로 差押온 執達吏와 警官에 對抗〉, 《東亞日報》 1925년 10월 11일자.
43) 李盛煥, 〈朝鮮農民이여 團結하라〉, 《開闢》 1923년 3월호.

하면 지방의 정치가들이나 군수가 이를 적극적으로 동조·옹호하고, 경찰서장은 혐의가 있는 소작인들을 불러 취조하고 탄압한다는 것이다. 사태가 이 지경에 이르자 조선총독부의 소작제도 개선지침은 더 이상 현실적 의미를 지닐 수 없게 되었다.

통치당국의 태도가 이렇게 변하자, 지주들은 소작권 이동을 무기 삼아 재빨리 소작조건을 강화하였다. 소작료를 인상했을 뿐만 아니라 자신들이 납부하기로 한 지세공과도 소작농민에게 넘겼다. 심하게는 행정기관의 개입으로 부득이 자신이 납부했던 지세공과금까지 소작농민에게 다시 회수하는 사태도 속속 발생하였다. 그리하여 순천을 비롯해 진주, 달성, 풍기, 광주 등 소작인조합운동으로 지세를 지주가 부담하게 된 지역 모두 1925년 무렵에는 다시 지세가 소작인 부담이 되었다.[44] 지주가 지세를 납부하는 형식을 취하는 경우에도 그 부담은 소작료 인상이라는 방식으로 소작농에게 전가되었다.

개선의 여지가 가장 컸던 지세문제가 이 정도였으니, 다른 조건에서 개악은 더 말할 필요가 없었다. 지주들은 민법이 보장하는 이작권을 적극적으로 활용하는 방식으로 소작조건을 강화해 나갔다. 농민운동이 발전할수록 지주들의 이작행위는 규모가 커지고 잦았으며, 그에 비례해 소작조건도 개악되었다. 그로 말미암아 농민운동도 소작권 이동문제를 해결하는 데 우선적으로 매달려야 했고, 소작조건의 개선은 뒤로 밀려나거나 유보될 수밖에 없었다. 소작쟁의 발생 원인별 통계에서 소작권 이동에 말미암은 쟁의가 단연 다수를 차지

---

44) 〈石谷面 小作爭議〉, 《東亞日報》 1924년 5월 23일자; 〈順天郡農民聯合 7個條를 決議〉, 《東亞日報》 1924년 10월 8일자; 〈惡地主의 走狗이다 面長을 규탄한 城西面民大會〉, 《東亞日報》 1925년 1월 25일자; 〈晋州勞動共濟會 運動線統一을 目標로 晋州勞聯會 組織〉, 《東亞日報》 1925년 10월 11일자.

하게 된 사정은 이러하였다.

2) 〈치안유지법〉시행과 지주권익의 보호

소작정책의 변화와 관련해 주목되는 조선총독부 정책은 1920년대 중반에 실시된 〈치안유지법〉과 〈폭력행위 등 처벌에 관한 법률〉이다. 일제는 1925년 〈치안유지법〉을 제정하고 이를 조선에 확대 적용하였다. 〈치안유지법〉은 "국체를 변혁하거나 사유재산제도를 부인할 목적으로 결사를 조직하거나 정情을 알고 이에 가입한 자"[45)]를 처벌할 목적으로 제정되었다. 이는 기본적으로 사회주의자와 무정부주의자들의 반국가적·반체제적 혁명운동을 단속·처벌하려고 제정된 법이었다. 일제는 여기에 "조선의 독립을 목적"으로 하는 운동도 처벌대상에 포함시켰다.[46)]

일제는 이 법을 "특별한 사정이 없는 한 징역형을 가"하는 '엄벌주의'에 따라 운용하였고, 미수죄(1조), 협의(2조), 선동(3조), 생명·신체 또는 재산에 해를 가하는 범죄의 선동(4조), 이익공여(5조) 등에 이르는 행위까지도 중범죄로 규정해 처벌하였다. 1928년에 '국체변혁'의 죄를 최고 사형에 처할 수 있게 하고, 공산당에 가입하지 않은 자라도 공산당에 협력하면 당원과 똑같이 처벌할 수 있도록 개정하였다. 또한 사상문제를 전담하는 고등경찰을 설치하고 대대적으로 확장하였으며, 사법기관에도 사상문제만을 전담하는 판·검사와 사상부를 설치하였다.

---

45)〈治安維持法〉第1條(朝鮮總督府 編,《朝鮮法令輯覽》上-1, 10輯, 75쪽).
46) 野村調太郎,〈治安維持法ト朝鮮獨立運動〉,《普聲》2, 1925; 高檢秘 第117號〈治安維持
    法ノ適用ニ關スル件(1925. 6. 13.)〉,《類纂》, 476쪽.

일제는 〈치안유지법〉을 이용해 공산당운동뿐만 아니라 합법적인
노동·농민운동까지도 무차별적으로 탄압했다. 그리하여 1927년 이후
이 법은 보안법이나 제령 제7호를 제치고 조선에서 무정부주의자,
공산주의자, 민족주의자 등의 계급·민족운동을 탄압하는 주요 법규
가 되었다. 경찰은 이 법에 따라 사회주의자나 민족주의자들을 무차
별적으로 검거하여 오랫동안 구금하면서 잔혹하게 고문했으며, 검거
자의 95퍼센트 이상을 검사국에 송치하였다.[47] 이로써 일제는 혁명
적 또는 비타협적인 민족·계급운동의 지도부를 무력화·고립화하거
나 혁명운동에서 탈락하게 만들고, 〈치안유지법〉에 대한 공포를 확
산시켜 대중들을 민족·계급운동에서 분리시키려 하였다.

농민운동에서는 소작인조합이나 농민조합을 이끌었던 지도부가
〈치안유지법〉의 주된 탄압 대상이 되었다. 당시 소작인조합이나 농
민조합의 지도부는 청년지식인들로 사회주의 청년운동이나 사상운
동에 관여하였고, 세력이 큰 농민단체 지도부는 거의 직·간접적으로
조선공산당 운동조직과 연결되어 있었다. 그런 사정으로 이 법에 따
라 사상단체나 청년단체, 조선공산당과 그 관련 조직들이 적발되어
처벌받으면 그 영향은 바로 농민운동단체까지 미쳤다. 농민운동단체
는 그로 말미암아 지도부를 침탈당했고, 이를 빌미로 경찰은 단체
주요 활동가들을 무더기로 구금하고 오랫동안 혹독한 고문과 취조
를 하여 지도부를 해체시켰다.

이렇게 지도부가 무너지면 지주들은 대규모의 소작권 이동으로
농민들을 압박하고, "농민들 다수는 그것을 두려워하게 되어 농민단
체에 대한 결속이 점차 이완되고" 마침내 농민단체가 해체되거나 이

---

47) 張信, 〈1920年代 民族解放運動과 治安維持法〉, 《學林》 19, 연세대 사학과, 1998.

름뿐인 상태에 빠지게 되는 것이다.[48] 1923년에 조직되어 6천 명 이상의 조합원을 거느리며 명실상부 조선을 대표하는 소작인조합으로 활동하던 풍산소작조합이 1930년 7월 경북공산당사건으로 그 지도부가 한꺼번에 검거되면서 급속히 무력화된 것이 그 대표적인 예다.[49]

〈치안유지법〉과 결합하여 농민운동을 무력화시킨 또 다른 법률은 1926년에 제정된 〈폭력행위 등 처벌에 관한 법률〉이었다. 이 법률은 단체나 다중의 위력으로 타인의 생명·신체·자유·명예·재산 등에 손해를 입히는 행위, 폭행을 가해 상해를 입히거나 건조물을 파손하는 행위(1조), "재산상 부정한 이익을 얻을 목적으로" 면회를 강제로 청하거나 상대를 강박하고 위협하는 언행을 하지 못하게 규정하고 있다(2조). 이러한 행위를 할 경우 이 법률은 최고 3년 이하의 징역형이나 5백 원 이하의 벌금형에 처할 수 있었다.[50]

이를 농민운동에 적용하면, 소작인조합이나 소작인들은 민법에서 보장하고 있는 지주의 권익에 손해를 입히는 행위, 이를테면 소작조건 개선을 위해 단체로 시위하거나 집단적으로 소작료 납부를 거부하는 행위, 이작에 대항하는 공동경작투쟁 등의 쟁의를 할 수 없고, 이를 위반하면 최고 징역 3년형까지 받을 수 있었다. 이 법의 실시로 소작인조합이나 소작인들이 할 수 있는 행위는 겨우 지주와의 교섭을 주선해 달라고 관청에 의뢰하거나, 지주를 상대로 호소나 애걸복걸하는 것뿐이었다. 곧, 지주의 온정을 간청·구걸하는 것 말고 합법적으로 자신들의 요구를 실현할 방법이 없게 된 것이다.

위의 두 법령 말고도 농민운동을 제약하거나 봉쇄하려는 법령으

48) 慶尙北道農務課, 《慶北の農業》, 1929, 102~103쪽.
49) 姜貞淑, 앞의 글(1988).
50) 暴力行爲 等 處罰ニ關スル法律(朝鮮總督府 編, 《朝鮮法令輯覽》 下-1, 15輯, 324쪽).

로는 보안법, 출판법, 경찰령 등이 있었다. 일제가 이러한 법령을 동원해 농민운동을 탄압하는 모습을 당시 일제 법률에 정통했던 한 논자는 다음과 같이 묘사하였다.

> 현행 법률은 오히려 농민의 단결을 방해하도록 제정된 것을 유감으로 생각하는 바이다. 그러므로 조선인 농민으로서는…… 잘못하면 법망에 걸리어 광무 11년 7월에 구한국법률 제2호로 제정된 조선인에 대하야만 효력을 가진 보안법의 적용을 받게 될 것이며, 혹은 소작인단체가 소작쟁탈로 인하야 지주에게 대항하고자 위력을 보이게 된다면 폭력행위처벌법에 해당하게 될 것인바…… 그뿐만 아니라 간혹 농민들이 의견교환이나 집합을 목적하고 광고물을 인쇄하다가는 출판법 위반으로 벌금형에 처하여 혹은 노역을 하게 되어 있으며, 옥외의 다중집합까지도 경찰령으로 금지되어 있으며, 제령 위반의 법령과 치안유지법과 같은 법률은 농민으로서 단결의 공포심까지 나게 되어 있음으로, 이러한 법률은 모다 농민의 단결을 방해한다.[51]

이러한 법률에 힘입어 지주들은 소작농들을 "우마牛馬와 같이 노예와 같이 생각하고, 그 혈액이 고갈하도록 착취하며, 그 피육이 쇠모하도록 사역하였"다.[52]

조선총독부의 이러한 소작정책은 산미증식계획의 갱신과 함께 더욱 강화되었다. 산미증식계획은 일본의 식량부족문제를 해결하고자 1920년에 시작되었다. 이는 일본 정부가 식민지로부터 쌀을 수입하는 것으로 식량문제를 해결하기로 최종 확정한 1925년 말까지 조선총독부의 독자정책으로 추진되었다. 그 때문에 처음 설정한 일본

---

51) 金埈源, 〈朝鮮農民運動의 法律的 考察〉, 《實生活》 1932년 1월호.
52) 李盛煥, 〈朝鮮農民이여 團結하라〉, 《開闢》 1923년 3월호.

수출목표량을 달성하는 것이 의무는 아니었다.

그러나 1926년 산미증식계획이 갱신되면서 사정은 달라졌다. 산미증식갱신계획은 1926년부터 12년 동안 토지개량사업과 농사개량사업을 실시해 820만 석의 쌀을 증산하고, 1천만 석의 쌀을 일본으로 수출하는 것이었다. 그러나 앞 시기 증식계획과 달리 갱신계획은 일본 "제국의 식량문제를 해결"하고 "국제대차 결제상 중대한 영향"을 끼치는 "외국쌀의 수입을 억제"하고자, 그 수출목표량을 의무적으로 달성해야 했다. 조선총독부로서는 쌀 생산량을 늘리는 것보다 중요한 것이 수출목표량을 달성하는 것이었다.[53]

이에 조선총독부는 토지개량과 농사개량을 "다수의 예속적인 소작인을 거느린 지주들을 동원하여" 소속농가에게 간접적으로 증산을 강요하는 방식으로 추진하고, 거둔 쌀의 대부분을 상품화하는 지주들의 소작료 수취를 극대화하는 방식으로 수출목표를 달성하려 하였다. 이를 위해 일제는 지주들의 권익을 일방적으로 확대·강화시켰으며, 농민운동에 대해서는 탄압을 더욱 강화하였다. 산미증식갱신계획이 증산목표에 크게 미치지 못하였음에도 목표 이상으로 수출량을 늘릴 수 있었던 비결은 여기에 있다.[54]

3) 산미증식농정의 모순과 〈소작관행 개선에 관한 통첩〉

일제가 조선에서 계획한 대로 농산물을 수탈하려면, 그에 맞게

---

53) 河合和南,《朝鮮における産米增殖計劃》, 未來社, 1986, 제2장 참조.
54) 久間健一,《朝鮮農政の課題》, 1943, 16쪽; 李潤甲,〈1920년대의 植民地 商業的 農業의 전개와 地主制의 확대─경상북도 지역의 통계분석을 중심으로〉,《韓國史研究》90, 韓國史研究會, 1995.

농업생산을 재편하고 증산이 가능하도록 생산방법을 바꾸어야만 했다. 이에 일제는 쌀과 육지면, 고치 등 주요 수탈대상 품목에서 증산계획을 수립하고 지주회나 농회·산업조합 등을 통해 이를 농민에게 강요하였다. 그 가운데 1920년대에 일제가 가장 중점을 둔 식민농정은 일본의 쌀 부족문제를 해결하고자 입안된 산미증식계획이었다.

일제는 지주들을 동원하여 소속농가에게 간접적으로 증산을 강요하고, 지주 소작료의 수취를 극대화하여 상품화율을 높이는 방식으로 산미증식계획의 수출목표를 달성하려 하였다. 그 방식만이 농민생산비에 크게 못 미치는 쌀 가격 체제에서 손쉽게 수출목표를 달성할 수 있는 길이기 때문이었다. 이러한 농정은 산미증식갱신계획에서 더욱 강화되었다.[55]

지주 위주의 수탈적 농정은 수출목표량 달성에는 매우 성공적이었지만, 이를 뒷받침할 생산기반을 확충하는 측면에서는 심각한 문제를 일으켰다. 대다수 지주들은 소작료 수입을 확대하는 데 우선적으로 관심을 쏟았을 뿐 농사개량에 대해서는 식견도 없고 관심도 없었다. 일부 수리시설의 신축이나 비료 사용을 확대하는 데 관심을 보인 지주도 있었지만, 그 경우도 이를 통해 토지를 겸병하거나 지가를 높이고 고리대로 소작농을 착취할 방안을 찾는 것에 혈안이 된 자가 많았다. 대부분의 지주들은 눈앞의 소작료 증수增收에만 급급하였고, 그 수입을 농업생산을 개량하는 데 재투자하기보다 다른 사업이나 기생적이고 생산적이지 못한 소비에 쏟아부었다.[56]

이로 말미암아 농업생산력의 향상은 결국 소작농민 몫이 되었는데, 이들은 이미 지주 위주의 농업수탈체제에 희생되어 거의 빈사상

55) 李潤甲, 위의 글(1995).
56) 朴用來, 〈朝鮮小作問題와 農地令의 實施〉, 《朝鮮日報》 1935년 1월 1일자.

태였다. 대부분의 소작농은 한 해 수입으로도 갚을 수 없는 과도한
부채를 지고 있었고, 그 부채는 해마다 쌓여 갔다. 이는 "가을 타장
打場에서 1년 농사의 전부를 채무상환"으로 내주고 살기 위해 다시
빚을 얻어야 하는 악순환을 불러왔다.[57] 1930년 조사에 따르면, 경
상북도의 경우 전체 농가의 73퍼센트가 부채 악순환으로 허덕이고
있었으며, 보릿고개 2개월여를 곡식 한 톨 없이 오로지 나무껍질과
산나물로 겨우 살아가는 춘궁 농가도 전체 농가의 42퍼센트를 차지
했다.[58] 다른 지역의 사정도 이와 크게 다르지 않았다. 이 지경이
되면 단순 재생산조차 곤란하므로 농업생산을 높일 투자여력을 갖
는다는 것은 상상도 할 수 없는 일이었다. 지주 위주의 수탈적 농정
은 결국 "농업생산의 발전이 저지되고 생산력이 쇠퇴하는 농업위
기"[59]를 가져왔다.

　조선총독부도 지주 위주의 수탈농정이 이러한 위기를 불러올 수
있음을 예견하고 있었다. 그러나 산미증식계획의 목표 달성이 급했
던 까닭에 농회 등으로 지주들의 생산적 기능을 최대한 권장·독려
하는 방식으로 이 문제를 미봉하려 하였지만 한계가 있었다. 소작농
의 빈궁화에서 비롯된 농업생산력 위기는 흉년이 들 경우 더 심각해

57) 成仁果, 〈朝鮮農家의 疲弊狀況〉, 《新東亞》 4-1, 1934년 1월.
58) 朝鮮總督府, 《朝鮮の小作慣行》 下卷 續篇, 1932, 112쪽; 朝鮮總督府, 《朝鮮における小
　　作に關する參考事項摘要》, 1934, 54쪽. 구체적인 예로 1929년에 조사된 바에 따르면,
　　경상북도 소작농의 호당 평균 부채액은 자소작농의 경우 80원, 소작농의 경우는
　　51원에 이르렀는데, 그 또한 매년 쌓여 1932년 통계에서는 자소작농이 호당 116
　　원, 소작농이 호당 65원의 부채를 지고 있었다. 1932년의 농가 호당 평균 총수입
　　이 144원이고, 그 가운데 공과금과 비료대, 인부임을 뺀 수입은 86원 정도였으므
　　로 부채는 이미 연간 농가수입을 넘어서고 있다(成仁果, 〈朝鮮農家의 疲弊狀況〉, 《新
　　東亞》 4-1, 1934년 1월호).
59) 朴用來, 앞의 글.

져 농업파탄 사태를 일으키고, 나아가 지주제와 식민농정에 저항하는 농민운동을 폭발시켜 혁명적 사태까지 불러올 수 있었다. 1928년 봄 기후는 흉년을 예견할 수 있을 만큼 좋지 않았다.

이에 조선총독부는 농업생산력의 위기를 타개하고 농민 빈궁화와 이로 말미암은 계급적·민족적 저항에 대처하고자, 그해 7월 28일 정무총감 명의로 〈소작관행 개선에 관한 통첩〉(이하 〈소작통첩〉이라 함)을 발표하였다. 소작관행을 개선하자면 법령을 제정하는 것이 가장 실효성 있고 구속력이 있는 방법이지만, 많은 시간이 걸리기 때문에 먼저 응급조치로 행정통첩을 발표한 것이다.[60] 〈소작통첩〉은 조선총독부가 소작제도 개선방침을 공식화한 최초의 문건으로, 정무총감이 각 도지사 앞으로 보낸 공문의 형태를 띠었다.

〈소작통첩〉은 소작관행 개선지침이라 할 15개 항목으로 이루어졌는데, 그 주요 내용을 정리하면 다음과 같다.

> 첫째, 소작료 체납 등의 합당한 사유가 없는 한 최대한 소작권을 이동하지 말고 소작상속권을 존중하며, 소작 기한은 일반 경작일 경우 3년 이상, 뽕밭일 경우 10년 이상 장기로 계약할 것.
>
> 둘째, 소작계약은 서면으로 하고, 계약사항을 구체적으로 명시해 분쟁 여지를 최소화할 것.
>
> 셋째, 소작료를 점차 인하하고, 그 수취방식을 가능한 한 정조로 할 것.
>
> 넷째, 소작료 타량할 때 법정 도량형기를 사용하고, 소작인에게 소규모 수선의 범위를 넘는 무상노역을 강요하지 말며, 원거리로 소작료를 운반할 경우 초과 운반비를 지급하는 등 과외로 부당하게 소작인에게 경제적 부담

---

60) 〈作權任意移動制限−小作慣行改定發表〉, 《東亞日報》 1928년 7월 27일자.

　　을 주지 말 것.

　　다섯째, 마름의 수를 최소화하고 그 권한을 명확히 하여, 마름 때문에 소작인

　　에게 부당한 피해가 돌아가지 않게 할 것.

　　여섯째, 소작쟁의를 최대한 행정관청의 조정제도를 활용하여 해결할 것.61)

---

61) 朝鮮農會, 《朝鮮農務提要》, 1933, 5~8쪽.
　　〈소작관행 개선에 관한 건〉
　　1. 소작계약은 장래의 분쟁을 방지하기 위해 서면으로 할 것.
　　2. 소작지를 매매할 때에는 종전의 소작관계를 승계하고 무리하게 소작권을 이
　　　동하거나 소작료를 인상하지 말 것.
　　3. 소작지의 전대(이른바 간소작間小作)는 병역, 질병 기타 부득이한 사유로 말
　　　미암아 스스로 경작이 불가능한 경우를 제외하고 금할 것.
　　4. 소작권 존속기간은 보통 경작을 목적으로 하는 경우는 3년 이상, 뽕밭의 설정
　　　을 목적으로 하는 경우는 10년 이상으로 정할 것. 소작인이 소작관계의 존속을
　　　희망하고, 또 어떤 배신행위도 없으면 무리하게 소작권을 이동하지 말 것.
　　5. 소작권의 상속은 상속인이 소작을 계속할 의사가 없는 경우를 제외하고 이를
　　　계승하게 할 것.
　　6. 소작계약의 해제는 소작인이 1년분의 소작료 전액을 채납한 경우, 또는 계속
　　　해서 2년 동안 각 해 소작료의 일부분을 체납한 경우에 이를 지주가 2개월 안
　　　에 납입할 것을 통보했음에도 납입하지 않은 경우로 한정할 것.
　　7. 밭 및 수리관개가 편리한 논의 소작료는 가능한 한 정조로 할 것.
　　8. 소작료액은 각 지방의 사정에 따라 점차 상당액을 인하할 것.
　　9. 소작료 양정은 항상 도량형에 관한 법규에 따라 공정하게 행할 것.
　　10. 소작료 운반비는 납입장소가 소작인의 거주지로부터 2리 이내인 경우에는 소
　　　작인의 부담으로 하고, 2리를 넘을 경우 초과 운반비를 지주가 부담할 것.
　　11. 소작인의 공과는 지주가 부담하고, 약간 수선하는 정도 이외에는 무상으로 소
　　　작인에게 노역을 강요하지 말 것.
　　12. 뽕밭이나 기타 특수작물이 있는 소작지를 반환하는 경우에는 가능하면 지주
　　　로 하여금 작물을 매취하게 할 것.
　　13. 지주로 하여금 소작지의 농사개량 시설에 유의하여 우량한 소작인에 대해 금품
　　　증여 등의 방법으로 이를 표창하는 등 소작인의 장려 유발에 항상 노력할 것.
　　14. 마름의 폐해는 다음의 방법으로 바로잡을 것.
　　　① 지주는 가능한 한 소작지를 스스로 관리하고 원격지에 거주하거나 질병, 노약
　　　　기타 사유에 의해 스스로 관리하는 것이 불가능한 경우에 마름을 설치할 것.
　　　② 마름을 둘 경우에는 인선에 주의하고, 그 계약은 서면으로 할 것.

〈소작통첩〉은 앞서 검토한 1922년의 소작제도개선지침을 거의 그대로 계승하고 있지만, 일부 내용에서는 주목할 만한 변화가 보인다. 소작제도 개선안이 여러 항목으로 구체화되었고, 전체 15개 항목 가운데 자그마치 5개 항목에 걸쳐 소작권의 이동을 최소화하고 소작계약을 장기로 하도록 강조한 점, 소작쟁의를 행정관청의 조정제도로 해결하도록 권장하고 있는 점이 그것이다. 이러한 변화는 남발된 소작권 이동의 폐해와 농민운동 발전에 따른 농촌사회의 동요가 그만큼 심각해졌음을 반영하고 있다.

정무총감은 〈소작통첩〉 실행을 독려하고자 개최한 대지주간담회 석상에서 조선총독부의 취지를 다음과 같이 주장하였다.

> 조선은 농업이 산업의 대종大宗이고 근래 그 생산액은 현저히 증가하였지만, 다른 한편으로는 농업 경제가 곤궁하여 농촌의 구제나 농촌의 진흥이 일반의 여론으로 되고 있다. 그 구제의 방책으로 고려할 것은 농업생산의 증가이다.…… (일본 농촌과 달리) 조선으로서는 농사개량으로 생산을 증가시키는

---

③ 마름을 둘 경우에는 지주가 소작인들에게 마름의 성명, 권한을 통고할 것.
④ 마름에게 관리를 위임하는 면적은 사무관리상 차질이 없는 한 최대한 넓게 하여 전체 마름의 수를 줄일 것.
⑤ 마름에게 위임할 사항은 토지의 관리, 소작료의 징수, 검견입회, 소작인지도 등으로 한정하고, 이 범위를 넘는 사항에 대해서는 관여하지 않게 할 것.
⑥ 마름의 보수는 계약서에 명시하고 소작인으로부터 일절 이를 징수하지 못하게 할 것.
⑦ 마름이 부정을 저지를 경우 법에 따라 처분하라는 지시를 힘써 이행할 것.
15. 소작쟁의를 통상의 소송으로 해결할 경우 수많은 날과 비용이 소용될 뿐 아니라 해결 뒤에도 적지 않은 감정이 남기 때문에 행정관청의 거중조정에 따라 해결하는 것이 비교적 간단하다. 장기에 걸쳐 도지방비를 받는 이원吏員은 항상 소작문제를 조사·연구하여 분쟁이 발생할 경우, 군수·농회장 등과 연락·협력하여 이를 해결하고자 노력할 것.

것이 쉽기 때문에 농촌문제를 논하기 전에 일단 생산증가에 힘을 다하지 않을 수 없다. 수리관개의 불비不備와 농업지식의 부족, 농업자금 융통이 원활하지 않은 장애가 있지만, 그 가운데서도 소작관행의 여러 가지 폐해와 결함을 제거하지 않는 한 진정으로 토지를 사랑하고 토지의 이익을 늘리는 것은 힘들다.[62]

정무총감은 당시 조선 농업경제가 곤궁하여 농촌 구제나 농촌진흥이 필요하다고 보고, 농업문제 해결 방법을 농업생산의 증가에서 찾고 있다. 농촌 구제나 진흥을 위해서는 지주제를 개혁할 것이 아니라 농업생산을 늘리면 된다는 뜻이다. 그렇다면 농업생산의 증가를 막는 원인은 무엇인가? 정무총감은 그것을 소작관행의 여러 가지 폐해와 결함에서 찾고 있다. 그 가운데서도 특히 소작조건을 강화하려 자주 단행되는 소작권 이동이 문제라고 보았다. 그는 이를 제거해야 농업생산량을 늘릴 수 있다고 주장했다.

요컨대 〈소작통첩〉은 지주제를 식민지 농업지배 기구로 보호·육성하는 농정 기조를 지키면서도 지주의 지나친 횡포가 불러온 소작지의 생산력 퇴화를 완화하고자 소작권 이동을 억제하는 데 중점을 두고 마련한 소작제도 개선방안이었다. 조선총독부의 이러한 문제의식에는 소작농의 빈궁으로 말미암은 생산력 저하가 이미 한계점에 이르렀고, "소작농의 현 상태를 그냥 두고는 토지 및 농사의 개량이 여의치 못하고 산미증식의 목적을 소기와 같이 달성"할 수 없다는 심각한 현실인식이 깔려 있었다.[63]

조선총독부는 〈소작통첩〉을 도지사에게 보내, 지방 행정당국이

---

62) 〈小作慣行改善 全鮮 大地主懇談會〉, 《朝鮮民報》 1928년 9월 27일자.
63) 社說 〈小作慣行 改善案에 대하야(1)〉, 《東亞日報》 1928년 7월 28일자.

지주회나 농회 등을 통해 적극적으로 소작관행의 개선을 권장하고
유도하게 하였다. 조선총독부는 도지사가 이 통첩에 따라 소작쟁의
조정의 책임을 지도록 하고, 군수와 경찰서장·농회장 등의 권력기관
이 조정을 담당하도록 하였다.[64] 이에 따라 추수기가 가까워오자 행
정당국은 도 농회나 군 농회 주최로 여러 곳에서 지주간담회를 열었
다. 1928년에는 가뭄이 매우 심했고, 그로 말미암아 농사는 대흉작
이었다. 지주간담회에서는 주로 가뭄을 고려하여 소작료를 감면하고
소작인을 구제할 방안에 대해 논의하고 협정을 맺었고, 도 농회나
군 농회는 불참한 지주를 개별적으로 방문하여 협정에 동참하도록
양해를 구했다.[65] 조선 강점 이후 행정당국이 가장 적극성을 띠고
체계적으로 소작문제 해결에 나선 것이었다.

　그러나 각종 법제의 보호를 받으면서 경제적·정치적으로 이미
상당한 세력을 형성한 지주층은 조선총독부의 이러한 요구를 순순
히 받아들이지 않았다. 〈소작통첩〉은 행정명령에 지나지 않아 법령
과 같은 구속력이나 강제권이 없었다. 지주들은 이 점을 잘 알았기
때문에 간담회 석상에서는 말없이 협정에 찬성했지만, 돌아와서는
그 협정에 얽매이지 않고 소작료를 징수해 비난받는 지주가 많았
다.[66] 경상북도 농회가 조사한 바에 따르면, 소작료 감면을 실행한
자는 대지주 일부에 지나지 않고, 그 밖에는 모두 협정사항을 지키

---

64) 〈作權任意移動制限 眼目은 爭議調停〉, 《東亞日報》 1928년 7월 27일자.
65) 〈旱害對策의 大地主懇談會 28일부터 全國 各郡에서〉, 〈大田郡 地主會 旱害對策 小作
　　慣行打合〉, 《西海每日新聞》 1928년 9월 27일자; 〈地主의 旱害救濟 全部協定을 맺다〉,
　　《朝鮮民報》 1928년 10월 7일자.
66) 〈旱害地의 强慾한 地主 表面은 協定案에 贊成하고 뒤로는 小作料 徵收〉, 《朝鮮民報》
　　1928년 10월 20일자; 〈全北 이리 東拓支店 收穫 全無한 토지에 小作料 全納要求〉,
　　《東亞日報》 1928년 11월 2일자; 〈慶北道農會 주최 大地主懇談會〉, 《東亞日報》 1928년
　　12월 9일자.

지 않았다.

〈소작통첩〉에 따라 소작제도를 개선하려는 행정당국의 활동은
연이어 흉년이 든 1929년에도 이어져, 이전 해의 경험을 바탕으로
더욱 확대되었다. 1928년 소작행정이 가뭄 피해를 입은 소작지의 소
작료를 감면하는 데 주안을 두었던 것에 견주어, 1929년에는 〈소작
통첩〉의 개선 항목을 폭넓게 권장하는 형태로 확대되었다. 그러나
당국에 대한 지주들의 반응은 전해보다 더 비협조적이었다. 비록 흉
작이 이어졌지만 2년 연속 소작료를 감면하는 것은 받아들이기 어
렵다는 것이었다. 그리하여 소작료 감면협정에 얽매이지 않고 고율
소작료를 징수하는 지주가 대폭 늘었으며, 그로 말미암아 곳곳에서
소작쟁의가 일어났다. 동척과 같은 대지주도 협정을 위반했지만,[67]
당국이 할 수 있는 일은 거듭 지주들에게 온정을 베풀라고 호소하는
것뿐이었다.

〈소작통첩〉은 소작권의 이동을 최대한 억제하는 데 주안점을 두
었지만, 이러한 한계로 말미암아 소작권 이동 폐해는 거의 개선되지
못했다. 연이은 흉작과 대공황 때문에 1929년 4월부터 9월까지 184
건의 소작쟁의가 발생하였는데, 그 가운데 자그마치 180건이 소작권
이동 때문에 발생하였던 사실이 이를 잘 말해준다.[68] 지주들은 소작
권 이동문제에 행정당국이 관여하는 것은 민법이 보장한 지주의 권
리를 침해하는 행위라 주장하며 반발하였다. 이렇게 나오면 당국자
도 조정을 멈출 수밖에 없었다.[69]

---

67) 〈懇談會 申合을 짓밟는 惡德地主〉,《朝鮮民報》 1929년 11월 14일자; 〈地主懇談會의
  決議를 무시하고 不當한 小作料를 收取〉,《朝鮮民報》 1929년 12월 12일자; 〈義城郡
  免稅地에 東拓小作料 請求, 餓死之境에 成火督促〉,《東亞日報》 1919년 12월 28일자.
68) 〈6個月間의 小作爭議 全鮮에서 180여건, 大部分은 小作權 移動으로 發生〉,《朝鮮新
  聞》 1930년 5월 6일자.

조선총독부는 새로운 대책이 필요하였다. 소작농에 대한 과도한 수탈로 소작지의 생산력이 한계점 밑으로 떨어지는 농업위기, 그 때문에 일어난 농촌사회의 극심한 동요, 그리고 날로 확대되는 농민들의 저항은 더 이상 방치할 수 없었기 때문이다. 이대로 두면 조선에 대한 식민지 지배 자체가 총체적 위기를 맞는 상황이 발생할 수 있었다. 조선총독부는 그 대책을 〈소작통첩〉에 담았던 핵심항목의 법제화에서 찾았다. 지주와 소작인을 상대로 소작제도의 개선을 강제할 수 있는 소작법령, 다시 말해 "소유권 존중정신에 따라 만들어져 지주의 권리는 옹호하나 소작인의 경작권을 모두 희생시키는"[70] 민법상의 권리들을 제약할 수 있는 독자적인 법을 제정하는 것이었다.

조선총독부가 소작법령의 제정을 내정하고 본격적인 준비에 착수한 것은 1929년 말 소작관을 배치하면서였다. 소작관은 처음에 소작관행을 조사하고 소작쟁의를 미리 방지하는 선도기관으로 구상되었다.[71] 조선총독부는 1928년 10월부터 소작관을 배치하는 행정절차에 들어가, 1929년 4월에 칙령으로 소작관 관제를 신설하고 그해 12월에 소작관을 임명·배치하였다. 소작쟁의가 빈발했던 황해도·전라남도·전라북도·경상북도 등에 소작관을 두었으며, 경기도와 충청남도 등에는 소작관보를 배치했다.

소작관의 직무는 지주나 소작인단체를 선도하고 둘의 융화친선을 꾀하는 등 소작쟁의를 조정하고 소작관행을 조사하여 그 개선책을 찾는 것이었다.[72] 그러나 관계법령이 미비하여 소작쟁의 조정이

69) 〈小作權 移動은 地主의 權利, 郡當局도 調停中止〉, 《朝鮮民報》 1930년 5월 8일자.
70) 〈小作慣行의 2개의 新法令〉, 《朝鮮朝日新聞》 1930년 12월 18일자.
71) 〈小作爭議가 많은 道에 小作官을 配置〉, 《西海毎日新聞》 1928년 10월 7일자.
72) 〈小作官의 職務, 小作爭議의 調停과 小作慣行의 改善을 담당〉, 《釜山日報》 1929년 12월 13일자.

한계에 부딪치자 조선총독부는 소작관들에게 소작법령의 제정에 필요한 법률적 검토와 준비, 그 기초자료로서 소작관행을 체계적으로 조사하게 하였다.

소작법 제정에 필요한 소작관행 조사는 1930년 5월 전국에서 일제히 시작해 이듬해 3월 말까지 진행되었고, 6월 말 그 결과가 조선총독부에 제출되었다. 조선총독부는 이 조사를 바탕으로 1932년 말 조선에서 실시된 독자적 소작법령으로 〈조선소작조정령〉을 제정하고, 이듬해 〈농지령〉을 제정하였다.

4. 대공황기 농민운동의 혁명화와 〈소작조정법령〉의 제정

조선총독부가 소작관행을 조사하면서 〈소작조정법〉을 입안할 때, 조선에서는 대공황의 영향으로 농촌경제가 공황 상태에 빠지고 생존을 위한 소작쟁의가 폭발적으로 일어났다. 소작쟁의 발생 건수를 보면 1927년 이전 3백 건 미만이었던 것이 1929년에는 423건, 1930년에는 726건, 1931년에는 667건으로 급증하였다.[73] 쟁의에 참가하는 인원도 4천 명 미만에서 1만 명을 훌쩍 넘어섰다. 농업공황이 악화되는 가운데 계급대립도 심화되어, 소작쟁의는 차츰 계급투쟁으로 전환되기 시작하였다. 조선총독부가 조사한 바에 따르면, 사회주의 사상의 영향으로 소작쟁의가 발생한 사례는 1929년 이전에는 한 건도 없었던 데 견주어, 1930년부터 1932년 사이에는 자그마치 77건이 발생하였다.[74]

---

73) 朝鮮總督府農林局, 《朝鮮小作年報》 1집, 1938, 11~35쪽.
74) 朝鮮總督府農林局, 위의 책, 30~31쪽.

　이 시기 소작쟁의가 계급투쟁으로 발전한 배경에는 혁명적 농민
조합운동이 있었다.[75] 세계적으로 대공황이 일어나자 코민테른은
이를 혁명적 위기로 파악하고 각국 공산당에게 혁명전술로 바꿀 것
을 지시하였다. 조선에서 혁명적 농민조합운동은 80여 개 군郡·도島
에서 시도되었고, 이 운동이 활발했던 함경남·북도, 강원도, 전라남
도, 경상남도 등에서는 많은 농민조합이 조직 결성에 성공해 대중투
쟁을 벌여나갔다.

　대공황기에 소작문제를 둘러싼 갈등이 계급투쟁·민족혁명운동으
로 발전하자, 조선총독부는 이를 막고자 소작법의 도입을 서둘렀다.
조선총독부는 1930년 6월까지만 해도 소작법이나 소작조정법을 당
장 조선에서 시행할 필요는 없다고 보았다. 기존 농회의 기능으로
소작문제를 진정시킬 수 있다고 본 것이다. 그러나 그해 가을 곡가
폭락으로 소작쟁의가 급증하자 소작법의 입법을 서두르지 않을 수
없었다. 우가키 총독은 뒷날 당시의 상황을 회고하면서 "반도에서
사상의 혼탁은 돌아보면 쇼와昭和 4년 무렵부터 한층 높아져 쇼와 5
년 말에 절정"에 이르렀는데, 당시 "농민조합이 곳곳에 출현해 지주
와 소작인 사이가 첨예화하고 계급항쟁이 시작되고 있었다"며, 그
상황에서 "계급투쟁이 일어나는 것을 방지하고자, 선수를 쳐 소작령
제정을 기획하였다"고 술회하였다.[76]

　조선총독부는 1931년 3월 소작관행 조사가 완료되고, 6월 보고서
가 제출되자 바로 〈조선소작조정령〉을 성안成案하는 작업을 시작하

---

75)　1930년대 혁명적 농민조합운동에 관해서는 다음 연구 참조. 지수걸, 《일제하 농
　　민조합운동연구-1930년대 혁명적 농민조합운동》, 역사비평사, 1993; 이준식, 《농
　　촌사회변동과 농민운동-일제침략기 함경남도의 경우》, 민영사, 1993.
76)　宇垣一成, 《宇垣一成日記》(이하 《日記》라 함) 2권, みすず書房, 1970, 916쪽(1933년
　　9월 2일자), 950쪽(1934년 2월 4일자).

였다. 〈조선소작조정령〉은 일본에서 시행되던 〈소작조정법〉에 조선
의 현실을 반영해 일부 조항을 수정하는 방식으로 만들어졌다. 초안
이 만들어진 것은 1931년 8월 하순이었다.[77] 당시 보도에 따르면 입
안된 소작법안은 소작조정법과 소작법 두 가지였고, 주무부서는 총
독부 식산국이었다. 이 초안은 관계당국자들의 검토를 거쳐 법무국
으로 넘어갔고, 법무국은 먼저 〈조선소작조정령〉 수정안을 완성하였
다. 이 수정안을 다시 축조심의逐條審議하여 1932년 6월 최종안이 만
들어졌다. 그렇게 완성된 〈조선소작조정령〉은 일본 정부의 법제국
심의를 거쳐 마침내 12월 10일 공포되었고, 1933년 2월 1일부터 시
행에 들어갔다.

　일본의 〈소작조정령〉이 입법 완료까지 약 5년이 걸린 것과 달리,
〈조선소작조정령〉은 입법에 착수한 지 1년 6개월 만에 모든 절차를
완료하고 공포되었다. 조선총독부가 짧은 기간에 〈조선소작조정령〉
을 제정할 수 있었던 것은 많은 부분에서 일본의 〈소작조정령〉을
그대로 도입하여 실무작업이 줄어들기도 했지만, 그보다 우가키 총
독의 입법 의지가 강력했기 때문이었다.[78]

---

77) 〈제정 중의 소작법안의 내용〉,《朝鮮日報》1931년 8월 21일자.
78) 일본의 〈소작조정법〉은 1920년부터 입법 준비에 들어가 그 근거법이 되는 〈소작
　　법〉 제정을 둘러싼 우여곡절을 겪으면서 어렵사리 제정되었고, 1924년 12월부터
　　시행되었다. 〈소작법〉이 지주계급의 거센 반대로 좌절되는 가운데 〈소작조정법〉이
　　제정되고 서둘러 시행에 들어가게 된 것은, 일본 농촌에서 계급투쟁이 발전했기
　　때문이었다. 당시 소작농들은 일본농민조합(1922)을 중심으로 결집하고, 지주들은
　　협화회協和會나 대일본지주협회를 중심으로 결집하면서 소작쟁의는 급속히 계급투
　　쟁으로 발전하고 있었다. 이에 일본 정부는 〈소작조정법〉을 제정해 농촌에서 계급
　　투쟁의 발전을 서둘러 저지하려 하였다.
　　　〈소작조정법〉은 1924년 말부터 일본에서 시행되었지만, 조선총독부는 이 법을
　　조선에 도입하지 않았다. 조선의 소작조건이나 지주계급의 정치적·경제적 역할이
　　일본과 달랐던 탓도 있었고, 조선에서의 소작쟁의가 아직 일본과 같이 계급투쟁을

1931년 6월 조선총독으로 부임한 우가키는 혁명 기운이 높아지던 조선사회를 진정시키려면 두 가지 통치방침이 필요하다고 보았다. 하나는 "내선융화를 크게 진척"시키는 것이고, 다른 하나는 "조선인에게 적당한 빵을 주는 것"이었다.[79] 전자는 일제에 저항하는 민족·계급혁명세력을 가차 없이 탄압해 조선을 더 확고히 일본 제국주의에 동화시키겠다는 것이고, 후자는 민중의 계급투쟁이나 민족해방운동이 극심한 생활고에서 비롯된 것이니 이를 안정시키고 체제내화하는 별도의 방안을 찾겠다는 것이었다. 이러한 통치책으로 그가 추진한 것이 소작법령의 제정과 농촌진흥운동이었다.

우가키 총독은 부임하자마자 민족·계급혁명운동에 대한 탄압을 강화하였다. 또한 일본에서 시행하고 있던 〈소작조정법〉과 자작농육성책 및 농촌진흥운동 등을 참조하여 조선에서 실시할 소작법령과 농촌진흥운동을 입안하는 데 골몰하였다. 이 가운데 입안을 서둘러야 했던 것은 소작법령, 특히 소작분쟁을 통제하는 소작조정법이었다. 민족·계급혁명운동이 높아지던 당시에는 세력이 크게 형성되고 정치색을 띠기 쉬운 집단적 소작쟁의를 막는 것이 농촌에서 혁명운동을 차단하고 약화시키는 관건이었기 때문이다.[80] 우가키 총독은 1931년 9월 정례기자회견에서 당장 급한 일은 소작법을 제정하는 것이라 하고, 지주의 권익을 존중하는 범위에서 소작농을 안정시킬

우려할 만큼 확대되지 않았기 때문이었다. 그러나 조선의 상황도 안심할 수 없었다. 사회주의자들이 이끄는 농민조합이나 소작조합이 속속 결성되고, 코민테른의 지도를 받는 조선공산당이 그들과 연결된 채 비밀리에 활동하고 있었기 때문이다. 1928년의 〈소작통첩〉은 이러한 상황에 대한 대처이기도 했다(김용덕, 〈大正期 小作調停法의 制定과 그 性格〉, 《亞細亞研究》 76, 1987).

79) 宇垣一成, 《日記》 2권, 801쪽(1931년 7월 2일자).

80) 李潤甲, 앞의 글(2007).

수 있는 법안을 만들겠다고 하였다.[81] 이후 〈조선소작조정령〉 제정
은 빠른 속도로 추진되어 1년 반 만에 모든 입법절차를 마쳤다.

그러나 이렇게 서두른 탓에 〈조선소작조정령〉은 1933년 2월 1
일 시행에 들어갈 때까지 조정을 담당할 부·군·도소작위원회를 설
치하는 법령을 제정하지 못하였다. 이 때문에 〈조선소작조정령〉이
시행되어 소작쟁의 조정신청을 해도 그것을 담당할 법적 기구가 없
는 모순이 발생했다. 이에 조선총독부는 임시조치로 1933년 3월 5
일에 농림국장 통첩으로 〈부·군·도소작위원회설치에 관한 건〉을 발
표하였다.

이러한 사태가 생긴 데는 또 다른 이유도 있었다. 부·군·도소작
위원회는 〈조선소작조정령〉에 따라 소작쟁의를 조정·권해하는 기구
였지만, 동시에 곧 제정될 〈조선소작령〉에 의해서도 그 권한과 업무
가 부여되는 기구였다. 그런 까닭에 부·군·도소작위원회의 관제와
운영규정은 〈조선소작조정령〉뿐만 아니라 〈조선소작령〉과 통일되게
만들어져야 했다. 이러한 사정으로 〈부·군·도소작위원회의 관제〉는
〈농지령〉이 공포된 1934년 4월 11일에 정식으로 제정되었고, 운영규
정 또한 〈조선농지령시행규칙〉이 발표된 해 9월 14일에 맞추어 공포
되었다. 결국 〈조선소작조정령〉은 〈농지령〉이 정식으로 시행된 1934
년 10월 20일에 이르러서야 완결된 법령 체계를 확립하게 되었다.

조선의 〈소작조정법령〉(이하 〈조선소작쟁의조정령〉, 〈조선 부·군·도
소작위원회관제〉, 〈조선 부·군·도소작위원회규정〉을 합쳐 〈소작조정법령〉
이라 부름)은 일본 〈소작조정법〉의 주요 골격과 내용을 그대로 가져
왔다. 〈조선소작조정령〉은 33조, 일본의 〈소작조정법〉은 49조로 이

---

81) 〈소작법 제정은 급무-宇垣總督 談〉, 《朝鮮日報》 1931년 9월 4일자.

루어져 있다. 두 법령의 조문 수가 다른 것은 〈소작조정법〉이 소작분쟁을 조정하는 조정위원회를 법에 포함시켰지만, 〈조선소작조정령〉은 이를 〈부·군·도소작위원회관제〉와 〈부·군·도소작위원회규정〉으로 분리했기 때문이다. 조정위원회의 구성과 운영에 관한 것을 빼면 〈조선소작조정령〉의 조문은 〈소작조정법〉과 거의 같다. 다른 부분이라면 일본과 조선의 행정조직이 달라 시市·정町·촌장村長, 군장郡長을 부윤府尹·군수郡守·도사島司로 고쳐 표기한 정도이다.[82]

물론 조선의 〈소작조정법령〉과 일본의 〈소작조정법〉은 서로 다른 내용이 일부 있다. 가장 큰 차이는 조정기구의 구성방식과 그 권한 및 기능이다. 〈소작조정법〉에서 조정을 담당하는 조정위원회는 지방재판소장이 조정주임(판사)과 조정위원을 임명한다. 이에 견주어 조선의 〈소작조정법령〉에서 조정을 담당하는 부·군·도소작위원회는 부윤·군수·도사가 위원장이 되고, 위원은 도지사가 임명한다. 두 기구가 모두 소작쟁의 조정과 권해를 맡지만, 일본의 조정위원회가 조정에 주안을 둔 것과 달리 조선의 소작위원회는 권해에 더 비중을 두었다.

이러한 차이는 〈소작조정법〉과 〈소작조정법령〉을 기능과 성격이 다른 두 개의 법으로 구별할 만큼 중대한 것은 아니었다. 그것은 일본과 정치적·사회적 조건이 다른 조선에 〈소작조정법〉을 도입하는 과정에서 생긴 어쩔 수 없는 차이였고, 그 차이로 말미암아 조선의 〈소작조정법령〉은 일본의 〈소작조정법〉과 같은 기능과 효과를 낼 수 있었다고 보아야 한다.

조선의 〈소작조정법령〉 주요 내용을 검토하면 다음과 같다.

---

82) 일본의 〈소작조정법〉에 관해서는 法律新聞社, 《小作調停法原義》, 1924 참조.

첫째, 소작쟁의를 집단행동에 의지하지 않고 개별적으로 해결할 수 있는 법적 장치를 마련했다. 이 법은 소작쟁의가 발생할 경우 이해 당사자가 개별적으로 지방법원에 조정을 신청해 법 절차를 거쳐 해결할 수 있게 하였다. 소작쟁의는 최대한 조정과 권해勸解로 해결하고, 조정이나 권해가 불가능한 경우 재판을 하도록 하였다. 조정 신청은 지주·소작인 구별 없이 당사자이면 가능했고, 소작조합 같은 단체는 신청할 수 없었다. 같은 지주를 상대로 많은 소작인이 조정을 신청할 경우 조정의 편의상 총대를 선출하도록 했지만, 총대는 소작인 가운데서만 선정할 수 있고, 특별한 사정이 있어 대리인이나 보좌인이 참가할 경우도 반드시 관할재판소의 허가를 받도록 했다.

이 법이 제정되기 전에는 소작쟁의를 다룰 법적 기구나 절차가 없었다. 당시까지는 소작쟁의가 발생하면 경찰이 나서 불법행위를 구실로 소작농민을 탄압하거나, 군수·경찰서장이나 지방관료 등이 임의로 중재에 나서 사태를 해결하고자 협상을 주선하는 것이 전부였다. 그런 만큼 그 중재는 구속력이 없었고, 지주가 중재를 받아들이지 않으면 소작농민들로서는 집단적 실력행사로 요구를 관철시킬 수밖에 없었다. 그러나 집단적 실력행사는 대부분 경찰의 제재와 탄압을 받았기 때문에 소작농들이 요구를 관철시키는 것은 결코 쉽지 않았다. 이러한 탄압은 농민운동에 대한 사회주의의 영향력이 확대되면서 더욱 강화되고 있었다.

이런 상황에서 조선의 〈소작조정법령〉은 소작쟁의를 구속력 있는 법적 절차로 해결할 수 있는 새로운 길을 연 것이다. 소작쟁의 조정제도를 이용해도 소작농민들이 자신의 요구를 달성하기는 쉽지 않았지만, 법적 제재를 받을 여지가 큰 집단행동보다 〈소작조정법령〉을 이용해 개별적으로 소작문제를 해결하는 것이 소작농민들에게는 더 안전하고 쉬운 방법이었다. 1930년대 초반 이후 혁명적 농민조합운동과 관련해 집단적 소작쟁의에 대한 탄압이 더욱 강화되고 있던 상황에서는 특히 그러하였다.

둘째, 〈소작조정법령〉은 소작쟁의를 법원의 재판보다 부·군·도 소작위원회의 권해와 조정으로 해결하게 하였다. 권해제도는 쟁의가 발생하면 조정령에 따라 정식조정을 의뢰하기 전에 소작관, 지방법원지청 판사 또는 부윤·군수·도사, 경찰서장, 읍·면장 등이 나서 화해를 주선하는 제도로 '조정 외의 조정'이었다. 소작쟁의 해결에서 권해와 같이 행정관청이 중재·조정하는 방법은 1928년에 발표된 조선총독부의 〈소작통첩〉부터 중시되었다. 이 통첩은 "소작쟁의를 통상의 소송으로 해결할 경우 다대한 일자와 비용이 소용될 뿐 아니라 해결 후에도 적지 않은 감정이 남기 때문에 행정관청의 거중조정에 의해 해결"[83]하도록 노력하라고 지시하였다. 〈소작조정법령〉은 이를 이어받아 권해를 소작쟁의 해결의 기본 방법으로 법제화하였다.

일본의 〈소작조정법〉이 권해보다 조정에 더 큰 비중을 둔[84] 것과 달리 조선의 〈소작조정법령〉은 소작쟁의 해결에서 권해를 중시하였다. 되도록 법에 의한 조정이나 재판을 피하고 영향력이 큰 관공리가 직접 중재함으로써 지주와 소작인이 서로 양보하고 화해하는 방식으로 분쟁을 해결하고자 한 것이다.[85] 조선의 〈소작조정법

---

83) 朝鮮農會, 《朝鮮農務提要》, 1933, 8쪽.

84) 〈조선소작조정령 조정위원회를 설치, 권해제도를 활용〉, 《朝鮮新聞》 1932년 7월 15일자.

85) 이러한 특징으로 말미암아 〈소작조정법〉의 조정위원회와 〈조선소작조정령〉의 부·군·도소작위원회는 권한에서 조금 차이가 있었다. 조정과 관련해 이해관계인을 호출할 수 있고, 정당한 사유 없이 호출에 불응하는 자를 관할재판소에 의뢰해 처벌할 수 있는 권한은 양자가 같았다. 그러나 조정에 필요한 증거를 직접 조사하거나 관할재판소에 조사를 촉탁할 수 있는 권한은 조정위원회만 갖고 있었다. 조정

령〉이 권해를 중시한 데는 소작쟁의를 체제 안의 분쟁으로 전환시
켜 계급투쟁이나 계급의식이 발전하지 못하게 만들려는 조선총독부
의 강력한 의지가 반영되어 있었다. 조선총독부 입장에서는 조정 결
과보다 소작쟁의를 조정하는 과정으로 소작농민의 계급의식을 탈색
시키고 총독부 지배 체제에 적대적인 세력이 되지 않도록 통제하고
포섭하는 것이 중요했다. 그런 까닭에 더 많은 접촉과 협상이 필요
한 권해나 주선으로 소작쟁의를 해결하려 하였다.[86]

이러한 특징은 부·군·도소작위원회의 구성에서도 잘 나타난다.
일본의 〈소작조정법〉에서 조정위원회는 지방재판소장이 지정한 판
사가 조정주임이 되고, 조정주임은 지방재판소장이 선정한 조정위
원 가운데 3인 이하의 위원을 선임해 위원회를 구성하였다. 따라서
조정위원회는 사법기구의 성격이 강하다. 이에 견주어 조선의 〈소
작조정법령〉에서 조정이나 권해를 담당하는 부·군·도소작위원회는
해당 지역의 부윤·군수·도사가 위원장이 되고, 위원은 도지사가 선
정해 놓은 그 지역의 경찰서장과 그 지역에 주소를 둔 적당한 인물
가운데 3인 이하로 선임하였다. 따라서 소작위원회는 그 지역의 정
치·경제적 사정에 정통한 관공리가 주축이 되는 행정기구 성격이
강하였다.[87]

위원회가 재판상 화해와 동일한 효력을 갖는 조정을 주된 업무로 하고 있기 때문
이었다. 그런 만큼 조정위원회의 조정은 소작위원회와 달리 관할재판소가 공정하
지 않다고 불인정 판정을 할 경우 효력을 상실하였다.

86) 정문종, 앞의 글(1993), 247~248쪽.

87) 1934년에 이루어진 234개 소작위원회의 962명 위원을 출신에 따라 나누어 보면
부·군·도의 내무과장·내무주임이 234명, 경찰서장이 260명, 금융조합임원과 직원
64명, 농업이 214명, 상업이 55명, 기타 135명이었다. 전체 위원의 58%가 관공리
가운데 임명되었고, 이러한 구성비는 이후에도 큰 변화 없이 유지되었다. 소작위원
의 양적 구성만을 보면 금융조합 임직원과 농업자, 상업자, 지역 유지 등 지주이거

이러한 구성은 공정한 조정보다 지주와 소작의 타협과 화해를 종용하는 권해나 주선에 더 적합하였다. 권해나 조정을 담당하는 소작위원회는 4인 이하로 구성되었고, 부윤·군수·도사가 위원장, 경찰서장·내무과장·내무주임·금융조합의 임원 등이 위원으로 참여하였다. 이들은 지주와 소작인 모두에게 큰 영향력을 행사할 수 있는 권한과 지위를 가지고 있었던 까닭에, 이들의 권해나 주선·조정을 거부하기는 결코 쉽지 않았다. 조선총독부는 이들의 영향력을 이용해 쟁의를 타협적인 방식으로 해결하려 한 것이다.

조선총독부는 권해를 손쉽게 할 수 있도록 〈조선 부·군·도소작위원회규정〉에서 위원회 성원 정수에서도 배려를 하였다. 이 규정에 따르면 조정위원회는 위원장과 정수에 해당하는 위원과 예비위원이 모두 참석해야만 회의를 열 수 있다. 그러나 권해를 위해 회의를 열 때는 위원장과 위원 정수의 반 이상만 출석하면 개회가 가능하도록 했다.

이러한 내용의 〈조선소작조정령〉은 1933년 2월 1일부터 시행에 들어갔다. 그러나 이 조정령으로 소작쟁의를 통제하려면 조선총독부가 해결해야 할 큰 문제가 하나 있었다. 그것은 판결이나 조정·권해에 통일되게 적용할 소작문제 해결의 새로운 기준을 마련하는 것이었다. 일본의 〈소작조정법〉은 〈소작법〉이 귀족원을 통과하지 못했기 때문에 결국 민법을 그 근거로 삼았다.[88] 조선총독부도 당장은

나 지주의 이익을 옹호할 성향이 큰 위원이 40% 정도를 차지하고 있다. 그러나 소작위원회의 실제 활동을 보면 대부분의 조정이나 권해를 경찰서장, 부윤·군수·도사, 읍·면장과 경찰관, 부·군·도직원, 읍·면직원 등이 담당하였고, 이들의 역할은 보잘것없었다(朝鮮總督府農林局, 《朝鮮小作年報》 제2집, 1938, 49~52쪽, 89쪽).

88) 일본에서는 1920년 소작제도조사위원회가 설치되어 소작법 제정을 위한 조사 작업을 착수한 이래 1927년 소작법 초안이 마련되었으며, 이 법은 1931년 중의원衆

민법을 근거로 삼을 수밖에 없었다. 그러나 조선에서 민법을 그 기준으로 삼을 경우 〈조선소작조정령〉으로 소작쟁의를 체제 안으로 포섭하려는 조선총독부의 목적을 달성하기 어려웠다. 민법을 바탕으로 형성된 현실의 소작관계가 일본보다 조선에서 더 열악했기 때문이다. 따라서 소작쟁의를 체제 내부 분쟁으로 바꾸려면 제도적 장치와 절차를 마련하는 것만으로는 충분하지 않았다. 결국 민법 질서라 할 기존의 소작관계를 완화 또는 개선할 수 있는 새로운 해결기준을 제정할 필요가 있었다.

　이러한 필요성은 조선총독부 당국자가 누구보다 잘 알고 있었다. 이런 까닭에 조선총독부는 처음부터 소작조정법뿐만 아니라 소작법도 일본의 〈소작법 초안〉을 참조하여 입안하였다.[89] 그러나 당시 상황은 일본에서 지주들이 조직적으로 소작법의 통과를 막고 있던 때라, 그 영향으로 비록 내용이나 성격이 다르다 해도 조선에서 소작령을 제정하는 것은 쉽지 않았다. 이를 감안해 조선총독부는 먼저 〈조선소작조정령〉을 제정해 시행한 다음, 그 근거법이 필요하다는 여론을 조성해 소작령을 제정하는 수순을 밟았다.

議院을 통과하였으나 귀족원貴族院의 심의 중단으로 입법이 무산되었다. 일본의 소작법에 관해서는 小倉武一, 〈農業法(法體制再編期)〉, 《講座日本近代法發達史》 1, 勁草書房, 1974, 19~26쪽; 김용덕, 〈大正期 小作調停法의 制定과 그 性格〉, 《亞細亞研究》 76, 1987 참조.

89) 〈소작관행의 두 개의 신법령〉, 《朝鮮朝日新聞》 1930년 12월 18일자; 〈제정 중의 소작법안 내용〉, 《朝鮮日報》 1931년 8월 21일자.

5. 〈조선농지령〉 제정 과정과 소작관계 규제

1) 〈소작통첩〉에서 〈조선소작령〉으로

1933년 2월 〈조선소작조정령〉이 시행되자 부·군·도에 속속 소작
위원회가 결성되었다. 그러나 소작령이 제정되지 못했기 때문에 조
정이나 권해에 적용할 통일된 기준이 없었다. 소작위원회가 결성된
뒤 조선총독부는 소작위원회가 자유재량으로 당사자의 주장이나 요
구를 듣고 그 지방의 소작관행을 살펴 적절하게 권해를 하고 소작관
행의 폐단을 교정하라고 지시하였다. 이에 따라 부·군·도의 소작조
정위원이 참가하여 도 단위로 통일된 권해 기준을 마련하는 타합회
打合會가 열렸다. 타합회에서는 1928년 정무총감 명의로 공포된 〈소
작통첩〉에 따라 1929년에 도별로 작성한 소작관행개선안을 도 차원
의 통일된 권해 기준으로 채택하기도 하였다.[90] 그러나 이러한 기준
마련은 임시방편에 지나지 않았고, 전국적인 통일성이나 법적 구속
력이 없었다. 따라서 소작쟁의를 효과적으로 조정하기 어려웠고, 혼
란도 적지 않았다.

그러자 자연스럽게 소작법 제정이 급하다는 여론이 일어났다. 이
미 소작법에 앞서 1931년 가을 〈조선소작조정령〉이 제정된다는 소식
이 알려지자, 신문들은 소작법 제정의 필요성을 제기하였다.[91] 그러
나 당시에는 조선 최초로 도입되는 소작조정법만으로도 큰 관심거리
였으므로 소작법 입법에 여론이 집중되기 어려웠다. 그러나 〈조선소
작조정령〉이 시행에 들어가자 신문들은 소작법 입법에 집중적으로

---

90) 〈소작관행을 참작하여 위원회 자유재량〉, 《朝鮮民報》 1933년 6월 29일자.
91) 社說 〈소작쟁의조정법—소작법 제정이 급무〉, 《東亞日報》 1931년 11월 16일자.

관심을 보였고, 여론도 그쪽으로 움직였다. 이에 조선총독부는 1933
년 6월 중순 무렵 소작법의 초안이 완성되었음을 공표하고, 앞으로
입법계획을 밝히면서 〈조선소작령〉 입법에 본격적으로 나섰다.[92]

조선총독부가 공개한 내용을 보면, 〈조선소작령〉 초안은 농림국
아래 농무과에서 만들었고 전문 48조로 이루어졌다. 주요 내용은 소
작권에 물권을 부여하고 권리를 인정하는 것, 소작기간을 일정하게
법으로 보장하는 것, 마름제도를 개정하는 것, 소작위원회를 조직하
는 것 등이었다. 조선총독부는 이 초안을 농림국, 재무국, 내무국의
관계부서로 보내 심의할 계획이고, 10월 무렵 그 결과를 모아 법제
국에서 12월까지 최종 입법안을 완성할 것이라 밝혔다.

조선총독부 농림국의 농무과가 성안成案한 〈조선소작령〉은 어떤
내용이었을까? 뒤에서 서술하듯이, 입법과정에서 약간 수정되었지
만 1934년에 시행된 〈조선농지령〉의 내용과 기본적으로 다르지 않
았다. 수정된 내용은 소작지 임대차 존속기간을 3년으로 확정한 것
과 소작인이 소작료나 다른 채무를 체납하는 '배신행위'를 할 경우
바로 소작을 해제할 수 있게 한 소작해제 조항 정도였다. 이 점을
염두에 두고 〈농지령〉 조문을 살펴보면, 먼저 총 40개 조문 가운데
18개 조문이 일본 제국의회에 제출되었던 〈소작법 초안〉과 같다는
점이 주목된다. 이는 〈조선소작령〉 초안을 만들 때 농무과 관료들이
기준으로 삼았던 자료가 일본의 〈소작법 초안〉이었음을 나타낸다.

그러나 전체 내용을 대조하면 일본 〈소작법〉과 〈조선소작령〉(일
본 각의 승인 과정에서 〈조선농지령〉으로 변경)은 그 성격과 내용이 근
본적으로 달랐다. 〈소작법 초안〉은 74개 조문으로 이루어졌지만 〈농

---

92) 〈난산중의 소작령〉, 《朝鮮日報》 1933년 6월 18일자.

지령〉은 40개로 구성되어 있다. '초안'의 많은 부분이 〈농지령〉에 담기지 않았다는 뜻이다. 〈소작법 초안〉에 있으나 〈농지령〉에는 없는 조항 가운데 주요한 것만을 제시하면, 소작인이 1년분의 소작료를 1년 이상 체납하는 경우에만 소작계약 해약절차에 착수할 수 있게 하여 소작료 체납을 일정하게 인정한 조항(17조), 지주가 소작지를 매각할 때 소작인에게 매입우선권을 부여한 조항(7조), 소작인의 소작료 체납 등의 배신행위가 있거나 소작관행상 갱신을 인정하지 않는 경우가 아니면 지주가 소작지를 환수할 때 소작인에게 1년분 소작료에 상당하는 차이료借離料를 지급하게 한 조항(24·25조) 등이다.[93]

이 조항들은 일본 농상무성의 '혁신관료'들이 소작권을 물권으로 보호하고자 만든 것으로, 이로써 소작농의 경작권을 확립하여 소작쟁의 원인을 근본적으로 없애려 하였다. 그런 까닭에 일본 지주협회는 이들 조항을 삭제 또는 전면 수정할 것을 요구하였고,[94] 이것이 받아들여지지 않자 결국 소작법은 귀족원에서 폐기되고 말았다. 그러나 〈농지령〉은 소작법의 본질적 핵심을 담고 있는 이들 조항 가운데 어느 하나도 채택하지 않았다. 〈농지령〉이 〈소작법 초안〉에서 거의 그대로 옮겨 온 조항들은 이러한 내용과 무관한 것들이었다.

일본의 〈소작법 초안〉과 조선총독부의 〈농지령〉이 이처럼 내용이 달랐던 까닭은 입법을 추진한 주체들의 문제의식과 목적이 서로 달랐기 때문이다. 일본에서 소작법 입법을 주도한 것은 개혁 성향의 농림관료들이었다. 그들은 지주적 토지소유제도에 일정한 제한을 해

---

93) 조선총독부는 〈농지령〉이 일본의 〈소작법〉과 다른 점을 이 조항들을 제시하며 설명하였다. 〈內地 小作法과의 相異點〉, 《釜山日報》 1934년 1월 21일자 참조.
94) 新瀉縣農政協會, 《大日本地主協會小作法運動報告書》, 1929. 4, 4~6쪽. 이 보고서는 조선총독부가 비자료秘資料로 분류 보관한 것으로, 현재 국립중앙도서관에 소장되어 있다.

소작권을 보호하고 경작권을 확립할 목적으로 소작법을 제정하려
하였다. 이들은 보통소작에는 15년, 영소작에는 20~50년 동안 소작
권을 보장하고, 적정 소작료를 소작심판소가 결정할 수 있게 하였으
며, 수익이 소작료에 미치지 못할 경우 소작인의 생계와 경작에 필
요한 소작료 감면을 보장하도록 입안하였다. 그 법안은 소작농을 보
호하려 소작관계에는 지주의 소유권을 절대적으로 보장한 민법을
적용하지 못하도록 제한한 것이었다.[95] 이로써 국가 기초를 위협하
는 지주적 토지소유를 제한하고, 농업생산력을 실질적으로 담당하고
있는 자소작 중농층을 사회적 지주로 만들어 지배 체제의 근대화를
달성하려 하였다. 말하자면 일본에서 소작법 입법은 지주제를 위로
부터 부르주아적으로 개혁하고자 기획된 것이었다.[96]

    그러나 〈조선소작령〉을 추진한 조선총독부 관료들이 지주제를
보는 관점은 이들과 달랐다. 조선의 지주제는 조선총독부가 정책적
으로 육성하고 보호하는 식민지 지배·수탈의 중추기구였다. 지주제
의 이러한 위상은 1930년대에도 달라지지 않았다. 비록 산미증식계
획이 1930년대 초반 중단되었지만, 식량공급지로서 조선의 비중은
줄지 않았다. 1930년대에도 일본은 매년 8백만 석을 웃도는 쌀을 조
선에서 가져갔고, 그것을 가능하도록 뒷받침한 것이 지주제였다. 따
라서 조선총독부 관료들에게 지주제는 식민지의 사회경제적 모순을
완화하고 생산력을 높이기 위해 어느 정도 개선할 필요는 있었지만,
지주의 소유권을 제약하고 지주제를 근본적으로 개혁하는 법안을
만들 이유는 없었다.

    이러한 관점을 잘 드러낸 것이 〈조선소작령〉에 대한 우가키 총

---

95) 김용덕, 〈大正期 小作調停法의 制定과 그 性格〉, 《亞細亞研究》 76, 1987.
96) 中村政則, 《近代日本地主制史研究》, 東京大學出版部, 1979, 354쪽.

독의 언급이다. 그는 부임하고 얼마 지나지 않아 가졌던 기자회견에서, 조선에 소작령을 제정하는 것은 시급한 사안이라 강조하면서도 그 법이 지주의 행복을 방해해서는 안 된다고 못 박았다. 이와 관련해 우가키 총독은 소작법이 소작료를 규제하는 것은 바람직하지 않다고 주장했다. 비록 고율이 문제이지만, 소작료를 규제하는 것은 지주의 정당한 이익과 합법적인 영리활동을 침해하는 것이라 본 것이다. 소작료 규제 말고 그가 해결책으로 제시한 것은, 소작관행을 개선해 소모성 비용을 줄이고 생산력을 증진시키는 방법이었다.[97] 우가키 총독은 이런 생각을 종합해 〈조선소작령〉은 "지주의 정당한 이익을 충분히 옹호하고, 지주·소작인의 협조와 융화 아래 농업의 발달, 농촌의 진흥을 도모"[98]하는 내용으로 제정해야 한다고 주장하였다. 이러한 방법은 그 문제의식이나 해결책에서 오로지 근검역행만 강요해 농가의 빈궁과 부채를 해결하려 했던 농가갱생계획과 상통하는 것이었다.

　이러한 태도는 우가키 총독만이 아니었다. 우가키 총독 부임 이전부터 조선총독부도 이러한 자세로 소작문제에 대처하고 있었다. 이를 잘 보여주는 것이 1928년에 정무총감 명의로 발표한 〈소작관행 개선의 건〉이었다. 이 〈소작통첩〉의 주요 내용은 ① 보통 소작은 3년, 뽕밭 소작은 10년으로 소작권을 보장하고 이동을 억제할 것(6개항), ② 소작료 징수방법과 운반을 공정하게 개선할 것(6개항), ③ 마름제도의 폐해를 교정할 것(7개항), ④ 소작쟁의를 행정관청의 거중조정으로 해결할 것(1개항), ⑤ 지주가 소작지의 농사개량을 장려할 것(1개항) 등이다.[99]

---

97) 李潤甲, 앞의 글(2007).
98) 《施政演說集》, 168쪽.

전체적으로 소작관행의 개선에 관한 내용이 대부분이고, 항목마다 개선할 목표나 방법을 구체적으로 적시하고 있다. 이와는 대조적으로 소작료액에 관해서는 하나의 항목이 있는데, 그나마도 "소작료액은 각 지방의 사정에 따라 차츰 상당액을 인하해 갈 것"이라는 내용이 전부다. 다른 항목과 비교하면 추상적이고 모호해 실질적인 행정지침이 되기 어렵고, 선언적 의미만 담고 있다.

정무총감은 대지주간담회에서 이 통첩을 발표한 취지가 농가경제 곤궁을 해결하고 농촌을 진흥시키기 위한 것이라고 하였다. 농촌의 가난을 해결하려면 농업생산을 늘려야 하고, 그 구체적 방법은 "소작관행에 보이는 여러 가지 폐해와 결함"을 없앰으로써 소작농들이 "토지를 사랑하고 토지의 이익을 증진시키는 것"이라는 뜻이었다.[100] 말하자면 이 통첩은 지주의 권익을 존중하는 바탕에서 소작지의 생산성을 증진하는 데 주안점을 두고 소작조건을 개선할 목적으로 만들었다는 것이다.

우가키 총독이 제정하고자 한 〈조선소작령〉은 일본 제국의회에 제출된 〈소작법 초안〉이 아니라 기존 조선총독부의 소작정책을 이어받은 것이다. 그러한 성격은 1928년 조선총독부의 〈소작통첩〉을 〈조선소작령〉, 곧 〈농지령〉과 비교하면 확연히 드러난다. 둘을 비교하면 둘 사이 계승관계가 명확히 드러날 정도로 공통점이 많다. 전자는 행정통첩이고 후자는 법령이기 때문에 그 구성이나 형식이 다르지만, 내용은 대부분 비슷하거나 같았다.

〈농지령〉은 모두 40개 조문으로 이루어졌고, 그 내용은 다음과 같다. ① 농지령의 적용범위(1·2조) ② 마름 및 소작지관리자에 대한

---

99) 朝鮮農會,《朝鮮農務提要》, 1933, 5~8쪽.
100)〈小作慣行改善 全鮮 大地主懇談會〉,《朝鮮民報》1928년 9월 27일자.

규제(3·4·5·31조) ③ 소작기간 및 해제(7~10, 18·19·22조) ④ 소작권
의 승계(11·12조) ⑤ 중간소작금지(13·14·20조) ⑥ 소작료(15~17, 23
조) ⑦ 소작관계에 대한 판정(21, 24~30조) ⑧ 소작지에 대한 계약
자유의 제한(6조) ⑨ 부칙-시행일과 경과조치(31~40조) 등이다.101)

이를 앞서 소개한 〈소작통첩〉과 비교하면, 먼저 〈소작통첩〉과
〈농지령〉의 적용범위가 소작지 일반을 대상으로 한다는 점에서 거
의 같다. 다른 점은 〈농지령〉을 위탁경작제도에도 적용한다고 명시
하고 있는 것인데, 이는 위탁경작제도가 농업공황 이후 확대되어 새
로운 소작문제로 떠올랐기 때문이다.

마름제도의 폐해를 중시한 것도 공통점이다. 〈소작통첩〉은 마름
에 관해 7개 항의 구체적인 개선 방안과 관리지침을 적시하였고,
〈농지령〉은 마름과 소작지관리인에 대해 부윤·군수·도사가 관리자
로서의 적합성과 계약 내용의 타당성에 대해 규제할 수 있게 하였
다. 마름제도의 폐해를 개선하는 것이 소작문제 해결에서 중요한 비
중을 차지한다는 점에서는 공통된 인식을 보이고 있다.

소작기간과 해제, 중간소작 금지 등에 관한 내용에서도 둘은 크
게 다르지 않았다. 일반소작을 3년으로 한 것은 공통이고, 영년작물
의 경우 통첩은 10년, 〈농지령〉은 7년으로 차이가 있다. 병역·질병·
기타 부득이한 사유로 소작이 불가능한 경우를 제외하고 소작지의
전대를 불허하는 조항, 소작인의 배신행위가 없는 한 정당한 사유
없이 소작권을 이동하지 못하게 한 조항, 소작권을 이동할 때 지주
가 재배중인 작물에 대해 배상하게 한 조항은 같았다. 소작권의 상
속이나 소작지를 매매할 때 소작권 승계조항도 공통된다.

---

101) 〈농지령〉의 내용 분류는 정문종, 앞의 글(1993), 255~256쪽을 따랐다.

소작해약 조건에도 큰 차이가 없다. 〈소작통첩〉은 소작해제가 성립하는 조건을 "소작인이 1년분의 소작료 전액을 체납한 경우 또는 계속해서 2년 동안 해당 해의 소작료 일부분을 체납한 경우에, 지주가 2개월 이내에 납부할 것을 통보했음에도 불구하고 납입하지 않는 경우"로 한정했다. 공포된 〈농지령〉에는 이러한 단서조항들이 모두 빠져 있으나, 조선총독부가 일본 정부 척무성拓務省과 법제국 심사에 제출한 원안에는 "소작인이 부득이한 사정에 의하여 소작료를 체납한 때에는 지주가 임의대로 소작권을 이동하지 못하게 한"규정이 들어 있었다. 이 조항은 척무성과 법제국 심사과정에서 삭제되었다.[102] 따라서 〈농지령〉 초안과 〈소작통첩〉은 소작해제 조항에서도 큰 차이는 없다고 볼 수 있다.

다만 중간소작금지와 관련해서는 조금 차이가 있다. 〈소작통첩〉과 달리 〈농지령〉에는 "산업단체나 기타 영리를 목적으로 하지 않는 단체"가 소작지를 임차해 다시 소작을 주는 것을 허용하는 조항이 추가되어 있다. 농촌진흥운동의 부락진흥사업을 위해 중간소작을 예외적으로 허용하는 내용을 더한 것이다.

소작쟁의를 해결하는 방법에서도 둘은 거의 같다. 〈소작통첩〉은 소작쟁의를 되도록 소송보다 '행정관청의 거중조정'으로 해결하게 하고, 〈농지령〉은 부·군·도소작위원회에서 해결하도록 규정하였다. 소작위원회 조정이나 권해가 통첩에서 권장한 '행정관청의 거중조정'을 계승·발전시킨 것임을 고려하면, 소작쟁의를 해결하는 기본 방식에서 둘은 같다고 할 수 있다.

어느 정도 차이를 보이는 부분은 소작료에 관한 조항이다. 〈소작

---

102) 〈소작료체납자는 지주가 이작도 무방〉, 《朝鮮日報》 1934년 1월 31일자.

통첩〉의 경우 ① 관개가 편리한 논이나 밭의 소작료는 되도록 정조로 할 것, ② 소작료액은 각 지방의 사정을 고려하여 차츰 인하할 것, ③ 소작료의 양정은 도량형에 관한 법규에 따라 공정하게 할 것, ④ 소작료 운반비는 소작지 거주지를 기준으로 2리를 넘을 경우 초과 운반비를 지주가 부담할 것, ⑤ 소작인의 공과는 지주가 부담하고 소규모 수선 이외에는 무상으로 소작인을 노역시키지 말 것 등이 있다.

이에 견주어 〈농지령〉에는 소작인이 소작료 일부를 지불하려 할 때 지주가 거부할 수 없도록 규정한 조항(15조), 불가항력으로 수확량이 감소할 때 소작인이 지주에게 소작료의 면제·경감을 수확 시작 15일 전까지 요청할 수 있는 조항(16조), 검견檢見으로 소작료를 결정할 경우 반드시 양 당사자가 합의한 날짜에 당사자 또는 대리인이 입회한 가운데 시행하도록 한 조항(17조, 동 시행규칙 9조) 등이 있다. 단순히 조항만을 비교하면 〈소작통첩〉과 〈농지령〉 사이에는 공통점이 없고, 각각 다른 내용을 담고 있다.

그러나 관점을 달리해서 보면 둘은 공통점이 있다. 소작료를 결정할 당시 관행을 최대한 인정하고, 소작료 인하는 특수한 경우가 아니면 인정하지 않는 점이 그것이다. 구체적인 소작료 관련조항은 서로 다르지만, 공통적으로 수취방법에서 분쟁 소지를 줄이는 내용이 대부분이다. 소작료 인하에 관한 규정은 선언적으로만 표현되거나 자연재해와 같은 특수한 경우에 한해 일시적으로 소작료의 경감·감면을 요청할 수 있도록 한 것이 전부다.

이상에서 보듯이, 세부조항을 보면 〈농지령〉은 〈소작통첩〉에 견주어 소작권 보장이나 소작쟁의 조정제도에서는 진전되고 구체화된 내용을 담고 있고, 소작조건이나 소작료·소작해제의 요건 등에서는 도리어 후퇴한 내용을 담고 있기도 하다. 그러나 전체적으로 소작문제를 보는 기본 관점이나 이를 해결하는 방법에서 〈농지령〉은 본질적으로 〈소작통첩〉을 잇고 있다. 〈농지령〉에서 〈소작통첩〉의 성격과 근본적으로 다른 새로운 조항을 찾기는 불가능하다. 〈소작통첩〉에는 있으나 〈농지령〉에서 빠진 항목은 지주가 농사개량에서 좋은 성과를 낸 소작인을 표창하는 조항 정도이다. 이 조항은 법리적으로 〈농지령〉에 넣기 부적합하여 빠진 것으로 보인다.

요컨대 〈조선소작령〉, 곧 〈농지령〉은 지주제를 개혁하려 했던 일본의 소작법이 아니라 지주제를 유지하면서 다만 소작쟁의를 줄이고 소작지의 생산력을 높이도록 소작제도를 부분적으로 개량하려는 〈소작통첩〉을 이어받았다. 이러한 차이는 〈농지령〉이 지주제를 유지하면서 소작쟁의를 체제내화하려던 〈조선소작조정법〉의 부수 법률로 제정된 데서 비롯되었다. 〈농지령〉에 요구된 것은 지주제의 근간을 훼손하지 않으면서 소작지의 생산력을 높이고, 소작쟁의가 발생할 경우 소작인을 소작위원회 조정이나 권해로 유인할 수 있는 최소 수준의 소작조건을 개선하는 것이었다.

2) 조선총독부의 입법대책과 〈조선농지령〉의 제정

조선총독부가 제정하려던 〈조선소작령〉의 기본 성격과 내용이 이러했기 때문에 당국자는 입법 과정에서 두 가지를 우려하였다. 하나는 지주계급의 반대운동이었다. 〈조선소작령〉은 크든 작든 기본적으로 지주의 권익에 제한을 두는 법령이 될 수밖에 없었다. 비록 귀족원에서 폐기되긴 했지만, 그 직전까지 일본에서 논의된 소작법이 소작농의 경작권을 보호하고자 지주 소유권을 크게 제한하는 내용이었던 까닭에, 조선의 지주들은 내용에 상관없이 〈조선소작령〉에 대해서도 반대하는 태도를 취하고 있었다. 따라서 지주들의 반대운동을 어떻게 극복할 것인가가 중대한 과제로 떠올랐다.

다른 하나는 소작농민 측의 소극적·냉소적 반응이었다. 일본의 〈소작법 초안〉과 비슷한 내용일 것으로 기대하고 있던 소작농민들이 〈조선소작령〉을 보면 크게 실망할 것이 분명했다. 실제로 〈농지령〉의 구체적 내용이 알려지자 소작농이 얻을 수 있는 실익이 별로 없는 "과거의 인습을 그대로 성문화한 것"[103] 또는 "조선 재래의 소작관습을 법문화"[104]한 것이라는 비판이 쏟아졌다. 그런 까닭에 처음부터 이러한 내용이 알려지면 〈조선소작령〉에 대한 소작농민들의 반응은 냉소적일 것이고, 그럴 경우 〈조선소작조정령〉으로 혁명적 농민운동을 체제 안으로 포섭하려는 정책은 큰 차질을 빚을 수 있었다. 따라서 조선총독부는 입법 과정에서 소작농민들이 〈조선소작령〉에 적극적인 관심과 기대를 갖도록 만들 필요가 있었다.

조선총독부는 이러한 점들을 고려해, 입법을 추진하는 과정에서 지주층과 소작인층에 대해 각각 다른 방식으로 대처하였다. 지주들에게는 〈조선소작령〉이 지주의 '정당한' 권익을 최대한 보장하고 있고, 지금 상황에서 지주제의 안정과 발전을 위해 개선이 꼭 필요한 부분에 한해 최소한의 제재를 하는 법령이라고 설명했다. 조선총독부는 지주들의 반대운동을 막을 수는 없지만, 이러한 〈조선소작령〉의 입법취지와 내용을 이해시키고 지주들의 요구사항을 일부 수용한다면 반대운동을 진정시키는 것은 어렵지 않다고 판단한 것이다.

---

103) 社說 〈조선농지령의 내용, 또렷한 효과는 의문〉, 《中央新聞元山每日》 1934년 4월 8일자.
104) 社說 〈지주들의 반성을 촉구함〉, 《朝鮮日報》 1934년 4월 20일자.

조선총독부는 1933년 10월 24일부터 3일 동안 '소작령제정타합회'를 열었다. 그해 6월 조선총독부 농무과에서 작성한 〈조선소작령〉 초안을 심의해 최종안을 만들 목적으로 열린 이 타합회에는 척식성·농무성 관계자와 대학교수, 민간유식자 등이 초청되었고, 지주대표는 민간유식자 일원으로 참석했다. 이 타합회는 참석자들에게 조선총독부의 초안을 설명하고 이해시키는 데 많은 시간을 할애하였다. 이후 심의는 이 초안을 보완하는 방향으로 이루어졌으며, 타합회도 한 번 더 개최되었다. 여기에서 조선총독부는 지주들에게 입안 과정에 있는 〈조선소작령〉의 구체적 내용을 설명하고, 부분적인 수정은 허용하겠지만 기본 내용을 견지하면서 조속히 입법을 성사시키겠다는 강경한 의지를 보여주었다.[105]

지주들은 타합회를 통해 〈조선소작령〉의 구체적 내용을 알게 되자 서둘러 소작령 반대운동을 벌였다. 가장 먼저 행동에 나선 것은 목포농담회木浦農談會였다. 목포농담회는 11월 11일 지주협의회를 열고, 소작령 도입이 시기상조이며 일부 내용이 지주소작인의 공존공영에 맞지 않는다는 이유를 들어 시행 연기와 개정을 당국에 요구하였다.[106] 지주들의 반대운동은 11월 20일에서 21일까지 경성에서 개최된 전선농업자대회全鮮農業者大會로 결집되었다. 이 대회는 이름과 달리 참석자 대부분이 전국에서 온 지주들과 토지관리인들이었다. 이들은 조선에서 지주가 소작인을 보육하고 농업발달에 이바지한 바가 매우 크기 때문에 소작령 제정에 반대한다고 주장하였다. 소작령을 제정하면 지주와 소작인 사이에 대립관념이 생겨 도리어 농업발달이 중단되고 지가가 폭락하여, 결국 경제기조가 흔들릴 것이라 하였다.

---

105) 久間健一,《朝鮮農政の近代的樣相》, 1935, 41쪽; 정문종, 앞의 글(1993), 249쪽.
106) 〈전남지주의 총의〉,《釜山日報》 1933년 11월 14일자.

또 이들은 소작법이 일본에서도 귀족원을 통과하지 못한 악법이라는 점 등을 내세워 소작령 제정을 절대 반대한다고 밝혔다.107)

조선총독부는 전선농업자대회의 소작령 반대운동을 바로 반박하였다. 대회 다음 날 우가키 총독과 농정과장은 기자회견을 열어, 지주들의 반대운동은 소작령의 입법정신을 이해하지 못한 데서 나온 것이라 강도 높게 비판하였다. 또한 조선총독부는 지주들의 반대운동에 아랑곳하지 않고 〈조선소작령〉 입법에 박차를 가할 것이라 천명하였다. 이 회견에서 농정과장은 단호하게 "지주와 일부 자본계급이 찬동하는 입법을 한다면, 그 법률은 골자 없는 법률이며 사회적 정신으로 볼 때 만들 필요가 없는 것"이라고 하였다.108)

우가키 총독의 즉각적이고도 강경한 입장표명은 지주들의 반대운동을 빨리 진정시키는 효과를 가져왔다. 그리하여 일부에서 소작령 반대운동이 이어지기도 했지만, 많은 지주들은 11월 하순부터 반대운동에서 물러나 지주의 이익을 최대한 보장할 수 있게 소작령을 수정하는 쪽으로 운동방향을 바꾸었다.109)

이러한 움직임에 앞장선 단체가 전남농담회全南農談會였다. 전남농담회는 12월 중순 무렵 지주들의 요구를 모아 소작령에서 개선이 필요한 사항을 정리하고, 이를 관계당국에 전달할 것을 결의하였다. 전남농담회가 당국에 개선을 요구한 사항은 4가지였다. 첫째, 소작지 임대차의 효력을 현행 민법규정에 따른다. 둘째, 소작지 임대차 존속기간을 3년으로 하고, 소작거절통지 예고기간을 1개월로 한다.

---

107) 〈전선농업자대회를 돌아보면 남는 것은 지주본위의 외침〉, 《京城日報》 1933년 11월 23일자.
108) 〈尙無란 이유를 추측하기 곤란―宇垣 總督 회견〉, 《朝鮮日報》 1933년 11월 23일자.
109) 〈소작해제조건을 엄중히 하라〉, 《北鮮時事新報》 1933년 11월 28일자.

셋째, 소작인이 ① 소작료를 체납하거나, ② 농사경영에 대부된 금품의 반환을 게을리하거나, ③ 농사개량에 협조하지 않거나, ④ 지주의 승낙 없이 소작지를 전대할 경우 지주가 소작지 임대차를 해제할 수 있게 한다. 넷째, 위탁경작에 소작령을 적용할 때 지주의 이익을 최대한 보장하는 조치를 취한다.110)

　조선총독부는 지주들이 이러한 운동에 공식적으로 어떠한 반응도 보이지 않았다. 두 차례의 공식적인 타합회 말고는 소작령의 원안 수정과 관련된 지주 대표들의 면담요청이나 직접적인 교섭을 의식적으로 거절하고 피하였다. 심하게는 지주들과 강경하게 대치하는 모습도 연출하였다. 그렇게 함으로써 소작령이 지주의 요구를 수용한 법령이라는 비판에서 벗어나려 한 것이다.111) 조선총독부는 12월 말 최종안을 만들어 심의를 완료한 다음, 1934년 1월 중순 도쿄로 가져가 일본 정부 감독관청인 척무성과 법제국 심사에 회부하였다.

　이러한 겉모습과 달리 조선총독부는 척무성과 법제국의 합의심사 과정에서 지주들이 요구한 사항의 중요 부분을 받아들였다. 소작지 임대차 존속기간을 3년으로 확정하고, 소작해제조항에서 소작인이 소작료나 나머지 채무를 체납하는 '배신행위'를 할 경우 바로 소작을 해제할 수 있도록 한 것이 그 대표적인 예였다.112) 이러한 방식으로 조선총독부는 지주들의 요구를 받아들이면서도, 그것이 지주들의 요구에 따른 것이 아니라 일본 정부의 요구로 이루어진 것처럼 보이게 만들었다. 지주들은 자신들의 요구가 받아들여지자 소작령에

---

110) 〈소작령에 대한 전남농담회의 요망〉,《木浦新報》1933년 12월 15일자.
111) 宇垣一成,《日記》2권, 955쪽(1934년 4월 11일).
112) 〈대세는 卽行論, 소작령과 귀족원 방면의견〉,《朝鮮新聞》1934년 1월 21일자;
　　〈소작료체납자는 지주가 이작도 무방, 小作令居益空虛化〉,《朝鮮日報》1934년 1월 31일자.

찬성하는 쪽으로 돌아섰는데, 소작령이 일본의 소작법과는 달리 소
작인만 보호하는 것이 아니고 "선량한 소작인과 선량한 지주를 옹호
하는 공평무사한 법안"이라 인식하게 되었기 때문이다.113)

　한편 조선총독부는 소작인들에게 소작령의 내용을 구체적으로
설명하고 의견을 구하려 하지 않았다. 두 번의 '소작령제정타합회'에
도 소작인 대표는 초청하지 않고, 소작인의 의사는 조선총독부 소작
관 의견을 듣는 것으로 대체하였다.114) 이후에도 조선총독부는 지주
와 소작인에게 공평한 태도를 취한다는 구실로 소작령과 관련해서
는 일절 소작인 측과 접촉하거나 교섭하지 않았다.

　대신 조선총독부는 소작인을 상대로 소작령의 입법취지를 부풀
려 홍보하는 것으로 관심을 끌고자 하였다. 우가키 총독은 전선농업
자대회의 소작령 반대에 대한 입장을 밝히는 기자회견에서, 소작령
의 입법정신을 "소작빈농계급의 불안을 배제하는 동시에 농업경영의
합리화와 향상을 도모하여 농촌갱생의 대사업을 완성하는 것"이라고
선전하며 소작령이 소작빈농계급 부흥사업의 하나라는 점을 강조했
다.115) 이후에도 우가키 총독은 기회가 있을 때마다 공식석상에서
이러한 선전을 되풀이하였다.

　우가키 총독은 소작령에 대한 사회적 관심과 소작농층의 지지를
끌어내려고 지주들의 반대운동을 적극적으로 이용하였다. 지주들이
반대할수록 소작령은 소작농에게 유리한 법령이라는 인상을 주기
때문이었다. 우가키 총독은 지주들의 반대를 처음부터 예상하고 반

---

113) 〈소작령제정반대 차제에 완화, 발표내용을 양해하고 찬성 전향자가 속출〉, 《朝鮮民報》 1934년 1월 22일자.
114) 정문종, 앞의 글(1993), 249쪽.
115) 〈尙無란 이유를 추측하기 곤란-宇垣 總督 회견〉, 《朝鮮日報》 1933년 11월 23일자.

대운동이 일어나기를 내심 바라고 있었다. 그는 이러한 심정을 "지주가 반대하지 않는 형태의 소작입법은 소작인의 입장에서는 굳이 있어야 할 필요를 못 느낄 것이다. 지주 측의 반대는 예상했던 것으로, 노골적으로 기대하고 있던 바라 할 것"이라고 일기에 적었다.116)

지주들이 전선농업자대회를 통해 집단적으로 소작령 제정에 반대하자, 우가키 총독과 농림국장은 기다렸다는 듯이 나서 지주나 일부 자본가가 찬동하는 소작법은 사회적으로 무가치한 것이라 주장하고, 지주들이 반대할지라도 반드시 소작법을 제정하겠다며 강력한 의지를 나타냈다. 조선총독부 농림국도 지주들이 계속 반대하면 소작기간 보장 기간을 10년으로 늘리고 소작료는 정조로 통일하며, 농사개량에 따른 증산량을 모두 소작인 몫으로 하는 방안을 도입할 수도 있다고 대립각을 세웠다.117) 이렇게 대립양상을 연출하면서 조선총독부는 소작령이 소작빈농의 안정과 갱생을 위한 법령임을 적극적으로 선전하였다.

나아가 조선총독부는 관 주도로 소작령을 지지하는 소작인대회를 열거나 소작인을 상대로 직접적인 선전활동을 펼쳤다. 조선총독부는 지주들의 반대운동이 높아지던 11월 말, 소작령을 선전하려고 도별로 선정된 소작인 대표들을 중앙에 모아 전선농업자대회와 비슷한 소작령 지지대회를 열고자 하였다. 그러나 이 계획은 좌경사상을 가진 소작인 대표가 참석할 수 있고, 그들 주도로 소작령이 지닌 문제점을 폭로할 경우 오히려 역효과가 날 수 있다는 이유 때문에 취소되었다.118) 대신 조선총독부는 농림국 소속 관원을 각 도로 파

---

116) 宇垣一成, 《日記》 2권, 945쪽(1934년 1월 17일).
117) 〈풍파 많은 소작령—농림국과 심의실 사이에서 강경론이 점차 대두〉, 《東亞日報》 1933년 11월 21일자.

견하여, 이들 지휘 아래 소작관과 농무과원이 개별 소작농가를 방문
해 소작령을 선전하도록 했다. 또한 도 단위로 소작령 입법에 찬성
하는 관제 소작인대회 개최도 추진하였다.[119]

이러한 가운데 민간에서도 소작령 제정을 촉진하는 운동이 일어
났다. 이 운동은 주로 우익 성향의 천도교, 조선변호인단, 조선농민
단체, 언론기관 등의 대표자와 민간유력자들이 앞장섰다. 이들은
〈조선소작령〉이 일본 정부의 척무성과 법제국의 심사에 회부된
1934년 1월 18일 즈음 경성에서 소작령제정촉진회를 조직하였다. 이
촉진회는 소작령 제정을 촉구하는 결의문을 조선총독에게 보내고
일본 정부 각 성의 대신, 정당대표, 정계 유력자 등에게도 타전하였
다. 이들은 소작기간을 10년으로 연장할 것과 소작령 이름을 바꾸지
말 것을 요구하였다. 또한 이들은 각 지방 유지들에게 연락해 소작
령 촉진운동을 전국적으로 확산하려 노력하였다.[120] 그 영향으로 1
월 22일에 전주 지역 유지들이 소작령실시촉진회를 만들어 촉진운
동에 나섰고, 1월 24일에는 황해도 사리원에서 소작령 촉진운동이
일어났다.[121]

조선총독부가 입안한 〈조선소작령〉은 이렇게 지주들이 찬성하고
우익 단체와 유지들이 입법 촉진운동을 펼치는 가운데 일본 각의 승
인을 거쳐 마침내 1934년 4월 11일 〈조선농지령〉으로 공포되었다.
이름이 바뀐 까닭은 척무성과 법제국이 소작령이라는 명칭이 지주

---

118) 〈소작령 실시함에 작인측은 절대 찬성〉, 《朝鮮日報》 1933년 11월 30일자.
119) 〈소작령에 호소하는 민성—경북서는 소작인대회 개최예정〉, 《東亞日報》 1933년
    11월 30일자.
120) 〈각단체 대표 유지회합 소작령촉진운동〉, 《東亞日報》 1934년 1월 18일자.
121) 〈소작령 촉진운동 각지에서 대두〉, 《東亞日報》 1934년 1월 22일자; 〈남북에서
    호응하는 조선소작령촉진성〉, 《朝鮮日報》 1934년 1월 24일자.

와 소작농의 대립을 불러올 수 있다는 이유에서 변경을 요구했기 때문이다.[122]

3) 〈조선농지령〉의 내용과 소작관계 규제의 방향

〈농지령〉의 핵심 내용은 세 가지이다. 첫째는 소작기간을 일반소작 3년 이상, 뽕·과일·모시·닥나무를 재배하는 특수소작은 7년 이상으로 보장한 것이다. 이와 더불어 소작인의 '배신행위'가 없고 〈농지령〉이 허용하는 테두리 안에서 이루어지는 지주의 소작조건 변경 요구를 수용할 경우, 지주는 소작계약의 갱신을 거절할 수 없게 하였다. 소작인의 '배신행위'에는 관습에 따라 부과된 부담과 소작료를 체납하는 행위 말고도 농지 보전과 지력 배양을 위해 애쓰지 않거나 근검노력하지 않아 지주의 불신을 사는 행위도 포함되었다. 소작권 3년 보장조항을 설정한 것은 부정기소작이 80퍼센트에 이르고, 소작권 이동이 소작조건 인상의 주된 수단으로 악용되고 있던 당시 조건에서는 소작인 보호를 위한 조치일 수 있었다.

그러나 이러한 규정으로 소작인의 경작권을 보장하는 데는 한계가 있었다. 먼저 3년이라는 기간은 너무 짧았다. 일본의 〈소작법 초안〉은 소작기간을 5년으로 설정하였는데, 일본 지주들은 소작권 보장에 따른 불이익을 최소화하려고 5년을 3년으로 줄일 것을 주장하였다.[123] 조선의 지주들도 앞서 보았듯이 〈조선소작령〉의 소작기간을 3년으로 단축해 달라 요구하였다.[124] 이러한 사실은 3년이라는

---

122) 〈소작료체납자는 지주가 이작도 무방, 小作令居益空虛化〉, 《朝鮮日報》 1934년 1월 31일자.
123) 新潟縣農政協會, 《大日本地主協會小作法運動報告書》, 1929, 5쪽.

기간이 소작권을 보장하기에는 절대적으로 한계가 있음을 나타낸다. 〈농지령〉에 대한 당시 평가에서도 소작기간을 3년으로 설정한 것은 지주들의 요구를 받아들인 것으로 보았다.

소작기간을 3년으로 보장하였지만 그 기간에도 소작인의 '배신행위'가 있으면 지주가 바로 계약을 해지할 수 있게 하였다. 대부분의 소작인들은 고리부채가 있고 가난하여 어쩔 수 없이 '배신행위'를 할 가능성이 높았다. 지주가 이를 문제 삼으면 소작권은 보장될 수 없었다. 〈농지령〉은 〈소작통첩〉을 계승하고 발전시켰지만, 이 조항에서는 소작인에게 불리한 방향으로 후퇴하였다. 〈소작통첩〉은 소작해제가 성립하는 조건을 "소작인이 1년분의 소작료 전액을 체납한 경우, 계속해서 2년 동안 당해 연도 소작료의 일부분을 체납한 경우, 지주가 2개월 이내에 납부할 것을 통보했음에도 불구하고 납입하지 않는 경우"로 한정하였다. 그러나 〈농지령〉은 이러한 단서조항을 모두 삭제하고 소작료나 다른 채무를 체납하는 '배신행위'를 할 경우 바로 소작을 해제할 수 있게 하였다. 이러한 후퇴는 〈농지령〉 제정 과정에서 일본 법무국 법무성의 견해가 반영되면서 생겨났다.[125]

다음으로 〈농지령〉은 소작인이 배신행위를 하지 않고 소작조건에 변경이 없으면 지주가 소작계약 갱신을 거절하지 못하도록 하였지만, 갱신할 즈음 지주가 소작조건을 변경하고 소작인이 이를 받아

---

124) 〈농지령과 민간의향〉, 《京城日報》 1934년 4월 8일자.
125) 〈소작료체납자는 지주가 이작도 무방〉, 《朝鮮日報》 1934년 1월 31일자. 처음 조선총독부에서 입안한 〈조선소작령〉에는 소작인이 부득이한 사정으로 소작료를 체납할 경우 지주가 임의로 소작권을 이동하지 못하게 하는 규정이 들어 있었다. 그러나 이 규정은 일본 법무성 법제국이 〈농지령〉을 심의하는 과정에서 삭제되었다. 법제국은 소작관계를 법제화하여 이전보다 소작인에게 유리해졌기 때문에, 지주의 소작해제에 대해 규제하지 말아야 한다는 입장이었다. 이러한 법제국의 입장은 다른 소작조건에 대한 규제에도 영향을 끼친 것으로 보인다.

들일 수 없을 경우에는 아무런 배상 없이 소작인을 바꿀 수 있게 하였다. 이러한 제약들로 말미암아 〈농지령〉은 소작농의 경작권을 안정적으로 보장할 수 없었다.

둘째, 〈농지령〉에서는 소작분쟁 해결에 적용할 구체적인 기준을 소작기간·검견방식 등 일부 조항으로 최소화하고, 나머지 대부분을 〈소작조정법령〉에 따라 설치된 부·군·도소작위원회에 맡겼다. 부·군·도소작위원회가 그 지역의 소작관행과 사회경제적 여건을 살펴 적정하게 조정 기준을 만들게 한 것이다.

〈농지령〉에는 소작기간 보장을 빼면 기존의 소작관행을 규제하는 내용이 매우 적다. 불가항력으로 수확이 감소할 경우 소작인이 지주에게 소작료의 경감이나 면제를 요청할 수 있게 한 조항과, 소작료를 검견할 때 지주와 소작인 또는 그 대리인이 같이 입회하여 시행하도록 한 조항이 거의 전부라 할 수 있다. 전자의 경우도 소작료 감면·경감을 요청할 수 있는 합법적인 길을 열어 두었을 뿐, 그 요청을 지주가 받아들이도록 규정한 것은 아니다.

소작조건과 관련된 다른 조항을 살펴보면 〈농지령〉은 도리어 〈소작통첩〉보다 후퇴해 있다. 〈소작통첩〉은 당시 소작관행 가운데 소작인에게 큰 부담을 주고 분쟁소지가 많았던 소작료 양정방법, 소작료 운반비용, 공과금 부담, 소작지 수선비 등을 소작인에게 유리하도록 해결하는 조항을 마련하였다. 그러나 〈농지령〉에는 이러한 조항들이 모두 빠져 있다. 대신 〈농지령〉은 이러한 문제들을 해결하는 기준을 부·군·도소작위원회가 지역 사정과 사안의 특성을 고려해 적절히 설정하게 하였다.[126) 그런 사정으로 말미암아 부·군·도소

---

126) 〈소작관행을 참작하여 위원회 자유재량〉,《朝鮮民報》1933년 6월 29일자.

작위원회는 〈농지령〉에 관련 규정이 없을 경우 당해 지역의 소작관
행을 문제 해결의 기준으로 삼았고, 가능한 지주가 온정을 베풀도록
권고하였다. 그렇게 하는 것이 지주와 소작인 모두에게 공평하지 못
하다는 비판을 피할 수 있었다. 따라서 부·군·도소작위원회는 당시
소작조건이 더 악화되지 못하게 막을 수는 있었으나 한계에 도달했
다고 할 정도로 악화된 당시 소작조건을 소작농에게 유리하게 개선
하기는 힘들었다.

셋째, 〈농지령〉은 마름과 토지관리자에 대한 규제를 법제화하였
다. 〈농지령〉과 동 시행규칙에 따르면 지주가 마름을 둘 경우 15일
안에 부윤·군수·도사에게 마름의 주소·이름·직업·관리 소작지의 소
재지와 지목·면적·관리에 관한 계약 연월일, 관리사무의 범위와 기
간, 보수 및 지급 방법 등을 신고해야 했다. 부윤·군수·도사는 필요
할 경우 지주나 소작지관리자에게 소작지관리에 관한 사항을 보고
받을 수 있었다. 이러한 자료에 바탕을 두고 부윤·군수·도사는 지주
와 토지관리자의 계약이 부당하다고 인정될 경우 소작위원회의 의
견을 참고해 계약변경을 요구할 수 있고, 소작지관리자가 적당하지
않다고 인정되면 소작위원회의 의견을 들어 소작지관리자의 변경을
요구할 수 있었다.

〈농지령〉에서 규제대상으로 삼은 토지관리자에는 마름이라는 이
름의 관리인(큰마름大舍音, 작은마름小舍音, 도마름都舍音, 밭마름田舍音)
말고도 농감農監, 농무원農務員, 관리인, 총대總代, 수작인首作人, 구장
區長, 지배인, 농구農區 주재원, 검견인檢見人, 간수인看穗人, 간평인看
坪人, 추수원秋收員 등으로 불리던 소작지관리인 모두를 망라한다.127)

---

127) 정문종, 앞의 글(1993), 258쪽.

이들은 소작료의 수취, 보관, 소작지의 감독, 농경의 지시, 소작료 감면에 관한 조사를 담당했고, 현지 사정에 밝아 소작인의 선정과 교체에도 막강한 영향력을 행사하였다.

이들 가운데 〈농지령〉이 주로 통제하려던 대상은 조선인 부재지주의 소작지를 관리하던 마름·소작지관리자들이었다.[128] 이들은 거의 "신용이 있는 소작지 부근의 유산가有産家"들이었다. 부재지주 입장에서는 해당 지역의 농사뿐만 아니라 풍속·습관 등도 잘 아는 토착농업자를 마름으로 선정해야 소작인에 대한 통제가 쉽고 효과적이었다.[129]

그러나 마름을 둠으로써 소작인의 부담이 크게 늘어나는 문제가 발생했다. 먼저 소작인은 마름의 보수로 소작료의 5~10퍼센트를 추가로 부담하였다. 마름들은 지위를 이용해 소작인들에게 공조나 공과금을 떠넘기고, 소작인들의 취약한 처지를 악용해 고리대를 일삼았다. 소작을 배정하거나 소작료를 결정할 때가 되면 공공연하게 뇌물·선물을 바치게 하고 접대까지 요구하였다.

마름들은 소작인들을 통제하고자 교묘한 차별대우로 분열을 조장하기도 했다. 조선총독부의 소작관행조사에서도 "소작인 및 부락민의 융화를 방해하고", "농촌의 평화를 무너뜨린" 것이 마름제도의 가장 큰 폐단이라 보고될 정도였다. 이러한 월권과 농간 때문에 마름이 관리하는 부재지주의 소작지는 지주가 직접 관리하는 소작지나 일본인 소작농장보다 소작쟁의가 더 자주 일어났다.[130]

1930년 당시 조선총독부 조사에 따르면 이런 범주의 관리자는 3

---

128) 吉田正光, 《朝鮮における小作に關する基本法規の解說》, 朝鮮農政研究同志會, 1934, 21쪽.
129) 朝鮮總督府, 《朝鮮の小作慣行》 上, 1932, 629~633쪽.
130) 朝鮮總督府, 위의 책, 665~667쪽.

만 3,195명이며, 그들이 관리하는 소작지 면적은 58만 9,173정보로 전체 소작지의 24퍼센트를 차지했고, 관리했던 소작인 수는 85만 1,342명으로 전체 소작인의 38퍼센트에 이르렀다. 지역적으로는 경기도(7,579명), 전라남도(4,114명), 경상북도(3,924명), 전라북도(3,378명) 순으로 많았고, 함경북도가 가장 적었다(279명).131) 〈농지령〉은 부윤·군수·도사에게 마름 등 부재지주의 소작지관리자가 가진 업무와 권한을 통제·감시할 수 있는 권한을 부여하고, 월권과 비리로 소작쟁의를 일으키는 마름을 직접 단속하고 규제하도록 했다.

조선총독부는 이와 같은 내용의 〈농지령〉을 〈조선소작조정령〉의 부수법령으로 제정하였다. 소작쟁의를 조정·권해하는 새로운 법적 근거와 기준을 〈농지령〉으로 제시한 것이다. 〈농지령〉이 제정됨으로써 조선총독부가 소작쟁의조정제도의 도입으로 추구하려 한 농업 생산관계의 개편방향도 명확해졌다.

조선총독부는 기본적으로 민법이 보장하는 지주의 권익을 보장하는 소작관계를 유지하고자 하였다. 기존의 소작관계가 민법 질서를 바탕으로 형성된 까닭에 〈농지령〉도 최대한 기존의 소작관계를 인정하였다. 〈농지령〉이 소작기간이나 검견방식 등 일부 조항을 뺀 대부분의 소작문제에 대해 구체적 해결기준을 따로 규정하지 않고 현행 관습을 인정한 셈이다. 소작료 문제에 아무런 규제조항을 두지 않고 소작료 인상을 구실로 소작인을 바꿀 수 있게 길을 열어둔 것도 이러한 방침에 따른 것이다.

이런 까닭에 〈농지령〉은 지주의 권익을 제한하는 규정을 둘 경우에도 당시 상황에서 어쩔 수 없이 도입해야 하는 항목에 한정하고,

---

131) 朝鮮總督府, 위의 책, 625쪽.

그나마도 지주가 입게 될 피해를 최소화하는 방법을 택했다. 소작농의 경작권을 인정하면서도 그 기간을 일반농사의 경우 지주의 요구를 받아들여 3년으로 설정한 것, 소작료나 부채의 체납과 같은 '배신행위'가 발생하면 유예기간 없이 지주가 계약을 해제할 수 있게 한 것, 소작계약 갱신에서 소작인이 변경된 소작조건을 받아들이지 않으면 보상 없이 소작권을 이동할 수 있게 한 것 등이 그것이다.

마름제도에 대한 규제도 이러한 맥락에서 이루어졌다. 마름제도는 주로 조선인 부재지주들이 이용하는 전통적인 소작관리방식이었다. 그러나 조선총독부가 보기에 당시 마름제도는 소작쟁의를 불러올 소지가 다분한 뒤떨어진 관리방식이었고, 소작지의 생산성을 높이기에도 부적합하였다. 이에 조선총독부는 〈농지령〉으로 마름제도는 인정하면서도 마름의 업무내용과 운영방법을 규제하고 개선하려 하였다. 이로써 점진적으로 조선인 부재지주들이 당시 지주경영 가운데 소작인 관리나 생산성에서 가장 앞서 있던 일본인 농장지주들, 이른바 '동태지주動態地主'의 소작경영방식을 따라가도록 유도하였다.132)

〈농지령〉과 〈소작조정법령〉으로 조선총독부가 추진하고자 한 소작조건의 개선은, 이러한 한계 안에서 제한적으로 이루어지는 것이었다. 비록 그런 한계가 있지만, 소작농민들은 〈농지령〉이 시행되기 전과 달리 서면계약 여부와 관계없이 '배신행위'를 하지 않는 한 일반농사는 3년 동안, 특수농사는 7년 동안 경작권을 보장받았다. 계약기간 동안에는 지주가 바뀌어도 소작계약이 유효했으며, 상속도 가능하였다. 이들이 '배신행위'를 하지 않고 소작조건도 변경하지 않으면 지주는 계약 갱신을 거절할 수 없었다. 이로써 소작권의 안정

---

132) 久間健一, 〈地主的職能の調整〉, 《朝鮮農政の課題》, 1943.

성은 〈농지령〉 시행 이전보다 약간 높아졌다. 나아가 소작인은 불가항력의 자연재해로 수확이 많이 감소하는 경우에도 소작료의 경감과 면제를 합법적으로 신청할 수 있었다. 또한 속수무책이던 마름의 월권·비리를 규제해 달라고 호소 또는 요청할 수 있는 합법적 방도가 마련되었다. 그러나 이러한 개선책만으로 소작농의 경작권이나 농가경제를 안정시킬 수는 없었다. 무엇보다 소작료에 대한 규제가 없는 것이 치명적 한계였다.

이처럼 우가키 총독이 〈농지령〉에서 규제하고자 한 소작조건은 지주의 기득권을 옹호하면서 소작쟁의를 체제내화할 수 있는 최소 수준의 것이었다. 그는 〈농지령〉의 이러한 성격을 "지주의 정당한 이익을 충분히 옹호하고, 지주 소작인의 협조·융화 아래 농업의 발달, 농촌의 진흥을 도모"133)하는 것이고, "자본의 횡포와 공산의 발호를 배척하고 협조·중용을 얻는 것"134)이라 규정하였다. 〈농지령〉의 규제는 지주와 소작인의 협조·융화를 위해 필요했기 때문에 지주가 받아들일 수 없는 수준이 되어서는 안 되었다.

우가키 총독은 〈농지령〉의 목표를 소작농의 경제를 개선하거나 안정시키는 데 두지 않았다. 그는 소작농가의 경제를 개선하는 목표는 "농업의 발달", 다시 말해 소작지의 생산력 향상이어야 한다고 보았다. 곧 그 목표는 농촌진흥운동, 그 가운데 핵심이 되는 농가경제 갱생계획으로 추구되어야 할 것으로 보았다.135) 〈소작조정법령〉이나 〈농지령〉은 혁명적 농민운동을 막으면서 동시에 이를 위한 생산 여건의 조성, 즉 농업 발달을 촉진할 지주와 소작인의 협조와 융화

---

133) 《施政演說集》, 168쪽.
134) 宇垣一成, 《日記》, 913쪽(1933년 8월 20일).
135) 정문종, 앞의 글(1993), 274쪽.

를 이루는 데 꼭 필요한 것이었다.[136] 〈농지령〉이 당시 소작쟁의의 가장 큰 원인이던 소작권 이동과 부재지주의 마름 규제에 역점을 두었던 것은 이러한 문제의식에서 비롯되었다.

조선총독부는 집단적·혁명적 농민운동을 엄중히 탄압하고 이 수준에서 소작관계 개선을 법제화하면, 소작인들이 소작쟁의 조정제도로 소작문제를 해결하게끔 할 수 있을 것으로 보았다. 또한 경작권 안정으로 소작지의 생산력을 높이는 농가갱생계획도 성과를 거둘 것으로 기대하였다.

4) 소작법령 시행 이후 소작관계의 변동

1933년 〈조선소작조정령〉이 시행되고 이어 〈조선소작령〉 제정이 추진되자, 지주들은 이들 법령으로 입게 될지도 모를 손해에 대비해 신속하게 대처하였다. 지주들의 대처는 크게 세 가지로 나타났다.

첫째, 소작경영을 자영방식으로 바꾸었다. 소작계약을 고용계약으로 바꾸고, 소작인을 고용인으로 채용하는 것이다. 둘째, 소작령이 소작조건과 소작료율의 변화를 어렵게 할 것에 대비해 정조 소작을 타조 소작으로 전환하였다. 타조법으로 바꾸면 소작관행상 지세·공과금의 절반을 소작인에게 넘길 수 있고, 소작지의 생산성이 향상될 경우에도 지대수입을 올릴 수 있기 때문이다. 셋째, 소작령에 따라 지주에 대항할 가능성이 큰, 이른바 '불량 소작인'을 도태시키려 소작인 이동을 단행하였다.[137] 이 가운데 첫째 방식은 일부 지주에 국

---

136) 〈조선농지령 공포에 대하여-宇垣總督 談〉, 《東亞日報》 1934년 4월 15일자.
137) 〈소작령제정을 목전에 두고 지주측도 苦肉의 대책〉, 《京城日報》 1933년 12월 3일자.

한되었고, 대부분의 지주들은 둘째와 셋째 방법을 선택하였다. 지주들은 소작권을 이동하면서 동시에 소작조건도 강화하였다.

소작권의 이동은 소작령 제정을 눈앞에 둔 1934년 봄에 집중적으로, 또 대규모로 이루어졌다. 지주들은 소작령 시행이 다가오자 소작계약을 자신에게 더 안전하고 유리한 내용으로 바꾸고, 순종적인 자들로 소작인을 교체하였다. 소작료 인상과 소작인 교체에 앞장선 것은 대지주들이었다. 그 가운데 동척과 구마모토熊本 등 일본인 농장대지주들은 소작료를 20퍼센트에서 40퍼센트까지 인상하고, 이를 받아들이지 않는 소작농을 모두 해약시켜 큰 파란을 일으켰다.138) 경상북도의 경우 1934년 봄 소작권 이동이 2만 건에 이르렀다. 이로 말미암아 농촌진흥운동에 큰 피해를 주는 부작용이 발생하자, 도 당국은 문제지주의 감시 명단을 작성해 소작권 이동을 감시하는 등 비상대책을 찾았다.139) 이러한 사태는 충청북도 등 다른 지역에서도 일어났다.

지주들의 이러한 공세에 소작인들은 소작쟁의로 대응하였다. 그 결과 〈표 3〉에서 알 수 있듯이 1934년부터 소작쟁의가 크게 늘어났다. 소작쟁의 발생 건수는 1920년대까지 매년 2백~4백 건이었고, 대공황기에 들어서면서 6백~7백 건으로 늘어났다. 그러다가 〈조선소작조정령〉이 시행되면서 단숨에 약 2천 건으로 증가하였고, 〈농지령〉이 제정된 1934년에는 전년 대비 3.8배나 많은 7천 5백여 건이 일어났다.

138) 〈농지령 발표 앞두고 東拓, 熊本 등 대지주 작료 2, 3할 인상〉,《東亞日報》1934년 4월 3일자.
139) 〈경북의 소작이동 1월 이래 2만 건〉,《朝鮮日報》1934년 5월 20일자;〈경북도내에서 빈발하는 소작권이동〉,《大阪每日新聞朝鮮版》1934년 2월 28일자.

〈표 3〉 소작쟁의의 추이[140]

연 도	쟁 의 건 수	건 당 참가 인 원 (명)	해결 건수		비 율 ①*(%)	조정자 해결	
			요 구 관철 건 수	타 협 건 수		건 수	비 율 ②**(%)
1926	198	13.9				58	29
1927	275	14.4	52	113	60	123	29
1928	1,590	3.1	30	1,368	88	143	9
1929	423	12.8	67	155	52	174	41
1930	726	17.9	201	215	57	365	50
1931	667	14.5	209	271	72	450	67
1932	300	15.6	64	134	66	220	73
1933	1,975	5.3	750	681	72	1,449	73
1934	7,544	2.9	2,624	2,515	68	5,532	73
1935	25,834	2.0	16,393	5,171	83	21,272	82
1936	29,957	2.4	18,715	6,691	85	21,150	70

* 비율①은 전체 쟁의 건수 가운데 해결 건수(요구관철+타협)가 차지하는 백분율.
** 비율②는 전체 쟁의 건수 가운데 조정자 해결 건수가 차지하는 백분율.

1934년에 소작쟁의가 급증한 것은 기본적으로 〈농지령〉 시행에 대비해 지주들의 공세가 강화된 탓이지만, 〈소작조정법령〉이 소작쟁의를 개별화시킨 것도 크게 작용하였다. 〈표 3〉에서 보이듯 〈소작조정법령〉이 시행되기 이전 소작쟁의 건당 평균 참가인원은 14~18명으로 집단쟁의가 많았으나, 시행 이후에는 건당 평균 참가인원이 3명 이내로 줄어들었다. 소작쟁의는 〈농지령〉이 효력을 발휘하기 시작한 1935년 이후 더 늘어나 연간 발생 건수가 2만 5천 건을 넘어섰고, 건당 참가인원은 2명 안팎으로 줄어들었다.

〈농지령〉 시행을 전후해 소작쟁의가 급증하자, 부·군·도소작위

---

140) 朝鮮總督府農林局, 《朝鮮小作年報》 제2집, 1938, 11쪽, 45~52쪽을 바탕으로 작성.

〈표 4〉 조정주체별 소작쟁의 해결 건수[141]

연 도	조정자 해결 건수	개별조정 (비율, %)	소작위원회		재판소	
			판 정 (비율, %)	권 해 (비율, %)	조 정 (비율, %)	판 결 (비율, %)
1933	1,449	763(53)		429(29)	257(18)	8(0)
1934	5,532	3,693(67)	7(0)	1,587(29)	245(4)	4(0)
1935	21,272	15,494(72)	213(1)	5,020(24)	377(2)	168(1)
1936	21,150	14,612(69)	141(1)	5,785(27)	338(2)	274(1)

원회는 기존의 소작관습과 소작권을 인정하는 원칙에 따라 지주의 소작조건과 소작인 변경을 막는 방향으로 조정이나 권해를 진행하였다. 그 결과 〈표 3〉에서 나타나듯, 요구관철이나 타협으로 소작쟁의가 해결되는 비율이 80퍼센트를 웃돌았다. 물론 요구를 관철하는 주체에는 지주도 포함되었으나 소수였고, 대부분 소작농이기 때문에 결국 소작쟁의 타결 비율은 소작농의 요구관철 비율이라 보아도 무방하다. 그러나 소작농의 요구관철이라 하여도 주로 지주의 공세에 맞서 기존 관행을 지키는 것들이라 소작조건이 개선될 수는 없었다. 그럼에도 소작인들로서는 자신들의 요구가 받아들여지는 쪽으로 조정이 이루어진 것이므로, 그것만으로도 소작쟁의 조정제도에 대해 호감을 가질 수 있었다.

 이와 관련해 또 하나 주목되는 점은 소작위원회의 활동과 구성이다. 소작위원회의 중재를 더 자세하게 살펴보면 〈표 4〉와 같다. 표를 보면 〈소작조정법령〉 시행 이후 소작쟁의 해결은 법원의 판결이나 소작위원회의 공식적인 조정·권해보다 소작위원이나 소작관의 개별중재나 주선으로 해결된 경우가 훨씬 많다. 재판소의 조정이나

---

141) 朝鮮總督府農林局, 위의 책, 50~52쪽을 바탕으로 작성.

판결로 소작쟁의가 해결되는 비율은 시행 첫 해인 1933년을 빼면 3
~4퍼센트에 지나지 않는다. 소작위원회의 결정으로 해결된 쟁의 건
수도 전체 조정자 해결 건수의 25~29퍼센트에 머물고 있다. 이에
견주면 소작위원·소작관 또는 관공리 개인에 따라 이루어진 공식
적·임의적 권해나 주선·중재로 해결된 쟁의 건수는 전체 70퍼센트
에 이른다.

개별조정을 맡았던 소작위원의 구성에서 가장 역할이 컸던 것은
경찰서장, 부윤·군수·도사, 읍·면장 등이었다.[142] 이들 기관장들은
관계직원을 대동하고 중재를 했는데, 그들이 해결한 소작쟁의 건수
는 개별조정자가 해결한 전체 소작쟁의의 85퍼센트를 웃돌았다. 이
들 다음으로 비중이 컸던 집단은 일선의 하급관리층인 경찰관, 부·
군·도직원, 읍·면직원 등이었다. 이에 견주어 1920년대 소작쟁의 중
재에서 큰 구실을 담당했던 구장이나 부락 유지 또는 농회와 산업조
합의 임직원은 개별적인 중재자로서의 활동이 거의 없었다.[143] 〈소
작조정법령〉이 시행되면서 지주계급에 친화적이었던 농회와 산업조
합의 임직원이나 부락 유지는 거의 중재기능을 잃었다는 뜻이다. 이
는 부·군·도소작위원회의 구성이 이전과 달리 지주와 거리를 둔 관
공리 위주로 이루어졌고, 그 위상도 외관상으로는 중립적·공익적인
것으로 달라졌기 때문이다.

---

142) 朝鮮總督府農林局, 위의 책, 50~52쪽. 〈소작조정법령〉 시행 첫 해는 경찰서장 역
　　할이 상대적으로 컸으나, 다음 해부터는 차츰 부윤·군수·도사와 읍·면장이 우위를
　　점했다.
143) 朝鮮總督府農林局, 위의 책, 49~52쪽. 개별중재자들의 역할 비중은 〈조선소작조
　　정령〉 시행을 전후해 큰 차이를 보였다. 이전에는 중재로 해결된 소작쟁의 가운데
　　부·군·도·읍·면의 직원이 조정한 것이 50~60퍼센트였고, 농회나 지방유지가 조정
　　한 것은 30~35퍼센트였다. 이에 견주어 경찰서장이나 부윤·군수·도사, 읍·면장과
　　경찰관이 조정활동에 나선 경우는 거의 없었다.

당시 조선총독부는 혁명적 농민조합운동과 연계해 소작농들의 집단적인 소작쟁의나 실력행사를 무차별적 탄압과 검거로 봉쇄하고 있었다. 이로 말미암아 소작농들은 개별적인 소작쟁의 조정에라도 의존할 수밖에 없었다. 이런 상황에서 부·군·도소작위원회의 중재나 권해는 소작농들에게 소작쟁의조정제도를 이용해 소작문제를 해결할 수 있다는 기대를 갖게 했다. 또한 조정을 담당한 부·군·도소작위원회의 구성과 위상 변화는 소작위원회나 소작위원이 지주와 거리를 둔 중립적·공익적 존재로 보이게 만들었다.

이러한 과정을 거치면서 소작쟁의조정제도는 시작부터 소작농들에게 호감과 신뢰를 얻었고, 이에 따라 〈표 3〉에서 보듯이 이를 이용해 소작문제를 해결하려는 소작농민도 크게 늘어났다.

소작농들과 대조적으로 지주들은 다양하게 〈농지령〉의 규제를 회피하거나 역이용할 방도를 찾으면서 새로운 소작정책에 반발하였다. 지주들은 〈농지령〉과 〈소작조정법령〉의 내용을 잘 모르는 소작농들에 대해서는 〈농지령〉에 구애받지 않고 소작권을 이동하였다.[144] 이를테면 1935년 전북에서 발생한 8백여 건의 소작쟁의는 대부분 이로 말미암은 것들이었다.[145] 소작인들이 〈농지령〉을 알고 있는 경우에도, 소작료 제한규정이 없는 점을 악용해 무리하게 소작료를 인상하는 방법으로 소작인을 교체하였다. 지주들이 〈농지령〉의 허점을 역이용하여 발생한 소작쟁의는 1935년이 되면 지역에 따라 3배까지 크게 증가하였다.[146] 당국이 조사한 바에 따르면, 이러한

---

144) 〈1월중의 소작쟁의 작년 동기의 7배〉, 《朝鮮日報》 1935년 2월 8일자.
145) 〈계쟁 8백여 건, 농지령 무시한 행위로 인한 소작쟁의가 대부분〉, 《群山日報》 1935년 5월 17일자.
146) 〈농지령의 역이용, 소작쟁의가 3배로 격증〉, 《釜山日報》 1935년 2월 20일자.

저항으로 발생하는 소작쟁의는 몇 해가 지나도 줄지 않았다. 지주들은 마름에 대한 규제도 교묘하게 형식요건만 충족시키면서 회피하였다.

지주들은 소작쟁의조정제도의 맹점을 이용해 권해에 불복하기도 하였다. 〈표 4〉를 보면 쟁의의 70퍼센트 안팎이 개별 조정으로 해결되었는데, 그 가운데 형식과 절차 및 내용에서 재판소 판결과 같은 효력을 지닌 조정이나 권해의 요건에 미치지 못하는 것도 상당수 있었다. 이러한 약점을 알아차리고 권해로 타결된 사항을 이행하지 않는 지주들이 많았는데, 이 경우 소작인이 불이익을 당하더라도 소작위원회는 지주에게 어떠한 제재도 할 수 없었다. 또한 소작쟁의에 관한 소송을 합의재판소에서 담당하게 한 조항을 이용해 조정에 불복하고 정식재판을 청구함으로써 소작인이 비용부담 때문에 권리주장을 포기하게 만들기도 하였다.[147]

이러한 사태가 확대되자, 조선총독부는 1936년 2월 〈조선소작조정령〉을 개정하였다. 이 개정으로 소작인이 불이익을 당하지 않도록 단독재판소가 소작쟁의 소송사건을 담당하게 하였고, 권해인가재판을 신설해 부·군·도소작위원회의의 권해가 소송상의 화해확정재판과 같은 효력과 강제집행력을 지닐 수 있게 하였다. 지주가 승낙하지 않아 조정이 성립하지 못할 경우 재판소 직권으로 재판할 수 있는 강제권해제도도 도입하였다. 또한 소작인이 쉽게 이용할 수 있도록 지역사정을 고려해 경찰주재소에 소작상담소를 설치하였다. 소작상담소는 법외조정기관으로, 주재소 경찰관이 불법적이거나 부당한 소작관계를 조정하여 소작쟁의를 미리 방지하는 기능을 담당하였

---

147) 〈소작조정법 개정 단행〉, 《平壤每日新聞》 1936년 3월 19일자.

다.[148] 이러한 보완조치는 소작쟁의조정제도의 구속력을 높이고 기능을 확대하였다.

이러한 과정을 거치면서 〈소작조정법령〉과 〈농지령〉은 차츰 제도적으로 정착되었다. 그에 따라 소작쟁의를 개별분산적인 권리분쟁으로 전환시켜 소작쟁의가 계급투쟁으로, 나아가 민족혁명으로 발전하지 못하게 차단하려는 조선총독부의 정치적 목표도 어느 정도 성과를 거둘 수 있었다.[149]

그러나 조선총독부의 또 다른 목표, 즉 "지주와 소작인의 협조·융화 아래 농업의 발달, 농촌의 진흥을 도모"하는 목표는 거의 달성될 수 없었다. 조선총독부는 〈농지령〉의 마름 규제로 지주경영이 소작지의 농사개량에 관심을 기울이도록 유도하려 했으나, 마름 규제가 실효를 거두지 못하면서 지주경영 전반에 의미 있는 변화는 거의 일어나지 않았다.

지주경영의 전환으로 소작지의 생산력을 높이는 문제는 당시 두 가지 과제와 결합되어 있었다. 하나는 극심한 빈궁으로 동요하던 농가경제와 농촌사회를 진정시키는 것이다. 당시 소작농의 가난과 불안정은 식민지 지배질서를 위협하는 계급투쟁·민족혁명으로 발현하였고, 조선총독부는 이를 억압하고 완화하는 대책으로 농가갱생계획

---

148) 〈농촌명랑화를 위해 소작상담소설치〉, 《朝鮮新聞》 1936년 8월 15일자.

149) 朝鮮總督府農林局, 《朝鮮小作年報》 제1집, 1938, 41~42쪽. "쇼와 8년(1933년-필자) 소작조정령 시행 이후 이 법령에 따라 조정을 신청하고, 여기서 원만한 해결을 보고 있다. 따라서 소작료 관계쟁의에서는 소작료의 불납동맹, 소작지 반환쟁의에서는 불경작동맹 등을 결성하거나 쟁의관계자대회를 개최하여, 선전문서를 배부하고 학령아동學齡兒童의 맹휴盟休를 도모하는 등의 사례는 거의 드물었다. 또한 기타 일반 사회에 호소하는 수단을 강구하여 시위행동을 하든가, 추세를 좇아 직접 행동으로 폭행·협박·소요·공무집행방해 등의 형사사건을 야기하는 사례도 드물어졌다."

등 농촌진흥운동을 실시하였다. 〈소작조정법령〉과 〈농지령〉등 소작정책은 농촌진흥운동과 연계해 도입되었다. 농가갱생계획은 〈농지령〉수준의 소작조건 규제로, 지주제를 유지하는 선에서 근검역행과 다각 농법에 따른 소작지의 생산력 향상 및 극단적인 소비절약으로 농가경제를 개선·향상시키는 정책이었다. 그런데 가장 중요한 방법인 소작지의 생산력 향상은 지주의 협력이 있어야만 이루어질 수 있었다. 지주가 생산성을 높일 수 있도록 소작료 수취를 배려하거나 생산적인 투자를 확대하고 토지관리방식을 개선해야만 가능한 것이었다. 〈농지령〉은 이러한 변화를 유도하여 농가경제 안정을 추구한 농가갱생계획을 뒷받침하려 하였다.

다른 하나는 일본 제국주의의 독자적인 경제블록 구축과 침략전쟁 확대에 맞추어 총동원체제를 만드는 과제였다. 조선총독부는 1935년부터 농촌진흥운동을 대대적으로 확대하면서, 이를 '일·선·만 경제블록'으로 구축하고 열강과 대결하는 총동원체제로 재편해 갔다. 이에 따라 농촌진흥운동의 목표도 사회정책적인 농가경제 안정에서 "내외의 정세에 대응하여 중대 시국을 타개하는 방도"인 '생업보국生業報國'으로 급속히 바뀌었다.150) 조선에서 일제가 요구하는 '생업보국'을 달성하려면 소작지 생산력을 늘리는 것이 가장 중요했다. '생업보국'을 위해 소작지의 생산력을 높이도록 지주경영의 전환이 필요했던 것이다.

그러나 대다수 지주들은 농촌진흥운동의 사회정책적 목표나 시국변화와는 상관없이 소작법령의 허점을 최대한 이용하면서 소작료 수탈을 높이는 데만 관심을 쏟았다. 지주가 소작료 수탈에만 관심을

---

150) 李潤甲, 앞의 글(2007).

갖게 되면 "토지의 풍도豊度를 손상하고, 농지를 황폐화시키고, 약탈
농업"이 만연할 수밖에 없었다.151) 그렇게 되면 결국 소작쟁의 조정
제도도 그 의미를 잃게 되고, 사회정책으로서 농촌진흥운동도 효과
가 제한될 수밖에 없었다. 또한 조선총독부가 농가경제갱생보다 더
중시한 '생업보국'도 큰 차질을 빚게 되었다.

지주들의 저항으로 소작정책이 기대한 효과를 내지 못하자, 조선
총독부는 1936년부터 지주들에게 농사개량에 협력할 것을 촉구하고,
소작료 징수방법과 소작료를 통제할 수 있도록 〈농지령〉을 개정하
는 방안을 찾기 시작하였다. 1936년 3월 조선총독부 농림국은 소작
인의 농사개량에 비협조적인 '완미지주頑迷地主'를 선정하여 감시 대
상 명단을 작성하고, 이들을 상대로 농사개량을 촉구하는 선전활동
에 들어갔다.152) 그해 8월 정무총감은 기자회견에서 "내년 봄에 시
행할 예정으로 소작농의 농사개량을 독려하기 위해 타조법을 정조
법을 전환하는 〈농지령〉 개정을 준비하고 있다"고 밝혔다.153) 이러
한 가운데 1937년 중일전쟁 개전을 앞두고 전쟁총동원체제 구축이
시급해지자, 시범사업으로 농사개량에 무관심한 대지주를 대상으로
'지주의 영농개선 5개년 계획'을 실시하였다. 이 계획은 지역별로 농
사개량에 가장 비협조적인 대지주를 선정해, 시범적으로 지주가 비
료와 농구를 부담하고 소작인들의 농사개량을 지도할 기술원을 고
용하여 향후 5개년 안에 수확을 50퍼센트 증수하는 사업을 실시하
는 것이었다.154)

그러나 이러한 대책들은 경영전환의 필요성을 선전하거나 촉구

---

151) 桐生一雄, 〈朝鮮における適正小作料の問題〉, 《朝鮮總督府調査月報》 12-8, 1941년 8월.
152) 〈頑迷地主의 각성을 촉구-당국 취체대책을 강구〉, 《釜山日報》 1936년 3월 14일자.
153) 〈농지령을 대개정, 正租制 설정 방침〉, 《朝鮮民報》 1936년 8월 26일자.
154) 〈地主의 營農改善 5個年 計劃을 樹立〉, 《朝鮮民報》 1937년 6월 10일자.

하는 시범사업 수준에 머물렀고 지주경영 전반에 변화를 강제하지
는 못했다. 이러한 가운데 침략전쟁이 확대되어 전쟁총동원체제의
구축과 생산력 확충이 최대의 과제로 떠올랐고, 조선총독부의 소작
정책도 전시총동원정책으로 바뀌어 갔다.

6. 전시체제하 전쟁동원정책과 부재지주 통제

1) 전쟁총동원체제 구축과 〈소작료통제령〉 제정

일제는 세계대공황을 계기로 아시아 인근 국가를 침략하여 자립
적인 경제블록을 구축하는 군국주의적 침략정책으로 전환하였다. 그
출발이 1931년 만주침략이다. 그러나 만주점령만으로 자급적 블록경
제를 구축할 수 없었던 일본은 결국 1937년 중국전역으로 침략을
확대하였다. '자영자족自營自足'의 블록경제를 구축하기 위해서는 광
대한 시장과 풍부한 자원·노동력을 지닌 중국을 점령하는 것이 필
요했기 때문이다.

일제는 중일전쟁을 도발하면서 국민정신총동원운동을 일본 전역
에서 실시하고, 이듬해 4월에는 국가총동원법을 발포하였다. 이에
따라 조선에서도 국가총동원법이 실시되고 국민정신총동원운동이
전개되는 등 전쟁총동원체제가 구축되었다. 이때 조선에서 전쟁총동
원체제 구축을 주도하였던 총독은 관동군사령관으로 만주침략에서
선봉대 역할을 했던 미나미 지로였다. 그는 농촌진흥운동을 개편해
전쟁동원체제를 수립하던 우가키 총독의 정책을 계승하였다. 미나미
총독은 부임 다음 해인 1937년 5월 〈조선통치 5대 강령〉을 발표하

였다. 5대 강령은 전쟁에 대비해 황국신민화정책을 대폭 강화하는 '국체명징國體明徵'과 '교학진작敎學振作', 자급자족의 일제 경제블록을 구축하는 '선만일여鮮滿一如'와 '농공병진農工竝進', 그리고 이를 위해 사회 모든 방면의 통제를 강화하는 '서정쇄신庶政刷新'이었다. 5대강령은 조선에서 전쟁총동원체제를 구축하는 기본 방침이었다.

미나미 총독은 이 방침에 따라 중일전쟁이 시작되자마자 전쟁총동원체제를 본격화하였다. 먼저 미나미 총독은 농촌진흥운동을 전면적으로 재편하여 전시동원운동으로 전환시켰다. 농촌진흥운동은 갱생계획을 매개로 "군수품·국민생활 필수품 등의 원료를 증산"[155]하는 '생업보국'운동으로 바뀌었으며, 1938년에는 부락을 생산단위로 하여 할당된 전략물자를 생산하는 '부락갱생운동', 즉 "전쟁을 위한 국력증진운동"[156] 성격이 더욱 강화되었다.

이에 더해 미나미 총독은 중일전쟁 발발 1주년인 1938년 7월을 기해 일본에서 시행되던 국민정신총동원운동을 조선에서도 실시하였다. 국민정신총동원운동은 천황제 이데올로기로, 사상적 통합과 단결을 도모하여 국민들을 전쟁에 협력하고 참가하게 만드는 관제 정신운동이었다.

조선총독부는 기존의 농촌진흥운동과 국민정신총동원운동을 표리관계로 설정하고, 두 운동을 병렬적으로 추진하면서 전쟁동원체제를 수립해 나갔다. '국책자원'의 증산과 전시 농업생산력 확충은 농촌진흥운동으로 추진하고, 전시체제에 맞게 황국신민화를 강화하며

---

155) 〈時局關係全鮮農山漁村振興關係官會同ニ於ケル大野政務摠監訓示要旨〉(1937. 9. 23), 《通報》 6, 1937. 9. 27, 13쪽.

156) 八尋生南, 〈朝鮮における農村振興運動を語する〉, 《資料選集 朝鮮における農村振興運動》(1983), 友邦協會, 24쪽.

조선인을 동원·조직하는 것은 국민정신총동원운동을 통해 추진하는
방향으로 둘을 결합시켰다.

이처럼 조선에서 전시동원체제가 진행됨에 따라 농업에서도 변
화가 일어났다. 가장 주목되는 점은 일제가 전략자원으로 중시한
쌀·면화·고치·양모 등의 생산에서 전시 생산력 확충을 목표로 증산
이 더욱 강력하게 추진된 것이다. 그 가운데 지주제와 직접 관련 있
는 미작의 변동을 보면, 일제는 중일전쟁에서 조선이 맡아야 할 역
할을 "일日·만滿·지支자급권의 식량기지"로 보았다.[157] 이에 따라 조
선에서는 쌀을 증산하는 정책이 대대적으로 실시되었고, 조선총독부
는 이를 조기에 달성하기 위해 금비와 자급비료 사용을 늘리는 방법
을 택했다.

일제는 금비 사용을 늘리려고 지주를 앞세워 소작농에게 금비사
용을 강제하였다. 구체적인 방법은 군청과 농회가 증산에 필요한 금
비 사용량을 산정하여 개별 지주에게 그 구입비만큼 농사개량 저리
자금을 신청하게 한 다음, 현금 대신 비료를 지급하면 지주가 소작
인들에게 그 비료를 사용하도록 하는 것이었다. 당시 소작료가 높고,
미곡 판매가격이 낮아 자작농이든 소작농이든 금비 사용은 수지가
맞지 않았다. 금비를 사용할수록 농가의 적자는 커졌다. 따라서 행
정당국이 농가를 상대로 다량의 금비를 구입하도록 강요할 경우, 전
시 상황에서는 매우 위험한 집단적인 저항이 발생할 수 있었다. 이
에 일제는 소작농에게 절대적인 영향력을 행사하는 지주를 앞세워
금비 투입을 늘리도록 강요한 것이다. 이에 더해 일제는 자급비료의

---

157) 岩田龍雄·金子永徽, 〈戰時下朝鮮に於ける米穀政策の展開〉, 《殖銀調査月報》 64, 1943.
    9, 21쪽.
    全國經濟調査機關聯合會朝鮮支部編, 《朝鮮經濟年報》, 1939, 105쪽.

증산도 대대적으로 추진하였는데, 1936년부터 10년 계획으로 구상한 '제2차 자급비료증산계획'이 그것이다.158)

중일전쟁 이후 전시 생산력을 확충하는 농정이 강요되면서 쌀 생산이 증가하고 쌀의 상품화량도 크게 늘어났다. 그러나 이러한 변화로 농민경제가 향상된 것은 아니었다. 농민경제는 이러한 변화와 반대로 더욱 빈궁해졌다. 미작과 면작에서 금비 사용이 강요되면서 농가수지 적자가 늘어났고, 지주들이 행정당국의 요구를 받아들여 비료 사용을 늘리면서 소작료 인상으로 그 부담을 전가하였기 때문이다.

이러한 방식으로 전시 생산력을 확충하는 것은 한계가 있었다. 고율소작료와 생산비에 못 미치는 낮은 농산물 가격으로 말미암아 당시 농가경제는 자작농과 소작농 모두 단순 재생산조차 곤란할 정도로 어려웠다. 따라서 이들 농가에게 경제적 부담을 주는 방식으로 생산력을 확충하는 것은 일시적으로 가능할지 몰라도 지속가능한 방법은 아니었다. 이러한 한계는 조선총독부 당국자도 잘 알고 있었다. 이에 조선총독부는 지주들을 전시 생산력 확충에 참여시키는 방안을 찾기 시작하였는데, 그것이 전시농업체제 아래 조선농업에 일어난 또 다른 변화였다.

조선총독부가 전시 생산력 확충에 지주들을 동원하는 정책은, 농림국 주도로 1936년 3월 완미지주頑迷地主에 대한 농사개량 장려책을 마련하면서 시작되었다.159) 이 대책은 이듬해 시범사업이었던 '지주 영농개선 5개년계획'으로 확대되었다. 조선총독부는 그 연장선

---

158) 《慶北의 農業》, 1938, 96~104쪽.
159) 〈頑迷地主에 警告-블랙리스트를 작성하여 농사개량에 유의하려〉, 《釜山日報》 1936년 7월 18일자.

에서 1939년 〈소작료통제령〉을 제정하였다. 〈소작료통제령〉을 제정하게 된 직접적 계기는 1939년의 대흉작이었다. 이해에 조선과 일본의 서부지방에 혹심한 가뭄이 들어 쌀 생산이 평년 수확량의 4분의 1로 감소하는 등 농업 전반에 큰 피해를 입었다. 대흉작은 심각한 문제를 가져와 경제적으로 빈약한 자작농·소작농의 부담을 늘리면서 농업생산력을 확충하던 일제의 전시 농정을 더 이상 지속할 수 없게 만든 것이다. 이러한 문제들을 해결하기 위한 대책으로 서둘러 제정된 것이 〈소작료통제령〉이었다.

조선총독부는 〈소작료통제령〉을 공포하면서, 법령의 제정취지를 "일반물가, 특히 농산물의 가격등귀를 억제하고, 농업생산력 확충을 기함과 아울러 총후銃後 농민생활의 안정을 기도"하는 것이라 하였다. 이 법령으로 농산물 가격등귀를 통제하고 농업생산력 확충에 주력할 것이며, 더불어 "총후 농민생활의 안정"도 도모한다는 것이다. 〈소작료통제령〉의 내용을 살펴보면 이러한 입법 취지는 더 명확하게 드러난다.

〈소작료통제령〉은 그 통제 대상을 경작을 목적으로 임차(영소작도 포함)된 농지의 소작료로 규정하고, 통제 범위를 소작료나 소작료율·수취법·감면조건·각종의 부가금으로 하였다. 그러나 이미 한계 수준까지 인상된 당시의 고율소작료에 대해서 어떠한 규제도 하지 않았다. 이 법령이 규제 대상으로 삼은 것은 법령시행일 이후 소작료를 인상하는 부분뿐이었다. "총후 농민생활의 안정"이 〈소작료통제령〉의 주된 목적이 아니었음을 명확히 보여주는 대목이다.

이 법령의 운용과정에서 더 명확하게 드러났듯이, 〈소작료통제령〉이 규제 대상으로 삼은 것은 지주가 공조공과금·종곡비·비료대·경우비耕牛費·농구대금·토지개량비·관리인 보수 등의 명목으로 소작

료를 신규로 인상하는 부분이었다.160) 규제 대상은 대부분 일제가
전시 생산력 확충을 위해 농사개량을 추진하면서 새로 늘어난 비용
들이었다. 일제는 이 법령을 제정하기 전까지는 이러한 비용들을 지
주가 소작인에게 전가할 수 있도록 보장하거나 허용하였다. 그러나
〈소작료통제령〉을 실시하면서 법령 시행일을 기점으로 이 비용을
추가로 소작료에 포함시키는 것을 금지하였다. 이 규정을 위반할 경
우 도지사나 부·군·도소작위원회가 지주를 상대로 소작료 변경을
명령할 수 있게 하고, 그 명령에 따르지 않으면 처벌할 수 있게 하
였다.161) 달리 말하면 〈소작료통제령〉은 새로 증가하는 농사개량비
나 토지개량비를 지주가 부담하도록 한 것이다.

　이러한 내용에서 〈소작료통제령〉은 전시 생산력 확충을 목적으로
제정되었다고 할 수 있다. 중일전쟁 이후 일제는 지주들에게 시국에
협조할 것을 요구하며 농사개량에 투자하도록 유도하고 있었다. 상황
이 악화되면서 유도는 요구로 바뀌었고, 전시 상황에서 지주들이 이
러한 요구를 거절하는 것은 사실상 불가능하였다. 거부하면 시국에
협조하지 않는 불량지주로 낙인찍혀 제제를 받을 것이 분명했기 때
문이다. 종전까지 지주들은 이러한 요구를 받으면 일제에 협조하면서
그 부담을 소작농에게 전가해 왔다. 그러나 1939년 대흉작으로 농사
개량의 부담을 소작농에게 전가하는 것이 불가능해졌고, 이런 상황에
서 농사개량으로 전시 생산력을 계속 확충하려면 그 부담을 지주에
게 지울 수밖에 없었다. 〈소작료통제령〉은 이러한 사태에 대한 비상
대책으로 마련되었다. 즉, 대흉작의 피해로 소작농이 더 이상 농사개

---

160) 鄭然泰,〈1940년대 前半 日帝의 土地政策〉,《趙恒來敎授華甲紀念 韓國史學論叢》, 1992,
　　881쪽.
161)〈小作料統制令において農林局長談〉,《殖銀調査月報》22호, 1940. 1, 80~83쪽

량을 감당할 수 없게 된 비상 상황에서 전시 생산력 확충에 지주의 경제력을 동원할 목적으로 만든 법령이 〈소작료통제령〉이었다. 그런 만큼 이 법령은 지주가 능동적으로 토지개량을 실시해 수확을 늘리면 도지사의 허가를 얻어 소작료를 인상할 수 있는 조항도 두었다.

2) 태평양전쟁 시기 '조선농업계획' 시행과 부재지주 통제

1940년 유럽전선에서는 독일이 총공세를 펼쳐 승기를 잡았다. 독일의 승리에 고무된 일본·독일·이탈리아는 삼국동맹을 체결하였고, 그 여세를 타고 일본은 구미 열강이 식민지로 지배하던 동남아시아로 침략을 확대하였다. 이에 따라 전쟁에 동원되는 인력이나 물적 자원은 비약적으로 증가하였고, 군수물자 조달에 주력하였던 조선에서도 대규모 인력동원을 피할 수 없었다.

일제는 조선에서도 국민총력운동을 실시하였다.162) 조선총독부는 1940년 10월, 농촌진흥운동과 국민정신총동원운동을 국민총력운동으로 바꾸었다. 일본과 달리 조선의 국민총력운동은 국민정신총동원조선연맹을 개편해 만든 국민총력조선연맹이 이끌었다. 국민총력운동의 목표는 고도국방국가체제의 확립과 '동아신질서의 건설'이었다. 이를 위해 국민총력연맹은 ① 황국신민화를 더욱 강화해 국민정신을 통일하고, ② 상시적인 국민 총훈련과 조직화로 전쟁에 대처하

---

162) 일제는 태평양전쟁 준비로 일본주의 국체론을 전면에 내세운 대정익찬회를 출범시켜 기존의 정당이나 사회단체를 전부 해체하고 일국일당적 체제를 수립하였다. 대정익찬회는 '대동아공영권'의 건설을 추구한 파쇼적 정치체제의 중심 조직이었다. 대정익찬회는 일본 사회의 모든 인적·물적 자원을 구미열강과의 전쟁에 총동원하는 국민총력운동을 전개하면서 총력전체제를 구축해 나갔다. 대정익찬회가 국민총력운동을 실시하면서 국민정신총동원운동은 국민총력운동에 흡수되었다.

고, ③ 전쟁을 뒷받침하는 최고도의 생산력을 확충하는 것 등을 구체적인 활동목표로 설정하였다. 조선총독부는 국민총력운동으로 조선에서 전쟁총동원체제를 확고히 하려 하였다.163)

국민총력연맹은 전시하 농촌사회에 초래될 변화에 대비하여 '농산촌생산보국운동'도 전개하였다. '농산촌생산보국운동'은 전쟁동원정책이 가져올 문제에 대처하는 전시 생산력 확충책이었다. 이는 1940년 12월 국민총력연맹 농림부에서 〈농산촌생산보국지도요강안〉을 제안하면서 그 전모가 드러났다. 이 요강에 따르면 '농산촌생산지도보국운동'의 목표는 '멸사봉공'의 정신으로 전쟁 수행에 필요한 농림생산력을 확충하도록 조선 민중을 동원하는 것이다. 이 목표를 실현하는 구체적인 방법은 기존의 농촌진흥운동과 농가갱생계획을 폐지하고, '농산촌생산보국운동'과 '부락생산확충계획'을 실시하는 것이었다. 일제는 농촌진흥운동을 '농산촌생산보국운동'으로 바꾸고, 부락을 생산의 기본단위로 하는 부락생산확충계획을 실시하였다.164)

부락생산확충계획은 조선총독부 방침에 따라 도 단위로 수립된 전쟁 동원물자 증산계획에 따라 마을 단위로 증산목표를 설정하고, 전시 상황에서 조정이 필요한 농지 분배, 소작조건 조정, 농업노동력 조달, 집하배급, 마을협동시설 확충 등에 관한 대책을 수립하여 목표를 달성하는 것이었다. 부락생산확충계획에서도 증산은 개별 농가 단위로 이루어지는 것이었지만, 부락 단위로 연대책임을 지워 더 효율적으로 목표를 달성하게 하였다.165)

조선총독부는 부락생산확충계획에 1940년에 시작된 '조선증미계

---

163) 國民總力聯盟, 《國民總力讀本》, 1941, 16쪽.
164) 國民總力朝鮮聯盟, 《朝鮮に於ける國民總力運動史》, 1945, 52쪽.
165) 이송순, 《일제하 전시 농업정책과 농촌경제》, 2008, 89쪽.

획'을 포함시켰다. '조선증미계획'은 1939년 대흉작을 계기로 전시 상황에서 쌀을 안정적으로 공급하고자 6년 계획으로 수립되었다. 증산목표는 조선 전체에서 1945년까지 510여만 석이었고, 그 가운데 380만 석은 농사개량으로, 나머지는 토지개량으로 달성하는 것이다.[166] 그러나 '조선증미계획'은 그 시작부터 농사개량에 의존해 증산목표를 달성하기 어려우니 토지개량사업을 확대해야 한다는 비판이 제기되었다. 그리하여 조선총독부는 1942년에 '조선증미계획'을 '조선증미개정계획'으로 수정하였다.

조선총독부의 전시농업정책도 1943년 8월 즈음 다시 재편되었다. 재편하게 된 직접적 원인은 두 가지였다. 하나는 민수산업과 산업자재를 대거 군수산업으로 전용함에 따라 농업자재, 특히 화학비료 생산이 급감한 것이다.[167] 화학비료의 공급 감소는 농업생산력에 치명적인 타격을 주었다. 당시 쌀 생산력은 거의 화학비료에 의존하고 있었다. 이런 상황에서 화학비료 공급이 격감하면 쌀 생산력도 떨어질 수밖에 없었다. 전시 상황에서 조선농업의 생산력이 급감하는 것은 일제의 전쟁능력을 저하시키는 중대한 문제였다. 조선농업의 현

---

166) 이송순, 위의 책, 119~124쪽. 증산방법은 단기간에 효과를 낼 수 있는 농사개량을 위주로 하였고, 토지개량은 전시 물자부족 등을 감안하여 소규모 관개배수시설을 수축하여 기성답의 관개를 개선하는 범위로 사업을 제한하였다. 농사개량도 화학비료 생산이 제한된 까닭에 경종법의 개선과 자급비료 증산에 치중하였다. 또한 징용에 따른 노동력 부족을 감안해 부락 공동작업도 계획하였다.

167) 이송순, 위의 책, 259~260쪽. 일제는 전세가 불리해지자 질소비료 생산설비를 대거 폭약 생산설비로 전용하였다. 다른 한편 전쟁으로 말미암아 인광석이나 염화가리 등의 비료 원료의 수입도 대폭 감소하거나 두절되었다. 이로 말미암아 화학비료의 공급은 1943년부터 급격히 감소하였다. 질소비료는 1942년까지 비교적 완만하게 감소했으나 1943년 이후 공급량은 1939년의 64퍼센트 수준으로 격감하였다. 인산과 가리의 공급은 더욱 격감하여 1943년 이후가 되면 가리는 아예 공급이 끊어졌고 인산의 사용량도 20퍼센트 이하로 줄어들었다.

〈표 5〉 조선의 전시 노무 동원자 수(단위: 명)[168]

	조선 내				일 본
	총독부 주선	도내 동원	징 용	합 계	
1938	39,860	74,194		114,054	
1939	45,289	113,096		158,385	53,120
1940	61,527	170,644		232,171	81,119
1941	46,887	313,731		360,618	126,092
1942	49,080	333,976	90	383,146	248,521
1943	58,926	685,733	648	745,307	300,654
1944	76,617	2,454,724	19,655(153,850)	2,704846	379,747
1945	44,263	—	23,286(106,295)	173,844	329,889
합 계	422,497	4,146,098	43,679(260,145)	4,872,419	1,519,142

* ( )는 現員徵用數.

실을 누구보다 잘 알고 있던 조선총독부 농정당국자들은 이러한 사태가 바로 일어나리라는 것을 명약관화明若觀火하게 예견할 수 있었기 때문에 이에 대한 대책을 시급히 마련해야 했다.

전시농업정책을 재편하게 만든 또 다른 요인은 대규모의 징용·징병으로 말미암은 농업노동력 부족이었다. 일제는 중국과 미얀마·필리핀·말레이반도·자바 섬에 이르는 광대한 지역으로 진격해 전선을 형성해 놓은 상태에서 1943년 전세가 역전되자, 노무자나 군속·군인으로 동원할 노동력을 조선 농촌에서 대대적으로 징발하였다. 〈표 5〉에서 보듯이 조선에서 전시 노무자로 동원된 인원은 1943년부터 급속히 증가하였다. 1943년 한 해 동안 동원된 인원수는 조선내 동원과 일본 징용을 합쳐 1백만 명을 넘었고, 1944년에는 그 수가 3백만 명으로 증가하였다.[169]

---

168) 김민영, 《일제의 조선인노동력 수탈 연구》, 한울아카데미, 1995, 64쪽, 79쪽.
大藏省管理局, 《日本人の海外活動に關する歷史的照査》 朝鮮篇, 第9分冊, 1946, 69쪽.

이러한 필요에서 조선총독부는 1943년 7월까지 전시농업정책으로 실시하던 '농산촌생산보국운동'의 '부락생산확충계획'을 대신할 새로운 전시농업정책으로 '조선농업계획'을 발표하였다. '조선농업계획'은 전쟁동원으로 말미암아 비료와 농업노동력이 부족하여 농업생산력 저하가 확실한 상황에서 수립된 전시 이데올로기 통제정책이자 식량 증산 및 공출 확대정책이었다. 곧, 이 계획은 "황국 농민도의 확립, 농업생산 구조 정비(농촌노동력 조정, 경영규모 적정화, 소작관계 적정화), 농업생산과 유통체제의 정비"를 기축으로 하는 조선농촌 재편성 계획이었다.170)

일제는 전시 생산력 확충과 부락책임공출제의 성과를 높이려고 '조선농업계획'에서 농촌사회 실력자인 지주들을 전면적으로 동원하였다. '조선농업계획'은 이 점에서 이전의 전시농업정책과는 뚜렷한 차이가 있었다. 물론 전시 생산력 확충과 공출 확대를 위해 지주를 규제한 것은 이전에도 있었다. 이를테면 1939년에 도입한 〈소작료통제령〉이나 1941년에 실시한 〈임시농지가격통제령〉이 그것이다. 〈소작료통제령〉은 1939년을 기준으로 농사개량비 명목으로 소작료를 인상할 수 없게 하였고, 〈임시농지가격통제령〉은 농지가격 허가제를 도입하여 투기적 이익을 노린 농지매매를 규제하였다.171) 또한 조선총독부는 조선에서 미곡 공출제도를 전면적으로 도입하면서 지주의

---

169) 박경식, 《조선인강제연행의 기록》(고즈원출판사 2008년 재간행본), 1965, 17쪽; 김민영, 위의 책, 76~79쪽.
170) 《殖銀調査月報》 64호, 1943. 9, 31~33쪽.
171) 〈臨時農地價格統制令의 倍率實施〉, 《殖銀調査月報》 36호, 1941. 5, 78~79쪽. 〈임시농지가격통제령〉은 법정지가가 있는 농지를 거래할 경우, 도지사의 특별허가가 있는 경우를 제외하고 그 매매가가 법정지가에 조선총독이 정한 배율을 곱해 산출된 금액을 넘을 수 없게 하였고, 법정지가가 없는 농지 거래는 반드시 도지사의 인가를 받도록 하였다.

소작료를 우선적으로 공출하는 조치를 취하기도 하였다. 그러나 이러한 규제들은 지주를 상대로 전시 생산력 확충이나 공출 확대를 직접 강요하는 것은 아니었다.[172] 다만 지주들의 영리활동이 조선총독부의 전시 생산력 확충정책을 저해하지 않도록 규제할 뿐이었다.

그러나 '조선농업계획'은 이전 법령들과 달리 지주를 상대로 생산력 확충과 공출 확대를 직접 강요하였다. '조선농업계획'의 지주정책은 먼저 생산 기능을 전혀 하지 않는 '불로기생지주不勞奇生地主', 특히 부재지주不在地主들을 규제하는 데서 출발하였다. '불로기생지주'란 오로지 투기적 이윤과 소작료 수탈에만 혈안이 되어 농업을 황폐화시키는 지주로, 그 대표적인 존재가 부재지주들이었다. 당시 조선총독부가 파악한 바에 따르면 조선의 '불노기생지주'는 10만 4천 호였고, 그들이 보유한 소작지는 약 2백만 정보에 이르렀다. 일제는 이들을 생산 기능을 하는 지주로 바꾸면 전시 생산력 확충에 크게 이바지할 것으로 보았다.[173] '불로기생지주'에 대한 '조선농업계획'의 대책은 이들을 생산 기능을 하는 지주, 즉 '동태적 지주'로 전환시키는 것이었다. '동태적 지주'란 "소유지 또는 소작인에 대해 농지의 개량, 기술지도원의 설치, 소작인의 계도, 종곡의 확보, 비료, 농기구, 역축 기타 농약용 자재의 공급, 영농자금의 융통, 각종 경려회競勵會 개최 등의 증산시설을 실시하여" 소작지의 생산력 향상에 이바지하는 지주였다.[174]

---

172) 〈소작료통제령〉은 일제가 전시 생산력 확충을 위해 정책적으로 금비 사용을 확대시킬 경우 지주에게 생산비 투자를 강제할 소지가 있었지만, 이 법령 시행 이후 전쟁동원으로 금비 공급 자체가 급감하였기 때문에 그러한 사태는 일어나지 않았다.
173) 鈴木武雄, 《朝鮮의 經濟》, 1942, 262~263쪽.
174) 〈不在地主의 認定〉, 《殖銀調査月報》 78호, 1944. 11, 27~28쪽; 小野寺二朗, 앞의 책, 124쪽.

'조선농업계획'은 지주의 생산적 기능을 확대하는 강제조치를 실시하였다. 이 계획은 "소작관계를 농업증산에 부응하도록 조정하여 경작자가 그 경영에 전심 정려하도록 방도를 강구하는 것이 조선농촌의 현상에 비추어 가장 긴요한 사항"이라 규정하였다. 즉, 지주를 생산력 향상에 이바지하도록 '동태화'하는 것, 다시 말해 "지주가 농지의 개량, 소작인에 대한 연성지도, 기술원의 설치 등을 적극적으로 실시하도록 조치함으로써 농업의 속급速急 증산을 도모"하게 만드는 것을 목표로 하였다.175) 구체적으로 '조선농업계획'은 '동태화'에 협조하는 지주에게 세제상 특혜를 주고 소작료 인상을 허용하였다. 그러나 "경영상 특별한 시설을 강구하지 않는 지주"와 "경작에 전심정려를 결여한 소작인"에 대해서는 그 소유지를 위탁 관리시키거나 소작권을 박탈하는 등의 규제를 했다.

전시 생산력 확충과 공출 확대에 지주를 동원하는 정책은 1944년 '농업생산책임제'가 실시되면서 더 구체화되었다. '농업생산책임제'는 지주를 '부락계획'의 생산책임자로 삼아 마을 공동으로 할당된 생산량을 달성하는 것이었다. '농업생산책임제'의 구체적 추진방안으로 마련된 것이 〈농업증산강화 3요강〉이었다. 이 요강은 농업생산책임제의 실시와 관련하여 지주의 적극적 농사지도를 촉진하고자 마련된 것으로 '지주활동촉진요강',176) '농지관리실시요강', '타농자惰農

---

175) 〈朝鮮農業計劃要綱〉, 《殖銀調査月報》 64호, 1943. 9, 31~33쪽.
176) 《朝鮮年鑑》, 京城日報社, 1945, 107쪽.
   1. 지주의 농촌복귀: 부재지주의 농촌복귀를 종용하여 경작자의 진두지휘를 담당하게 한다. 복귀할 수 없는 자에 대해서는 농업증산상 필요한 지도기관을 설치 강화한다.
   2. 지주에게 조치할 수 있는 사항: ① 토지개량시설에 대한 적극적 실시 ② 지도원의 설치 및 그 자질 향상 ③ 경작자의 계몽 연성鍊成 ④ 종자, 종묘 확보 ⑤ 역출, 비료, 농구 등에 대한 공급 및 사용 관리 지도 ⑥ 영농자금의 저리 융통 및 알

着조치요강'으로 구성되었다.[177]

　이 요강에 따르면 전시하 지주에게 부여된 임무는 농촌으로 복귀하여 농지를 개량하고 농사지도원을 설치하며, 각종 증산장려시설을 강화하고 영농자재를 공급·보존하며 영농자금을 융통·주선하는 등 농사지도에 전념하면서 경작자를 직접 진두지휘하는 것이었다. 그것이 곧 지주가 '황국농민도'를 실천하는 것이자 시국에 협력하는 것이라고 보았다.

　이 요강은 이러한 지시에 순응하고 협조하는 지주에 대해서는 당국에서 비료나 기타 영농자재를 배급할 때 특별히 배려하게 하였

선 ⑦ 증산관련 각종 경진회 개최

　3. 지주활동 촉진상 특히 채용할 수 있는 조치: ① 지주보국회 등의 활동 촉진 ② 농업 증산상 적절한 조치를 하는 경우 영농상 필요한 비료, 농구 등을 지주를 통해 배급, 소작료의 종별·액·율의 변경을 인정 ③ 농업증산을 지도하지 못하는 지주의 소유농지에 대해서는 적당한 기관이 관리토록 한다.

177) 〈農業增産强化 3要綱 發表〉, 《殖銀調査月報》 72호, 1944. 5, 37~38쪽.

　1. 지주에게 부가된 중책을 완수하기 위해서는 지주가 우선 농촌에 복귀하고, 농촌의 중심이 되어 경작자를 진두지휘하는 임무를 맡는 것이 긴요하다. 지주 가운데는 부득이한 사정으로 복귀가 불가능한 자도 있을 것이다. 그러나 이들도 항상 현지에서 그 책임을 담당할 수 있는 자를 엄선해야 하고, 증산지도가 충실히 이루어지도록 지도기관을 정비하고 강화하는 것에 용의해야만 한다. 지주는 증산을 위해 필요한 농지의 개량, 농사지도원의 설치, 각종 증산장려 시설의 강화, 영농자재의 공급보존, 영농자금의 융통 주선 등을 철저하게 조치하여야 한다.

　2. 농사지도에 전념하고 증산의 성과를 올린 지주에 대해서는 당국에서 비료 기타 영농자재를 배급할 때 특별히 배려할 것이고, 더불어 증산상 필요한 한도에서 소작료의 종별, 액·율에 대해 변경을 인정할 방침이다.

　3. 증산에 열의가 없고, 경작지의 생산력 발휘에 게으른 경작자에 대해서는 다른 적당한 자로 대체하여 경작시키는 방도를 강구하고, 모든 경작자가 일치 협력하여 농민도農民道에 철저한 근로관에 입각하여 모든 능력을 발휘하도록 조치한다.

　4. 시국인식의 철저를 결하고, 자기사명을 각성하지 못하고 농사지도를 하지 않는 부재지주에 대해서는 도의적·사회적 책임을 묻고, 필요한 경우 적당한 관리기관에 소유농지의 관리를 종용하고, 농지의 생산력 발휘에 유감없도록 한다.

고, 증산에 필요한 한도에서 소작료의 종별, 액·율을 변경하거나 인상할 수 있게 하였다. 또한 지주가 농사개량을 위해 내린 지시에 순응하지 않는 소작인은 '타농자조치요강'에 따라 교체할 수 있게 하였다.[178] 이들의 공출미에 대해서도, 부재지주에게 허락하지 않았던 보장금報獎金과 장려금을 농민과 같은 수준으로 지급하게 하였다.[179] 당국의 지시에 협조하면 그에 대한 경제적 보상을 장려책으로 보장한다는 것이었다.

그러나 이 요강은 비협조적인 지주들에 대해서는 그 소유 농지를 적당한 관리기관(농장, 수리조합, 농지관리조합 등)에 위탁해 관리하도록 하고 있다. 조선총독부는 이런 지주를, 다시 말해 "미곡의 증산 및 공출에 무관심한 지주"를 거주지와 상관없이 일괄해서 '부재지주'로 규정하였다.[180] 말하자면 이 요강은 '부재지주'의 소작지

---

178)《朝鮮年鑑》, 京城日報社, 1945, 107쪽.
   타농자조치요강
   1. 타농자의 인정: 자소작, 전겸업을 불문하고 게으른 자의 인정은 다음의 기준에 의하고 하급관리의 의견을 듣는 것은 신중을 기할 것 ① 농업생산에 관해 명확히 그 할당수량을 생산할 전망이 없는 자 ② 경작지 수확이 부근에서 동일조건의 경작에 비해 현저히 낮은 자 ③ 사익에 따라 관이 지정하는 작물 이외의 작물을 재배하는 자
   2. 조치: 〈임시농지관리령〉 제8조에 의해 ① 도지사는 부윤 또는 읍면장에게 타농자에 대해 그 농지의 경작에 대한 권고를 하게 하고 ② 권고에 응하지 않는 경우 도지사는 토지소유자 또는 경작자게에 적당한 농가 또는 부락연맹, 청년단 등에 대해 경작에 관한 임대 또는 전대 등의 조치를 강구하게 한다.
179)〈不在地主의 認定〉,《殖銀調査月報》78호, 1944. 11, 27~28쪽.
180) 위와 같음.
   "不在地主는 어떠한 자를 가리키는가? 總督府에서는 9월 29일 情報課長 談으로 不在地主 認定問題에 대해 다음과 같이 발표하였다. 지주로서 소유지 또는 소작인에 대해 농지의 개량, 기술지도원의 설치, 소작인의 계도, 종곡의 확보, 비료, 농기구, 역축 기타 농약용 자재의 공급, 영농자금의 융통, 각종 경려회 개최 등의 증산시설을 실시하지 않는 자이나 이것은 단순한 형식상의 문제는 아니고, 지주가 강구하

경영권을 박탈한 것이다. '농지관리실시요강'에 따르면 위탁 관리를 명령하는 주체는 도지사나 부윤府尹, 군수郡守, 도사嶋司였고, 위탁을 담당하는 기관은 증산에 적극 협력하는 농장이나 관할 수리조합, 농지관리조합, 지주보국회 등이었다. 위탁 관리 사항은 소작계약 체결 및 해제권, 소작료 징수 및 처분권 등 소작경영에 관한 전권이었고, 위탁 관리의 대가는 위탁관리기관이 취득한 소작료에서 20퍼센트의 관리수수료를 공제한 나머지를 지급하는 것이었다.181) 이로써 모든 소작지는 전시 생산력 확충과 공출에 협조적인 '동태적' 지주가 관리하게 되었다.

　일제가 조선에서 실시한 전시 지주제 통제정책은 어디까지나 지주경영의 '동태화', 즉 지주의 생산적 역할과 투자를 확대하는 데 목적을 두었을 뿐 지주제 해체를 지향한 것이 아니었다. 그 점은 〈소작료통제령〉이나 농업생산책임제의 〈농업증산 3요강〉이 토지개량이나 농사개량지도에서 성과를 올린 지주에게 "증산을 위해 필요한 한도에서 소작료의 종별, 액·율에 대해 변경을 인정"한 사실에서 명확하게 확인된다. 일제가 전시 지주제 통제정책으로 달성하고자 한 것은 전쟁동원에 비협조적인 '불로기생지주'를 전쟁동원에 협력

는 바의 제시책이 미곡의 증산 및 공출에 실효를 거둘 수 있을 것이 요청되는 것이다. 다음으로 지주로서 그 거주지가 소유지 또는 소작인의 거주지와 동일 府邑面 또는 인접 府邑面에 있는 자, 지주로서 농장을 설치하고 전임직원을 둔 자, 지주로서 수리조합, 농장 등 관청에서 적당하다고 인정한 기관에 대해 농지의 管理委託한 자는 일단 부재지주는 아닌 것이다. 그러나 이 경우에도 거주지가 소작인의 거주지와 동일하여도 米穀의 增産 및 供出方面에는 무관심한 지주는 부재지주로 인정한다. 이처럼 지주의 거주지가 어디든지 자기의 소유지 또는 소작인에 대해 각종 증산의 시책을 강구하여 미곡의 증산 및 공출에 기여하는 지주는 부재지주는 아니지만, 이것에 반하는 자는 부재지주로 인정하는 것이다."

181)《朝鮮年鑑》, 京城日報社, 1945, 107쪽.

하는 '동태적' 지주경영으로 바꾸는 것이었다. 일제가 설정한 전시 지주경영의 본보기는 전쟁동원에 능동적으로 협조하는 일본인 농장 회사였다.

농장회사는 경영방식에서 어느 정도 선진적이었지만, 소작인과 생산관계에서는 '부재지주'와 본질적으로 같았다. 농장회사는 노동자를 고용해 생산을 조직하고 영리를 추구하는 농업자본가라기보다 소작료 수탈로 영리를 추구하는 기생지주에 지나지 않았다.[182] 농장회사는 소작인을 생산·유통과정에서 노동자와 다를 바 없이 통제하였으나, 분배에서만은 생산비 일체를 책임지는 소경영의 주체로 남을 것을 강요하였고 스스로도 기생지주의 위치를 지켰다. 농장회사의 지주경영은 금융착취와 결합한 봉건적 생산관계를 본질로 하였고, 지주가 앞장서 농사개량을 추진한 것은 어디까지나 소작료 수탈을 극대화하기 위한 방법 가운데 하나일 뿐이었다. 농장회사 지주들은 초과이윤을 얻으려 식민지에 진출한 철두철미한 자본가들이었다.[183] 그럼에도 자신의 농장을 자본제적 방식이 아니라 임대차계약으로 위장한 봉건적인 소작제로 경영한 까닭은, 일제의 독점자본이 한국농업을 지배하던 당시 조건에서는 이 방법이 가장 높은 수익을 보장하였기 때문이다.[184]

요컨대 일제가 조선에서 실시한 전시 지주제 통제정책은 어디까

---

182) 張矢遠, 앞의 논문(1989); 金容燮, 〈日帝强占期의 農業問題와 그 打開方案〉, 《韓國 近現代農業史硏究》, 1991, 393~395쪽; 金容燮, 〈朝鮮信託의 農場經營과 地主制의 變 動〉, 《韓國近現代農業史硏究》, 1991, 346쪽.
183) 久間健一, 《朝鮮農政의 課題》, 1943, 14쪽; 淺田喬二, 앞의 책(1968), 〈제3장 朝鮮 에 있어 日本人大地主階級의 存在構造〉.
184) 張矢遠, 〈日帝下 '經營型地主'範疇의 設定을 위한 問題提起〉, 《韓國放送通信大學論文 集》 1, 1983; 金容燮, 〈日帝强占期의 農業問題와 그 打開方案〉, 《韓國近現代農業史硏 究》, 1991, 393~395쪽.

지나 지주제의 본질을 지키면서 지주경영을 전시동원에 적합하게 '동태화'하는 정책이었다. 그러므로 전시 지주정책으로 생산력을 향상시킨다는 것은 곧 강압적으로 소작농의 농경비 지출을 증가(전시 농업정책은 동태적 지주의 소작료 인상을 허용하였다)시켜 생산력을 늘리는 방안에 지나지 않았다. 따라서 이 방식 자체는 처음부터 한계가 명백하였다. 설령 일시적으로 생산력을 높이더라도 지속시킬 수는 없었다. 이 방식은 결국 소작농 경제를 더욱 빈궁하게 만들어 생산력의 발전을 정체시키나 도리어 쇠퇴시킬 것이고, 소작관계를 둘러싼 계급갈등도 해결할 수 없기 때문이다.

7. 맺음말

후발 자본주의 국가였던 일본은 지주제에 바탕을 둔 자국의 근대화 방식 때문에 강점 이후 조선에서도 지주제를 농업수탈기구로 보호·육성하는 정책을 실시하였다.

먼저 일제는 이를 토지조사사업으로 추진하였다. 토지조사사업에서 소유권의 확정은 지주제를 바탕으로 하는 식민지 농업수탈 체제를 수립하는 방식으로 이루어졌다. 그 결과 조선의 중세적인 지주적 토지소유는 일본 법률이 보증하는 확고한 근대적 토지소유권으로 전환되었고, 농민적 근대화투쟁의 발전으로 동요하던 한말 지주소작 관계도 조선총독부의 막강한 권력과 법체계의 보호를 받는 강고한 지주제로 재편되었다.

다음으로 일제는 1912년 〈조선민사령〉을 공포해 일본 민법을 조선에 적용할 수 있게 하였다. 이로써 그때까지 관습적 관계로 운영되던 지주소작 관계가 민법의 근대적인 임대차관계법의 보호를 받는 식민지 지주제로 법제화되었다. 일본 민법의 조항들은 일방적으로 지주에게 유리하였다. 조선총독부 당국자 말대로 그 "민법은 소유권 존중정신에 따라 만들어진 것으로, 지주 권리는 옹호하지만 소작인의 경작권은 전부 희생"시키는 것이었다. 일본 민법은 영소작권永小作權에 대해서도 많은 규정을 두어 그 내용을 규제하고 있었다. 영소작 기한이 최대 50년을 넘지 못하게 하고 상속권을 인정하지 않는 등 물권으로서의 권한을 축소·약화시켰으며, 저율의 정액지대와 같은 소작료 규정을 인정하지 않았다. 이와 같이 〈조선민사령〉은 조선에서 지주제가 안정적으로 확대·발전할 수 있는 유리한 조건을 만들었다.

일제는 토지조사사업과 〈조선민사령〉 시행과 궤를 같이해, 행정기관 주도로 지주회를 설립했다. 지주회는 1920년까지 강원과 함북 지역을 제외한 전국 157개 군에 결성되었다. 일제는 지주회를 운영하여 행정기관 주도로 일본 자본주의 체제에 맞는 식민지 지주제의 구체적인 운용방안과 발전방향을 마련하려 하였다. 그것은 일제가 요구하는 식민지 농사개량에 적극적인 소작관계, 지주와 소작인 사이 계급적 갈등을 줄이는 소작관계를 형성하는 것이었다.

1920년대 소작정책은 1910년대에 형성한 이런 구도와 방향 위에서 전개되었다. 1920년대 초반 조선에서는 농민운동이 폭발적으로 성장하였다. 3·1운동의 여세를 몰아 1920년대 초반 전국에서 2백여 개의 농민조직이 결성되었고, 소작쟁의도 연쇄 파급적으로 확대되었다. 이러한 변화에 대처해 일제는 소작관행을 조사하여 그 개선방안을 마련하고, 지주회를 이용해 지주들에게 권장하는 한편 행정기관이나 경찰에게 소작쟁의를 중재하게 하였다. 그 방안은 지세·공과를 지주가 부담하고 소작기간은 가능한 장기로 하며, 소작료를 50퍼센트 이내로 내리고, 마름에 대한 규제·감독을 강화하는 것이었다.

그러나 이러한 소작정책으로 기득권을 침해당하게 된 지주들은 개별적·집단적으로 강력히 항의하였다. 개별적으로 소작제도 개선방안을 거부하고, 집단적으로는 관설지주회를 대체할 자신들만의 독자적 이익단체를 만들어야 한다고 반발하면서 행정당국을 상대로 소작인단체 해체를 요구하였다. 사태가 이렇게 되자 일제는 더 이상 소작제도 개선을 추진하지 않고, 대신 소작운동을 탄압하면서 지주의 권익을 보호하는 방향으로 돌아섰다. 소작쟁의가 발생하면 경찰을 출동시켜 소작인조합의 지도자를 업무방해죄 등으로 구속하고, 그에 반발해 대중적 저항이 일어나면 무차별 구속으로 소작조합을 와해시켰다.

이와 관련해 주목되는 것이 〈치안유지법〉과 〈폭력행위 등 처벌에 관한 법률〉 제정이었다. 〈치안유지법〉은 혁명적이거나 비타협적인 민족과 계급운동 지도부를 탄압할 목적으로 제정되었다. 이와 연계해 1926년에 제정된 〈폭력행위 등 처벌에 관한 법률〉도 노농운동과 같은 대중운동의 무력화를 목표로 하고 있었다. 이 법에 따르면 소작인조합은 소작조건 개선을 위한 단체시위나 집단적인 소작료 납부 거부, 소작권 이동에 대항한 공동경작투쟁 등의 소작쟁의를 할 수 없고, 이를 어기면 처벌을 받게 된다.

일제의 이러한 정책은 산미증식계획의 갱신과 더불어 더욱 강화되었다. 조선총독부는 산미증식계획을 갱신하면서 "다수의 예속적인 소작인을 거느린 지주들을 동원하여" 증산을 추진하였고, 지주들의 소작료 수취를 극대화하는 방식으로 그 수출목표를 달성하려 하였다. 그러나 지주제 강화는 결국 농업생산력을 붕괴시키는 위기를 불러왔다. 지주제 아래에서 농업생산력의 담당층은 결국 소작농민일 수밖에 없었는데, 지주의 지나친 수탈로 소작농은 단순재생산조차 어려울 정도로 가난해졌고, 그로 말미암아 결국 "농업생산의 발전이 저지되고 생산력이 쇠퇴하는 농업위기"가 발생했던 것이다.

이러한 모순은 조선총독부가 1928년 7월 〈소작관행 개선에 관한 통첩〉을 발표하고 다시 소작제도를 개선하도록 만들었다. 〈소작통첩〉은 지주제를 식민지 농업지배기구로 보호·육성하는 농정기조를 지키면서도 소작지의 생산력 감소를 늦추고자 소작권 이동을 되도록 억제하는 소작제도 개선방안이었다. 조선총독부는 〈소작통첩〉을 도지사 앞으로 보내, 지방 행정당국이 지주회나 농회 등에 지시해 적극적으로 소작관행의 개선을 권장하고 유도하게 하였다. 그러나 지주들은 이러한 대책에 저항하였고, 〈소작통첩〉은 법령과 같은 구속력이나 강제권이 없는 행정명령에 지나지 않았기 때문에 소작제도 개선은 거의 이루어지지 않았다.

이러한 상황에서 1929년 대공황이 덮치자 조선총독부는 새로운 대책을 마련해야 했다. 대공황기 조선에서는 많은 지역에서 혁명적 농민·노동조합운동이 일어나는 등 계급·민족혁명운동이 발전하고 있었다. 조선총독부는 식민지 지배 체제의 유지를 위해 먼저 이러한 혁명운동을 탄압하고, 동요하는 농촌사회를 진정시켜야 했다.

다른 한편 일제는 대공황을 계기로 강화되어 가는 보호무역주의와 세계경제 블록화에 대응해, 만주를 침략하고 재생산구조를 재편하기 시작하였다. 일제는 이러한 변화에 대처하는 새로운 식민정책을 실시해야 했고, 그것이 우가키 가즈시게 총독이 주도한 농촌진흥운동이었다. 〈조선소작조정령〉과 〈농지령〉으로 대표되는 조선총독부의 1930년대 소작정책은 이러한 농촌진흥운동의 하나로 입법·시행되었다.

〈조선소작조정령〉은 소작쟁의가 폭발하고 혁명적 농민조합운동이 발전하는 위기상황에서, 조선총독부가 "계급투쟁이 일어나는 것을 방지하고자 선수를 쳐" 입법하였다. 이 법은 혁명운동으로 발전할 소지가 큰 소작쟁의를 개별분산화된 체제 안의 권익분쟁으로 바꾸어, 소작위원회의 조정이나 권해로 해결하는 것이 주된 내용이었다. 〈조선소작조정령〉은 일본 〈소작조정령〉을 조선에서 시행할 수 있도록 만들었고, 1933년 2월부터 시행되었다.

〈조선소작조정령〉은 기본적으로 지주제를 유지하고 식민지 지배체제를 안정시키고자 제정되었기 때문에, 이것으로 소작문제를 해결할 가능성은 매우 제한적이었다. 그럼에도 〈조선소작조정령〉은 소작인에게 소작쟁의를 합법적으로 해결할 수 있는 길을 처음으로 열어주었다. 〈조선소작조정령〉은 소작쟁의를 많은 접촉과 협상이 필요한 권해나 주선으로 해결하게 함으로써, 소작농민의 계급투쟁이나 계급의식이 발전하지 못하게 막으려는 것이었다.

〈농지령〉은 소작쟁의 조정의 법적 근거를 마련하고자 제정되었다. 조선보다 앞서 〈소작조정법〉을 시행한 일본에서는 〈소작법〉이 귀족원을 통과하지 못했기 때문에 결국 민법을 근거로 삼았다. 이 때문에 〈조선소작조정령〉도 그 법적 근거를 일본 민법에서 찾을 수밖에 없었는데, 그렇게 할 경우 조정제도로 소작쟁의를 체제내화할 수 없었다. 민법을 바탕으로 형성된 현실의 소작관계가 일본보다 조선에서 더 열악했기 때문이다. 따라서 민법 질서라 할 수 있는 기존의 소작관계를 완화·개선할 수 있는 새로운 해결기준을 제정할 필요가 있었다.

그런 까닭에 〈농지령〉은 〈조선소작령〉이라는 원래 이름에도 불구하고, 일본에서 입법이 추진된 소작법과는 그 내용이나 성격이 근본적으로 달랐다. 일본의 소작법이 위로부터 부르주아적으로 지주제를 개혁하고 자소작 중농층을 지주로 육성하는 것을 목표로 한 것과 달리, 조선총독부의 〈농지령〉은 지주제를 유지하면서 소작쟁의를 체제내화하려는 〈조선소작조정법〉을 뒷받침하고자 제정되었다. 그리하여 〈농지령〉은 지주제의 근간을 훼손하지 않으면서 소작지의 생산력을 높이고, 소작쟁의가 발생하면 소작인을 소작위원회 조정이나 권해로 유인할 수 있는 최소 수준에서 소작조건을 개선한 것이다.

이렇게 〈농지령〉의 소작조건 개선이 제한적으로 이루어져, 서면계약 여부와 관계없이 '배신행위'를 하지 않는 한 일반농사는 3년, 특수농사는 7년 동안 경작권을 보장하였다. 계약 기간에는 지주가 바뀌어도 소작계약이 유효하도록 했고, 상속도 인정했다. 또한 '배신행위'가 없고 소작조건을 변경하지 않으면 지주가 소작계약의 갱신을 거절할 수 없게 하였다. 불가항력의 자연재해로 수확이 현저히 감소할 경우에는 소작인이 소작료의 경감과 면제를 합법적으로 요구할 수도 있었다. 마름의 월권과 부정을 규제하도록 호소·요청할 수 있는 합법적인 방법도 마련하였다.

조선총독부는 집단적·혁명적 농민운동을 엄중히 탄압하고 이 수준에서 소작관계 개선을 법제화하면 소작쟁의 조정제도로 소작문제를 해결하는 쪽으로 소작인들을 유인할 수 있을 것으로 보았다. 더불어 경작권 안정으로 소작지의 생산력을 높이는 농가갱생계획도 성과를 거둘 수 있을 것으로 기대하였다.

그러나 〈조선소작조정법〉과 〈농지령〉이 시행되자, 지주들은 앞으로 생길지 모르는 손해에 대비해 소작료를 인상하고 대대적으로 소작인을 교체하였다. 나아가 소작인의 무지와 개별 권해의 약점을 이용하여 최대한 〈농지령〉의 규제를 피해 나갔다. 소작인들은 이에 맞서 〈조선소작조정령〉과 〈농지령〉을 적극적으로 활용함으로써 소작조건의 악화를 막고 경작권을 지키려 하였다. 집단적 농민운동이 탄압받는 상황에서 피해를 줄이려면 이러한 조정제도라도 적극적으로 이용할 수밖에 없었다. 그 과정에서 〈소작조정법령〉과 〈농지령〉은 빠르게 제도적으로 정착되었다. 이에 따라 이 법령으로 소작쟁의를 개별분산적인 권리분쟁으로 전환시켜 소작쟁의가 계급투쟁으로 나아가 민족혁명으로 발전하지 못하도록 차단하려던 조선총독부의 목표는 어느 정도 달성될 수 있었다.

그러나 이러한 성과는 일시적이고 제한적이었다. 이 법들이 소작지 생산력을 높이도록 지주경영의 개선을 강제할 수 없었기 때문이다. 대다수 지주들은 소작지의 생산력 증진에는 관심이 없고 소작법령의 허점을 최대한 이용하면서 소작료를 수탈하는 데만 관심을 쏟았다. 이로 말미암아 결국 소작쟁의조정제도는 의미를 잃었고, 사회정책으로서 농촌진흥운동 또한 그 효과가 제한될 수밖에 없었다. 나아가 조선총독부가 농가경제 갱생보다 더 중시한 '생업보국'도 큰 차질을 빚게 되었다.

이러한 상황에서 일제가 중일전쟁을 일으키고 전쟁총동원체제를 수립하자 조선총독부도 새로운 소작정책을 수립하였다. 1939년에 시행된 〈소작료통제령〉이 그것이다. 이 법은 법 시행일 이후 소작료를 인상하는 부분에 대해 규제하는 법령이었다. 운용과정에서 더 명확하게 드러났듯이, 이 법령이 규제대상으로 삼은 항목은 지주가 공조공과금·종곡비·비료대·경우비耕牛費·농구대금·토지개량비·관리인 보수 등의 명목으로 소작료를 새로 인상하는 부분이었다. 규제대상은 대부분 일제가 전시 생산력을 확충하려고 농사개량을 추진하면서 새롭게 늘어난 비용들이었다.

〈소작료통제령〉은 새로 증가하는 농사개량비나 토지개량비는 지주가 부담하도록 하였다. 이러한 내용이 말해주듯, 〈소작료통제령〉은 1939년 대흉작으로 소작농이 더 이상 농사개량을 감당할 수 없게 되자 전시 생산력 확충을 위한 농사개량에 지주의 경제력을 동원할 목적으로 제정된 법령이었다. 그런 만큼 이 법령은 지주가 능동적으로 토지개량을 실시해 수확을 증가시키면 도지사의 허가를 얻어 소작료를 인상할 수 있게 하는 조항도 두었다.

지주의 생산적 기능을 확대시켜 전시 농업생산력을 확충하려는 일제의 전쟁동원정책은 계속 강화되었다. 이는 1941년에 부재지주의 농지투기를 규제한 〈임시농지가격통제령〉 실시, 부재지주의 농지를 위탁관리시킨 '조선농업계획'과 지주에게 부락 단위로 시행된 농업계획의 생산과 공출책임을 지우는 '농업생산책임제'의 실시로 이어졌다.

'조선농업계획'은 이전의 정책들과 달리 지주를 상대로 생산력 확충과 공출 확대를 직접 강요하였다. '조선농업계획'은 10만 4천 호에 이르는 '불로기생지주不勞奇生地主', 특히 부재지주不在地主들에게 농지의 개량, 소작인에 대한 농사지도, 기술원의 설치 등 생산적 기능을 수행하도록 하였다. 농사개량에 협조하는 지주에게는 세제상 특혜를 주고 소작료의 인상을 허용한 것과 달리, 협조하지 않는 지주에게는 그 소유지를 위탁관리시키거나 소작권을 박탈하는 등의 규제를 가했다.

이러한 정책은 1944년 '농업생산책임제'가 실시되면서 더욱 강화되었다. '농업생산책임제'는 지주가 농촌으로 복귀하여 농지를 개량하고 농사지도원을 설치하며, 각종 증산장려시설을 강화하도록 하는 것이다. 또한 영농자재를 공급하고 보존하며, 영농자금을 융통 혹은 주선하는 등 경작자를 직접 진두지휘하면서 농업생산력을 높일 임무도 지주에게 부여하였다. 조선총독부는 여기에 순응하는 지주에 대해서는 비료 등 기타 영농자재 배급에서 특혜를 주고, 소작료 인상을 허용하였다. 그러나 비협조적인 지주들에게는 소유지를 적당한 관리기관(농장, 수리조합, 농지관리조합 등)에 위탁해 관리하도록 조치하였다.

일제의 전시 지주통제책은 어디까지나 전쟁물자 생산과 수집을 극대화할 목적으로 지주의 생산적 기능 확대에 주안을 두었을 뿐 지주제 해체를 목표로 하지 않았다. 일제는 지주제의 본질을 유지하면서 지주경영을 전시동원에 적합하게 '동태화'시키는 정책을 추진하였을 뿐이다. 전시농업정책에 적극 협력한 '동태적' 지주들에게 소작료의 인상을 허용하고 있음이 이러한 정책의 본질을 잘 보여준다.

제3장

우가키 가즈시게 총독의
시국인식과 농촌진흥운동의 변화

1. 머리말

일본 제국주의는 1931년 9월 만주침략을 시작으로 1945년 태평양전쟁 패망까지 중국과 동남아시아로 군국주의 침략을 넓혀 나갔다. 대공황을 계기로 서구 제국주의 열강들이 블록경제체제로 전환하자, 일본 제국주의도 중국과 동남아시아로 침략을 확대하면서 독자적인 경제블록을 구축했던 것이다.

이에 따라 조선에 대한 일제의 식민정책도 크게 달라졌다. 일제는 자급적 블록경제를 형성하는 데 필요한 농산물과 광산물 등 이른바 '국책國策자원'의 생산을 강요하면서 공업생산을 확대했다. 정치적으로는 모든 민족·계급운동을 탄압하고 황국신민화를 강화하면서 블록구축과 침략전쟁에 필요한 총동원체제를 만들었다. 조선 통치에서 이러한 변화를 주도한 인물은 1931년 6월 조선총독으로 부임하여 6년 2개월 동안 조선총독부를 이끈 우가키 가즈시게宇垣一成이다.

우가키 총독이 조선을 통치한 시기는, 일본이 만주를 침략하고 중국과 소련에 대한 전쟁준비를 강화하는 등 군국주의적 침략정책을 본격화하던 때였다. 그 기간에 일제는 만주철병을 요구하는 국제연맹의 결의를 거부해 국제연맹에서 탈퇴하였고, 군비강화를 막는 워싱턴군축조약을 일방적으로 파기하는 등 열강과 대립각을 넓히고 있었다. 제국주의 열강들은 경제봉쇄로 일본을 압박했고, 일본은 독자적인 경제블록을 구축하는 방향으로 이 위기를 타개하려 중국과 소련에 대한 침략을 서둘렀다.

우가키 총독은 이러한 국제정세와 일본 제국주의 구조변화를 눈여겨보면서, 그에 맞도록 조선에 대한 식민지 지배정책을 조율하고 체계화하려 하였다. 그는 이러한 계획을 자신이 조선통치의 '근간'이라 내세운 농산어촌진흥운동(이하 '농촌진흥운동'으로 표기)으로 구체화했다. 우가키 총독이 농촌진흥운동의 구상을 최초로 발표한 것은 1932년 6월 도지사회의에서였다. 당시 농촌진흥운동은 농촌의 혁명적 기운을 진압하는 것에 주안을 두었는데, 일제가 열강과 날카롭게 대립하면서 블록경제를 구축하자 우가키 총독이 이러한 변화에 대응해 농촌진흥운동을 전면적으로 재편하였다.

우가키 총독이 주도한 조선 농촌진흥운동에 대해서는 그동안 많은 학자들이 관심을 갖고 연구했기 때문에 중앙에서 부락단위까지 상당히 구체적으로 그 내용을 파악할 수 있게 되었다.[1] 그러나 연구가 진행되면서 농촌진흥운동의 성격을 둘러싸고 다른 견해가 제시되어 논란이 일고 있다. 농촌진흥운동의 성격을 지주적 농정으로 볼 것인가 농민적 농정으로 볼 것인가, 또는 기만적인 사회정책적 농정인가 파시즘적 전쟁동원정책인가 하는 논란이 그것이다.[2]

---

1) 宮田節子, 〈朝鮮における農村振興運動〉, 《季刊現代史》 2, 1973; 宮田節子, 〈1930年代 朝鮮における農村振興運動の展開〉, 《歷史學研究》 297, 1965; 富田晶子, 〈農村振興運動下の中堅人物の養成〉, 《朝鮮史研究會論文集》 18, 1981; 富田晶子, 〈準戰時下朝鮮の農村振興運動〉, 《歷史評論》 377, 1981; 池秀傑, 〈1932~35년간 朝鮮農村振興運動-運動의 體制安定化政策的 측면에 대한 연구〉, 고려대 석사논문, 1982; 李賢玉, 〈일제하 1930년대 농촌진흥운동에 관한 연구〉, 서울대 석사논문, 1985; 韓道鉉, 〈1930년대 농촌진흥운동의 성격에 관한 연구〉, 서울대 석사논문, 1985; 박섭, 〈식민지조선에 있어서 1930년대 농업정책에 관한 연구〉, 《한국근대농촌사회와 농민운동》, 열음사, 1988; 정연태, 〈1930년대 '조선농지령'과 일제의 농촌통제〉, 《역사와 현실》 4, 1990; 鄭文鍾, 〈1930年代 朝鮮에서의 農業政策에 관한 研究-農家經濟安定化政策을 中心으로〉, 서울대 박사논문, 1993; 정연태, 〈일제의 한국 농지정책(1904~1945)〉, 서울대 박사논문, 1994; 박섭, 《한국근대의 농업변동-농민경영의 성장과 농업구조의 변동》, 일조각, 1997.
2) 농촌진흥운동을 사회정책적 측면에 초점을 맞추어 접근한 연구는 지수걸과 한도

이러한 논란은 우가키 총독의 농촌진흥운동에 일관성이 없었기 때문에 일어났다. 우가키 총독은 시국이 급변할 때 조선을 통치했고, 이러한 안팎의 변동에 대응하여 농촌진흥운동을 변화시켰다. 따라서 이러한 변화를 살피지 않고 특정 시점의 농촌진흥운동만을 연구대 상으로 삼는다면 논란의 여지를 피할 수 없다. 따라서 이 논란을 해 결하자면 먼저 우가키 총독의 농촌진흥운동이 시기별로 어떠한 변 화를 겪게 되는지 전체적으로 이해할 필요가 있다.

이러한 문제의식에서 이 글은 우가키 총독이 조선총독으로 재임 한 시기에 한정해 그의 시국인식과 농업문제인식의 변화를 추적하 고, 그것이 농촌진흥운동에 어떠한 변화를 가져왔는지를 밝히고자 하였다. 농촌진흥운동에 대한 연구에서 우가키 총독에 주목한 까닭 은 조선총독이 가진 권력의 특수성 때문이다. 조선총독부는 조선의 최고행정관청으로, 조선총독은 일본 정부의 직접적인 지휘 감독을 받지 않고 많은 업무에서 독립적인 지위를 유지하였다. 조선에서의 식민정책은 본국 정부가 아니라 조선총독이 독자적으로 판단해 입 안하고 시행하였기에, 그로 말미암아 재정지원을 둘러싸고 조선총독 과 본국 정부 사이 갈등이 빚어지기도 하였다. 조선의 농촌진흥운동 또한 당시 총독이었던 우가키 가즈시게가 직접 입안하고 시행하였 다.3) 그런 사정 때문에 조선에서 시행된 식민정책을 이해하려면 이 를 주도한 총독의 시국인식과 이에 대처하는 태도를 정확히 파악하

현·박섭·정문종 등의 논문이고, 파시즘적 전쟁동원정책에 접근한 연구는 宮田節 子·富田晶子 등의 논문이다. 전자는 1935년 이전의 농가경제갱생계획을 주된 연구 대상으로 삼았고, 후자는 1935년 이후 농촌진흥운동에 주목하였다. 농촌진흥운동 의 성격에 대해 지수걸의 연구는 지주적 농정으로, 박섭의 연구는 농민적 농정으 로 규정하였다.
3) 친일문제연구회 편, 《조선총독 10인》, 가람기획, 1996.

는 것이 중요하다. 이 글은 이러한 점에 주목해 농촌진흥운동을 주
도한 우가키 총독의 시국인식과 농촌진흥론의 변화에 초점을 맞추
어, 그것의 변화에 따라 농촌진흥운동의 내용과 성격이 어떻게 달라
졌는지 살펴보았다. 이를 위해 이 글은 우가키 총독의 개인 일기, 시
정과 관련된 각종 연설·강연을 주된 분석 자료로 삼았다. 우가키는
다른 총독들과 달리 시국과 시정에 대한 자신의 입장을 자세히 기록
한 일기를 남겨 이러한 변화를 추적하기가 쉬웠다.

    이 글은 우가키 총독의 농촌진흥운동을 3시기로 나누어 검토하
였다. 첫 번째는 우가키가 조선총독으로 부임해 1년 남짓 조선의 현
실을 살피면서 농촌진흥운동을 구상했던 준비기(1931. 6~1932. 6)이
고, 두 번째는 '자력갱생'을 구호로 사상개조에 역점을 두고 농촌진
흥운동을 전개했던 농가갱생계획 전개기(1932. 6~1934. 12)이며, 세
번째는 급격한 국제정세 변화에 대응해 농촌진흥운동을 '(일본)제국
의 흥륭'을 목표로 한 전조선총동원운동으로 바꾸었던 농촌진흥운동
재편기(1935. 1~1936. 7)이다.

2. 총독 부임 초기 시국상황과 농촌진흥운동 구상

1) 총독 임명 이전 우가키의 육군 경력과 총력전 사상

    우가키는 1868년 오카야먀현 아카이와군에서 평범한 집안의 아
들로 태어났다. 고향에서 소학교를 졸업한 그는 1887년 제1기생으로
육군사관학교에 진학하였다. 육군사관학교를 졸업하고 임관한 뒤 독
일에서 유학하였으며, 참모장교·장군후보를 육성하고자 설립된 육군

대학을 수료하였다. 우가키의 군인생활은 매우 성공적이었다. 그는
1911년 육군성 군무국 군사과장에 임명되었으며, 능력을 인정받아
이후 육군대학교장·교육총감부본부장·육군차관 등의 육군 요직을
역임하였다. 우가키는 1924년 1월 일본 육군을 통솔하는 육상으로
승진, 이후 1931년 4월까지 7년 남짓 일본 내각의 일원으로 활동하
였다.

　우가키가 조선과 연관되기 시작한 것은 청일전쟁에 참여하면서
였다. 그는 당시 초급장교로 청일전쟁에 참전한 이후 러일전쟁에도
참전하였다. 러일전쟁 당시 그는 일본군 제8사단 참모로 인천·경성·
원산·진남포·함흥 등지에서 2개월 동안 근무하였다. 이후 우가키는
1911년 일본 육군성의 군무국 군사과장으로 재직하면서 조선에 일
본군 2개 사단을 늘리는 업무를 담당하였다. 당시 일본의 정치권에
서는 조선에 군대를 증파하는 문제를 놓고 큰 논란이 있었는데, 그
러한 가운데서도 우가키는 이 업무를 잘 처리한 덕분에 육군의 요직
으로 승진할 수 있었다. 그는 이후 육상으로 재직하던 1927년에도 4
개월 동안 임시로 조선총독을 대리하였다.[4]

　이러한 경력에서 보듯이 우가키는, 일본 제국주의 발전을 군국주
의적 침략으로 이끌었던 일본 군부를 대표하는 인물이었다. 그가 조
선과 관련을 맺게 된 것도 모두 일본의 조선 침략과 직접적인 관계
가 있었다. 당시 일본 군부 안에는 일본 제국주의가 발전하려면 중
국과 소련을 침략해야 한다고 주장하는 세력이 강력하였고, 우가키
또한 그 일원이었다. 우가키는 조선총독으로 임명되기 직전인 1931
년 5월 오사카의 재향군인회 간부회의에서, 일본이 만주와 연해주를

---

4) 이승렬, 〈역대 조선총독과 일본군벌〉, 《역사비평》 24, 1994; 친일문제연구회 편,
　　앞의 책(1996), 146~150쪽.

아우르는 독자적인 경제권을 구축해야 한다고 주장하였다. 또한 일본의 생존과 흥륭을 위해서는 '일본해'를 '세토나이카이瀨戶內海'처럼 그 경제권의 부와 문화의 중심으로 만들어야 한다고 주장하였다.[5] 우가키의 이러한 정치적 성향은 조선총독으로 재임하면서 그대로 이어졌다. 그는 일본의 중국 침략을 적극적으로 지지하였고, 일본과 조선·만주지역을 통합해 하나의 자급적 블록경제권을 구축한다는 독자적 구상에 따라 조선을 통치하였다.

우가키의 이러한 성향과 관련해 주목해야 할 다른 하나는 그가 서구의 총력전체제에 각별한 관심을 기울였다는 사실이다. 그가 초급장교 시절 독일에서 유학할 당시 유럽 열강들은 전쟁에서 승리하고자 경쟁적으로 총력전체제를 만들고 있었다. 우가키는 유럽의 총력전체제에 깊은 인상을 받아 일본도 강대국이 되려면 이를 도입해야 한다고 생각하였다. 이후 우가키는 육상으로 재직하면서 군제개혁을 기획하고 일본에서 총력전체제를 구축할 바탕을 만들고자 노력하였다. 그가 기획한 군제개혁안은 21개 사단 가운데 4개 사단을 폐지하고, 여기에서 절감된 예산으로 군장비를 근대화한다는 것이었다. 이와 관련해 그는 사단 감축으로 남게 된 장교들을 학교 군사훈련이나 새로 설치할 청소년훈련소의 군사교육요원으로 전용할 것을 주장하였다. 군제개혁을 기회로 청소년과 학교를 군대와 연계해 총력전체제로 재편하려 한 것이었다. 그러나 당시 일본에서는 총력전체제에 대한 사회적 공감대가 낮았고, 제반 조건도 갖추지 못해 성과를 내기 어려웠다.[6]

---

5) 이승렬, 〈1930년대 전반기 일본군부의 대륙침략관과 '조선공업화'정책〉, 《國史館論叢》 67, 1996.
6) 小林英夫, 〈總力戰體制と植民地〉, 《15年戰爭とアシア(體系 日本現代史 2)》, 1979; 친일

이러한 우가키의 총력전 사상은 이후 그가 조선총독으로 부임하면서 총독부의 식민지 통치에 커다란 영향을 끼쳤다. 그가 조선총독으로 재임한 시기는 일본이 만주지역을 침략하면서 중국과 서구 열강을 상대로 전쟁을 준비해야 하는 상황이었고, 일본에서도 군부세력이 앞장서 총력전체제의 형성을 추구하던 때였기 때문이다.

2) 대공황기 조선의 시국상황과 농촌진흥운동 구상

우가키가 조선총독으로 임명된 당시 조선사회는 대공황의 피해로 극도로 피폐해 있었다. 1929년부터 시작된 대공황은 조선에 특히 심각한 피해를 입혔다. 도시에서는 공장이 파산하거나 조업 단축이 반복되어 실업자가 크게 늘어났고, 농촌에서는 농산물 가격 폭락으로 파산자가 줄을 이었다.

농산물 가격 폭락은 심각했다. 1926년 1석에 31.6원이었던 현미 가격은 1931년 14.7원으로 떨어졌고, 같은 시기 콩값은 1석당 16.9원에서 9.5원으로, 조면값은 1백 근당 48원에서 33원으로, 고치값은 10관당 84.2원에서 18.4원으로 떨어졌다.[7] 이 때문에 이전에도 적자를 면하기 어려웠던 대부분의 농가는 치명적인 타격을 입고 몰락하였다. 조선총독부가 발표한 1931년도 농가수지를 보면, 곡가 폭락으로 말미암아 농지 1단보당 소작농은 5원 6전, 자작농은 14원 82전의 적자를 보았고, 심하게는 지주조차 9원 20전의 적자를 보았다.[8] 농가수지의 적자는 부채 증가를 가져와, 농민들은 급속히 토지를 잃고

문제연구회 편, 앞의 책(1996), 146쪽.
7) 小早川九郎 編, 《朝鮮農業發達史－發達篇》附錄 〈표 26〉, 1944.
8) 《東亞日報》 1931년 3월 9일자.

소작농으로 전락하였다. 결국 "추수한 것을 지주와 채귀債鬼에게 빼앗기고 적수공권으로 유리의 길을 떠나"[9]는 사태가 속출하였다.[10]

경상북도의 경우 1930년 당시 부채농가가 전체 농가의 73퍼센트에 이르렀고, 보릿고개 2개월을 곡식 한 톨 없이 견뎌야 하는 춘궁농가도 전체 농가의 42.1퍼센트를 차지했다. 완전히 파산하여 화전민이 된 자도 6천여 호나 되었고,[11] 1930년 이후 4년 남짓 동안 일본으로 일터를 찾아 유리한 농민은 15만 명 가까이 되었으며,[12] 그밖에 평안·황해도 일본인 농장의 소작노동자로, 도시의 걸인이나 막노동꾼이나 탄광노동자로, 남북 만주 등지의 이주민으로 밀려간 "농업공황의 참패군"도 수만 명에 이르렀다.[13]

이처럼 농민경제가 급격히 몰락하면서 농촌에서는 소작쟁의가 폭

---

9) 〈漆谷地方에는 農民의 遊離續出〉, 《朝鮮中央日報》 1931년 12월 17일자.
10) 林然, 〈當面問題片話〉, 《農民》 1-5, 1930. 9.
11) 〈慶北道內 火田民 6,027호〉, 《朝鮮中央日報》 1933년 1월 12일자; 〈慶北一帶의 火田
    民 7千餘戶에 3萬餘〉, 《朝鮮中央日報》 1935년 2월 12일자.
12) 〈玄海灘 건너가는 同胞 1년간 10여만 명〉, 《朝鮮中央日報》 1934년 11월 3일자.
13) 〈安東 1동 70여 명이 男負女戴코 北滿으로〉, 《中外日報》 1930년 3월 10일자; 〈漆谷
    地方에는 農民의 流離續出〉, 《朝鮮中央日報》 1931년 12월 17일자; 〈迎日地方도 農村流
    離〉, 《朝鮮中央日報》 1931년 12월 18일자; 〈安康 流離해가는 農村民 年頭부터 激增〉,
    《朝鮮中央日報》 1934년 1월 19일자; 〈慶北道內 罹災民 移住者 4백여 호-황막한 만주
    벌판과 황해도로〉, 《朝鮮中央日報》 1934년 10월 12일자; 〈제3차 移民은 完了 제4차
    輸送準備-滿洲와 西北朝鮮에 살러가는 高靈罹災民〉, 《朝鮮中央日報》 1934년 11월 25일
    자; 〈昨年中 慶北流離民 1만 660명, 大都市와 南北滿洲로 밀려간 農業恐慌의 慘敗群〉,
    《朝鮮中央日報》 1935년 2월 8일자; 〈都市로! 都市로! 몰려드는 乞食群-農村의 破産者
    와 공장의 실업자 大邱街頭에 長蛇陳〉, 《朝鮮中央日報》 1934년 12월 3일자; 〈慶北細窮
    民 2백여 명 輸送 西北朝鮮의 炭鑛으로〉, 《朝鮮中央日報》 1934년 10월 26일자; 〈慶北
    에서 9백여 명 移送 西北 各處의 鑛山으로〉, 《朝鮮中央日報》 1934년 10월 28일; 〈西北
    朝鮮 각탄광에 2백 호 천여 移民-慶北道內 罹災民을〉, 《朝鮮中央日報》 1935년 2월 5일
    자; 〈慶北移民 30명 安岳 大林農場에〉, 《朝鮮中央日報》 1934년 12월 17일자; 〈慶北各地
    의 罹災民 千五百名 最終輸送-加藤大林等農場으로〉, 《朝鮮中央日報》 1935년 3월 23일
    자; 〈轉落된 農業勞動者 迎日에 4萬 超過〉, 《東亞日報》 1932년 8월 26일자.

발적으로 늘어났고, 나아가 여러 지역에서 혁명적 농민조합운동이 일어
났다.14) 소작쟁의 확대가 자연발생적이었다면, 혁명적 농민조합운동은
조직적으로 준비되고 확대되었다. 1920년대의 청년운동·농민운동·신
간회운동 등으로 성장한 활동가들은 12월 테제의 영향을 받아 적색농민
조합 준비위원회를 결성하고 농민대중 속에 침투하였다. 이들은 "조선
농민의 궁핍과 만주로의 방축은 일제의 착취 및 지주제의 불합리, 그리
고 일본 이민의 조선으로의 이식에 기인함"을 폭로하고, "농민이 이러
한 현실을 인식하고 일치단결하여 지주와 자본가에 대항 항쟁함으로써
자본주의 사회를 타도하고 소련과 같은 공산주의 사회를 건설해야 할
것"15)을 주장하였다.

　농촌을 무대로 적색농민조합운동이 전개되고 동시에 도시 지역을
기반으로 적색노동조합운동이 확산되었으며, 이를 바탕으로 조선공산
당을 재건하려는 시도도 활발해졌다. 사회주의운동가들은 "거대한 자
본주의 조직체와 투쟁하려면" 단순한 적색농민조합운동만으로는 불가
능하며, "각종 직업내에 '오르그'를 배치하여 그로써 획득된 동지들로서
조직된 '야체이카'를 통해 유기적 투쟁을 전개하지 않으면 안 된다"16)
고 인식하였다. 그들은 당재건 조직을 건설하여, 이를 중심으로 적색농
민조합·적색노동조합·급진적 소부르주아나 청년들로 이루어진 반제동
맹을 조직하는 등 전면적인 혁명투쟁을 전개하려 하였다.

　우가키 가즈시게는 이러한 상황에서 조선총독으로 부임하였다. 그
러했던 까닭에 우가키는 농촌의 혁명운동을 진압하고 농촌사회를 안정

---

14) 지수걸, 《일제하 농민조합운동연구—1930년대 혁명적 농민조합운동》, 역사비평사,
　　1993; 이준식, 《농촌사회변동과 농민운동—일제침략기 함경남도의 경우》, 민영사,
　　1993.
15) 大邱地方法院, 〈李七成 등에 대한 判決文〉; 大邱地方法院, 〈昭和 9년 刑公 제1370호〉.
16) 〈醴泉無名黨 號外版〉, 《朝鮮中央日報》 1934년 7월 24일자.

시키는 것이 급선무였다. 그는 조선총독으로 임명된 직후 조선 통치의 방침을 두 가지로 밝혔다. 하나는 내선융화를 크게 진척시키는 것이고, 다른 하나는 "조선인에게 적당한 빵을 주는 것"이었다.[17] 전자는 일제에 저항하는 민족·계급혁명 세력을 가차 없이 탄압해 조선을 더욱 확고히 일본 제국주의에 병합시키겠다는 것이고, 후자는 민중의 계급투쟁이나 민족해방운동이 극심한 생활고에서 나오는 것이기 때문에, 이들 생활을 안정시키고 체제내화하는 별도의 방안을 찾겠다는 것이었다.

조선으로 부임한 우가키는 먼저 총독부 아래 경찰력과 행정력을 총동원해 민족해방사상이나 사회주의 사상을 억압하고 민족운동 단체나 혁명조직을 무자비하게 검거·탄압하였다. 이로 말미암아 노동운동은 동면 상태에 들어갔고, 농민운동도 크게 위축되었다. 1932년 11월 당시 조선의 농민조합은 1,415개로 그 관계 인원 수효가 30만 명에 이르렀으나 겨우 1년 만에 조합 수는 1,100개로, 관계 인원도 11만 명으로 줄었다.[18] 이러한 탄압의 성과에 대해 우가키 총독도 "반도에서 사상 혼탁은, 돌아보면 소화 4년(1929) 무렵부터 한층 높아져 소화 5년(1930) 말 절정에 이르렀다고 할 수 있는 정황이고, 그 이후에는 탄압과 교도의 힘, 그리고 만주에 대한 제국의 선처 때문에 차츰 온건해져 소화 7년(1932) 이후가 되면 현저히 개선되었다"고 평가하였다.[19]

우가키 총독은 "조선인에게 적당한 빵을 주는" 방안도 찾기 시작하였다. 조선 농촌의 혁명운동을 뿌리까지 뽑으려면 물리적 탄압뿐만 아니라 농민을 식민지 지배 체제 속으로 적극 포섭할 필요가 있었기 때문

---

17) 宇垣一成, 《宇垣一成日記》(이하 《日記》로 표기함) 2, 1931년 7월 2일자, 東京: みすず書房, 1970, 801쪽.
18) 〈조선내 농민조합 1245처, 당국 엄중한 취제로서 작년보다 3백조합 감소〉, 《朝鮮日報》1933년 12월 2일자.
19) 《日記》1933년 9월 2일자, 916쪽.

이다. 이 정책은 극심한 빈곤에 시달리는 조선 농민의 생활고를 완화하는 정책이었으나 경제적 목표가 궁극적 목표는 아니었다. 어디까지나 식민지 지배 체제와 농업수탈체제를 안정시키고 식민지 농업정책을 뒷받침할 의도로 실시되었기 때문이다. 따라서 이 정책은 기존의 식민 농정이나 농업수탈체제와 배치되지 않고 잘 들어맞으면서 경제적 목표도 이룰 수 있어야 했다.

"조선인에게 적당한 빵을 주는" 정책은 농민의 생활고를 완화하는 경제적·물질적 목표와 농민을 식민지 지배 체제로 포섭하는 정치적·이데올로기적 목적을 모두 달성할 수 있게 만들어야 했다. 특히 후자를 중심에 두고 전자가 이를 달성하는 매개로 기능하도록 이루어져야 했다. 이 정책이 맨 처음 물질적인 생활고를 완화시키는 것을 매개로 민족의식과 계급의식을 말살하고, '내선융화'·'사상의 통합, 정조의 융화'를 이루는 정책으로 구상되었기 때문이다.[20] 그렇게 하려면 민족해방운동의 혁명이론에 대적할 수 있게, 조선 농민의 빈궁화 원인과 그 해결책을 체제 순응적 입장에서 정연하게 설명할 수 있는 논리체계도 구축해야 했다. 당시 민족해방운동 진영은 일제의 식민 지배와 그 수탈기구인 지주제가 농가를 빈곤하게 만드는 원인이므로, 농민은 민족혁명과 토지개혁으로만 가난에서 벗어날 수 있다는 이론으로 농민운동을 이끌고 있었다.

그러했던 까닭에 이 정책은 우가키가 조선 실정을 잘 몰랐던 부임 초기에는 만들어질 수 없었다. 이러한 정책을 구상하자면 기존의 식민지 지배정책과 지배구조 전반에 대해서도 체계적인 이해가 필요했고, 조선 농민들의 사회·경제적 처지와 사회의식, 문화적 성향에 대해서도

---

20) 《日記》 1931년 7월 2일자, 801쪽.

깊이 알아야 했다. 그리하여 우가키 총독은 바로 이 정책을 만드는 작업을 시작하지 않고 조선 실정을 파악하는 데 중요한 소작문제나 농가부채 문제를 다루는 데서 출발했다. 여기에서 "조선인에게 적당한 빵을 주는" 정책을 구상하는 작업으로 나아간 것이다.

당시 조선 농민을 극도로 가난하게 만든 직접적 원인은 고율소작료와 고리채였다. 따라서 조선 농민의 극심한 생활고를 완화하는 방안을 만들자면 반드시 이 문제를 검토해야 했다. 우가키는 부임 직후 먼저 조선의 소작문제를 검토하였다.

당시 중요한 소작문제는 고율소작료와 지주의 빈번한 소작권 이동, 그리고 이로 말미암은 소작쟁의 확대와 혁명적 농민운동의 발전이었다. 지주들은 소작권을 자주 이동하는 방법으로 소작료를 올리고 있었다. 조선의 소작료는 1920년대 후반에 이미 전체 수확의 60~80퍼센트까지 올랐고, 이 때문에 대다수의 소작농민은 농업수입만으로 생계를 유지할 수 없어 고리채를 빌려 수지적자를 매우는 처지로 전락하였다.

이러한 사태는 대공황기에 더 심화되었다. 곡가가 폭락하자 상당수의 지주들은 경영 손실을 줄이려고 소작료를 인상하였다. 이로 말미암아 농가 수입은 크게 줄어들었고, 부채가 급증해 파산하고 이농하는 농가도 많이 발생하였다. 소작료 인상과 소작권의 잦은 이동은 소작쟁의를 일으키는 원인이 되었고, 대공황기에는 해마다 수백 건의 소작쟁의가 발생하였다. 이러한 조건 속에서 농민운동을 민족해방투쟁으로 발전시키는 혁명적 농민조합운동이 일어났다.

이처럼 소작문제가 격화되고 있었으므로 조선총독부도 이 문제를 해결하려 하고 있었다. 조선총독부 식산국은 1930년 4월부터 관련기관을 총동원해 전국의 소작상황과 관행을 조사하는 한편 소작분쟁을 중재할 소작관을 설치하고, 이를 토대로 소작문제를 개선할 소작법 제정을

준비하였다. 우가키는 이런 상황에서 총독으로 부임했고, 소작문제를
우선적으로 다뤄야만 했다.

　우가키는 소작문제를 해결하려면 소작법 제정이 필요하다고 보았
다. 그러나 그가 제정하려는 소작법은 고율소작료를 규제하는 데 초점
이 맞춰져 있지 않았다. 그는 소작법으로 분배관계를 규제하면 지주의
정당한 이익과 합법적인 영리활동이 침해된다고 생각하였다. 그는 지주
의 이익과 권리를 보호하려 했으며, 다만 천재지변으로 농작물이 큰
피해를 입거나 소작농의 노력으로 증산이 이루어지는 예외적인 경우에
만 소작료를 조정할 수 있다고 보았다.[21] 우가키는 소작법을 제정하더
라도 지주제의 근간을 훼손해서는 안 되며, 지주의 정당한 이익을 충분
히 옹호해야 한다는 입장을 유지하고 있었다.[22]

　우가키가 지주제를 보호하려 한 것은, 당시 일제가 조선농업을 지배
하고 수탈하는 핵심 기구였기 때문이다. 우가키 입장에서는 본국의 요
구를 반영해 만들어진 조선총독부의 식민지 농업정책과, 이를 담당하던
농업 지배기구를 보호하고 발전시키는 것이 무엇보다 중요했다. "조선
인에게 적당한 빵을 주는" 방안은 어디까지나 이를 위해서였다. 고율의
소작료를 규제하는 것은 농가의 생활고를 완화하는 실질적인 방안이
될 수 있었지만, 자칫하면 식민농정과 농업수탈체제의 근간을 훼손하고
동요시킬 우려가 있었다. 따라서 우가키의 상황에서는 소작료 규제가
"조선인에게 적당한 빵을 주는" 방안이 될 수 없었다.

　우가키 총독이 관심을 가졌던 소작법은 소작쟁의를 개별분쟁으로

---

21) 《日記》 1932년 6월 30일자, 857쪽.
　　우가키는 천재 때문에 수확이 감소할 경우 양자가 상호부조의 정신에 따라 소작
　료를 타협해야 하고, 소작인의 노력으로 증산이 이루어진 경우 그 늘어난 몫은 모
　두 소작인에게 귀속되게 하는 것이 바람직하다고 보았다.
22) 〈농업의 전도유망, 소작법 제정은 급무 宇垣총독 담〉, 《朝鮮日報》 1931년 9월 4일자.

제도화하는 것이었다.[23] 우가키가 총독으로 부임할 당시 조선에서는 농민조합이 속속 결성되어 지주계급을 상대로 날카롭게 대립하며 투쟁하고 있었다. 우가키는 이 사태를 계급투쟁이 시작되는 것으로 파악하였다. 그는 소작인들의 계급투쟁이 쉽게 민족운동으로 발전할 것으로 보고, 이를 매우 위험하게 여겼다. 따라서 이를 진정시키고 탄압하는 것이 가장 시급한 과제이고, 조선의 소작법은 무엇보다 이 과제를 해결하는 데 이바지해야 했다.[24] 소작쟁의가 집단적인 계급투쟁이나 민족운동으로 발전하는 것을 차단하는 소작법, 달리 말하면 소작쟁의를 민법적 권리를 다투는 개별분쟁이 되도록 제도화하는 소작법을 제정하는 것이 시급하다고 본 것이다.

우가키는 이러한 내용의 소작법 제정을 서둘렀다. 그리하여 조선총독부 법무국은 긴급히 1931년 11월 일본의 소작쟁의조정법을 기본 골격으로 〈조선소작쟁의조정령〉을 입안하였고, 본국 정부와 조정을 거쳐 그 이듬해 1932년 12월 10일 이를 공포하였다.[25] 〈조선소작조정령〉은 소작분쟁을 제도화하는 최초의 소작법령이었다. 이 법은 소작분쟁을 조정위원회의 권해와 지방법원에서의 재판으로 해결하게 하였으나, 그 권해나 재판을 지주가 받아들이지 않을 경우 민법이 보장한 지주의 어떠한 권익도 제약할 수 없었다.[26] 이 법은 우가키 총독의 표현대로

---

23) 1930년대의 조선총독부 소작정책에 대해서는 정연태의 앞의 논문(1990) 참조.
24) 《日記》 1934년 2월 14일자, 950쪽.
   "내가 처음 취임했을 때는 농민조합이 가지가지로 출현해 지주와 소작인 사이가 첨예화하고 있었다. 계급항쟁이 시작되고 있었다. 정신작흥, 자력갱생, 좌경사상의 억제와 선도에 의해 그것도 점차 해소기운으로 기울고 있고, 장래에도 계급투쟁이 일어나는 것을 방지하기 위한 선수로 소작령의 제정을 기획하였던 것이다."
25) 〈분쟁빈발을 중대시 소작쟁의조정법, 법무국원안 성안〉, 《東亞日報》 1931년 11월 12일자.
26) 社說 〈소작쟁의조정법-소작령제정이 급무〉, 《東亞日報》 1931년 11월 16일자; 〈소작쟁의 조정위원은 사실상 지주기관〉, 《東亞日報》 1933년 4월 3일자; 〈소작쟁의 조

지주의 행복을 저해하지 않는 한도 안에 있었던 것이다.

한편 우가키 총독은 "조선인에게 적당한 빵을 주는" 방안과 관련해 고리채 문제에도 관심을 기울였다. 고리채는 농가 경제를 가난하게 만드는 주요한 요인이었다. 당시 전체 농가의 70퍼센트가 부채를 지고 있었고, 그 부채는 대부분 고리채였다. 많은 농민들은 담보 능력이 없어 금융기관을 이용할 수 없었고, 살기 위해서는 고리채에 의존할 수밖에 없었다. 가난한 농가는 살기 위해 고리채를 빌리지만, 그 고리채는 농가를 더욱 빈곤하게 만드는 원인이 되었다. 고리채는 빈곤의 악순환을 가져오면서 농가 몰락을 가속화시켰고, 이러한 사태는 식민지 지배 체제의 관점에서도 매우 부정적인 것이었다.

그러했던 까닭에 우가키 총독은 농촌에서 고리채를 줄이는 방향으로 정책을 수립해야 한다고 판단하였다. 고리채를 줄이는 방법은 농민들이 고리채 대신 금융기관의 대부를 받게 하는 것으로, "조선인에게 적당한 빵을 주는" 매우 효과적인 방안이 될 수 있었다. 이에 우가키 총독은 1932년부터 행정기관과 금융조합을 앞세워 농민의 고리채를 금융기관의 대부자금으로 바꾸는 '고리채정리사업'을 시작하였다.[27]

이처럼 우가키 총독은 조선 농가를 가난하게 만드는 소작문제와 고리채 문제를 검토하고 그 대책으로 〈조선소작조정령〉과 '고리채정리사업'을 실시했지만, 이것이 "조선인에게 적당한 빵을 주는" 방안이 되기는 부족하다고 보았다. 〈조선소작조정령〉은 농가의 생활고 완화에 도움을 주지 못했고, 고리채 정리도 일시적으로 농가경제에 도움을 줄 수는 있지만 농가 수지적자를 근원적으로 해소하는 정책이 아니었다. 따라서 이러한 대책을 매개로 민족의식과 계급의식을 말살하고 '내선융

정효과 없다〉, 《釜山日報》 1933년 4월 29일자.
27) 정문종, 앞의 글(1993).

화', '사상의 통합, 정조의 융화'를 이룰 수는 없었다.

우가키는 소작제도나 고리채의 개선보다 새로운 방향에서 "조선인에게 적당한 빵을 주는" 방안을 찾을 필요가 있다고 생각하였다. 그렇게 해서 만들어진 것이 1932년 6월에 개최된 도지사회의에서 그가 공개한 농촌진흥방안이었다. 이 방안은 농민을 가난에서 구출하고자 조선총독부가 나서 "영농조직을 복식화(=다각화), 종합화하고 근검 치산하는 자주 자립정신을 함양하고, 어느 정도 자급주의를 확대"하도록 지도하는 방안이었다.[28] 이것은 관계 당국이 나서 농민이 더욱 근검역행하도록 다그쳐 수입을 늘리는 방법으로 농가의 수지적자를 줄이는 방안이다. 농촌진흥방안은 이러한 지도·통제를 매개로 민족의식이나 계급의식을 없애고 농민들을 식민지 지배 체제로 포섭하려는 정책이었다. 이러한 특성에 주목해 보면 우가키의 농촌진흥운동은 사이비 사회정책적 농정이었다.[29]

우가키가 제시한 이 방안의 내용을 구체적으로 살펴보면 다음과 같다.[30] 첫째, 이 방안은 농가 빈곤의 원인을 일부 재계불황에 따른

---

28) 朝鮮總督府, 《施政に關する諭誥·訓示並に演說集(1927. 4～1937. 3)》(이하 《施政演說集》으로 표기), 127～128쪽.
29) 지수걸, 앞의 글(1982).
　　"사회정책이란 자본주의하에서 임금노동을 장기에 걸쳐 보전·확보하고 아울러 그 경제적·사회적 생활조건의 개선과 체제의 안정화를 도모하는 총자본 및 국가의 정책을 지칭한다. 농촌진흥운동은 이 범주에 속하는 정책이나 체제의 안정화에 주된 목적을 두고 농민의 경제적·사회적 생활조건의 향상은 기만적인 구호 수준에 머물고 있기 때문에 이를 사이비 사회정책적 농정이라 규정한다."
30) 〈昭和 7년 도지사 회의에서 총독 훈시〉, 《施政演說集》 127～128쪽.
　　"다수 농민의 생활안정에 관한 사항은 산업 및 사회정책상 매우 중요한 문제이며, 특히 현시와 같이 심각한 불황시대에서는 그것의 해결은 가장 긴급하다고 생각한다.…… 진정으로 생활의 안정을 도모하기 위해서는 농민자신이 근검역행하는 것이 근본이다. 조선의 농가는 그 경지 및 노력에서 집약 이용할 여지가 많이 있기 때문에 비교적 쉽게 노동에 의해서 생산소득을 증가하고 자영 자립할 방도를

곡가하락에서 찾기도 하지만, 기본적으로 농민의 자립정신 부족과 농가
경영의 낙후성에서 찾고 있다. 고율의 소작제도나 식민지 농업구조·정
책이 농가 빈곤의 원인이 된다는 인식은 어디에서도 찾아볼 수 없다.

　둘째, 이 방안은 농가의 가난이 전적으로 농민 책임이라는 논리에
설득력을 부여하려고 농가경영과 농민의식의 부정적 요인을 과장하고
있다. 이 방안은 농가경영에서 경지와 노동력을 더 집약적으로 이용해
수입을 늘릴 수 있는데 게을리 하고, 미작과 맥작 위주의 단일농법에
의존하여 다각적 경영을 하지 않는 점을 가난의 원인으로 지적하였다.

강구할 수 있다고 생각한다. 원래 현재의 농촌의 困憊는 농가가 단일 농법에 편기
해 있고 화폐경제가 발달한 것을 遠因으로 하고, 재계불황으로 인해 농산물의 가격
이 하락한 것을 近因으로 하는 것이기 때문에 장래에 농촌지도는 영농조직의 복식
화·종합화와 근검 치산, 자주 자립정신의 함양에 그 기조를 두고, 어느 정도의 자
급주의를 채용함으로써 농가경제를 견실하게 하는 방향으로 이루어져야 한다고
믿는다. 그래서 농촌문제는 금일에는 단순한 산업 및 경제상의 문제에 머물지 않
는다. 치안·교육·사회 등 지방행정 전반에 걸치고, 상호 긴밀한 연락을 가지면서
협심 합력해 그 대책을 강구하지 않을 수 없다.”
〈昭和 7년 도지사회의에서 정무총감 훈시〉
　“현하 재계의 불황으로 인해 농가경제는 더욱 핍박을 받고, 특히 농산물 가격의
하락과 적년의 피폐로 인해 부채가 누증한 것은 농촌의 궁상을 더욱 심각하게 하
고 있다고 판단되기 때문에 총독부는 그 대책으로 사정이 되는 한 종래의 여러 시
설을 개선 확장함은 물론 새로운 소작 및 소작쟁의 조정에 관한 법규의 제정, 북
선지방의 개척, 화전의 정리, 자작농창정, 곡물검사의 국영화 등의 여러 시설을 실
행하고자 한다.…… 농가의 현상은 경지와 노력에서 집약적·경제적 이용 여지가
지금도 여전히 있을 뿐만 아니라, 영농조직에 있어서도 아직 미·맥작을 위주로 한
단일농법에 의존하는 것이 많아서 근로를 기조로 자급주의를 그 근간으로 한 複式
的 農法을 행할 바도 적지 않다고 판단된다. 특히 농업의 본질을 이해하고 농촌에
안주하며, 영농에 힘을 쏟아 治産興家하는 자립정신을 확립하는 데 있어서는 아직
크게 모자람이 있다고 생각한다. 이러한 현상에 대해 마땅히 현하의 실정을 맹성
하고, 교육의 개선, 보통학교 졸업생 지도, 청소년 훈련 등의 시설과 연결을 가지
고, 각종 행정 및 교육 기관들과 연락 통제를 가지면서 일층 투철한 종합적 계획
을 수립하고, 아울러 농촌에서 정신적 방면의 개발을 도모하고, 농촌구제의 실효를
거둘 수 있도록 노력하고자 한다.”

또한 농민의식의 문제로 농업의 본질을 이해하지 못하고, "영농에 힘을 쏟아 치산흥가治産興家하는 자립정신"이 부족하다는 것을 강조하였다.

셋째, 이 방안은 이러한 논리의 연장선에서 농민생활을 안정시키는 근본 방도는 전적으로 농민 자신의 근검역행이라 강조하였다. 그러나 조선 농민들이 자발적으로 근검역행을 실천할 수 있다고 보지는 않았다. 왜냐하면 조선 농민들이 근검역행을 실천할 의지나 능력이 없고 매우 나태한 상태에 머물러 있다고 보았기 때문이다.

넷째, 이 방안은 농가를 가난에서 구출하려면 조선총독부가 산하 행정기관·교육기관과 유기적으로 연결해 투철하게 종합적인 지도계획을 수립해 농가를 지속적으로 지도해야 한다고 하였다. 그 지도는 관계 당국이 지도자로 나서 농가를 상대로 정신적·물질적 방면에서 자력갱생을 강요하는 것이었다.

요컨대 우가키는 농가 빈곤이 전적으로 농가 경영방식이나 농민의식의 한계에 따른 것이고, 일제의 식민지 지배와 농업수탈체제는 오히려 농민을 빈곤에서 구출하는 시혜적 역할을 수행하고 있다고 보았다. 따라서 이 방안은 농가가 가난에서 벗어나려면 일제 지배에 순응해야 한다는 논리에 바탕을 두고 있었다. 우가키는 이 방안에 따라 철저하게 농가에게 갱생지도를 실시하면 그 과정에서 이러한 논리가 농민 의식에 뿌리내릴 것으로 기대하였다.

우가키가 제시한 이 방안은 개략적이고 내용이 매우 소략하여 당장 시행할 수 있는 것은 아니었다. 그러나 여기에는 "조선인에게 적당한 빵을 주는" 정책을 구상한 우가키 총독의 문제의식과 의도, 현실대처 논리, 핵심적인 정책 내용과 실행 방법 등이 정연하게 집약되어 있다. 우가키 총독은 이 방안을 기본 골격으로 이후 더욱 확대하고 실행 가능한 정책으로 구체화시키는 작업에 박차를 가했다. 또한 이 방안과 소작대책, 고리채정리사업 등을 결합시키는 작업도 추진하였다. 그렇게 만들어진 것이 농가갱생계획을 중핵으로 하는 농촌진흥운동이다.

이와 별도로 우가키 총독은 만주사변 이후 급변하는 시국상황과 일본 제국주의의 구조 변화를 주시하면서, 중장기적인 조선통치 방향도 검토하고 있었다. 우가키는 만주사변 전부터 일본이 만주와 연해주를 아우르는 독자적인 경제권을 구축해야 한다고 주장하였다.

그러했던 까닭에 우가키는 만주사변이 일어나자마자 관동군의 침략행위를 옹호하고, 만주지역을 중국에서 분리해 일본의 괴뢰국가로 만들어야 한다는 의견을 일본 수상과 육상에게 전달하였다.31) 1931년 10월 13일 국제연맹 이사회가 일본에게 11월 6일까지 만주에서 철병하도록 권고하는 결의안을 통과시키자, 우가키는 이 결의에 대해 단호히 반대하는 입장을 밝혔다. 또한 일본이 생존하고 발전하려면 만주는 말할 것 없고 몽고까지도 중국에서 분리해 지배해야 한다고 주장하였다.32) 우가키는 만주를 확실하게 경제적으로 보유할 수 있다면 일본은 자급자족할 수 있고 생존도 보장된다고 본 것이다.33) 나아가 그는 일본 국민이 "행복한 생존"을 바란다면, 인구 4억의 중국 시장을 지배해야 하고 미국·소련 등에도 관심을 가져야 한다고 주장하였다.34)

그럼에도 우가키는 만주침략에 이어 바로 중국이나 소련으로 침략을 확대하는 것은 반대하였다.35) 그는 당시 일본이 소련·미국과 마찰을 빚는 것은 되도록 피해야 하며, 일본 제국주의의 내구성을 강화하여 뒷날 구미 세력과 충돌하더라도 이를 격파할 수 있는 진지를 구축하는

---

31) 《日記》 1931년 10월 5일자, 813쪽.
32) 《日記》 1931년 10월 23일자, 815쪽.
33) 《日記》 1932년 4월 4일자, 839쪽.
34) 《日記》 1932년 4월 18일자, 843쪽.
35) 이승렬, 앞의 글(1996).

데 역점을 두어야 한다고 생각하였다. 이런 관점에서 그는 만주에 대한 지배를 공고히 하고 일본·조선·만주를 아우르는 통합경제권, 곧 블록 경제 구축을 당면 과제라 보았다. 조선에 대한 지배 정책도 이러한 과제와 연계해 구상하고 있었다.

만주침략을 둘러싼 일본과 중국의 대립은 1932년 1월 28일 상하이 사변이 일어나면서 더욱 격화되었다. 일본은 만주철병과 상하이전투 중지를 요구하는 국제연맹 이사국의 결의를 거부하고, 그해 3월 1일 만주국 건국을 강행하였다. 만주국이 건국되자 우가키는 일본과 조선·만주를 단일 경제권으로 통합하여 운영하는 방안을 구상하고, 이를 일본의 수상에게 제안하였다. 그는 만주·조선·일본의 개발이 개개 할거주의로 전개될 수 있음을 우려하고, 일본의 당면 과제는 이들을 하나로 묶어 자급자족체제를 형성할 수 있도록 통제하는 것이라 하였다.36) 그 통제는 일본 본위로 하거나 조선이 주관하는 방식이 되어서는 안 되며, 세 지역을 하나로 묶어 자급자족이 가능해야 한다고 보았다. 무엇보다 가장 싼값으로 최우량 제품을 생산하여 다른 나라와의 경쟁에서 이길 수 있게 하는 것을 원칙으로 생각했다.37) 우가키는 그 통제의 구체적 내용으로 산업의 통제, 교육의 융통, 화폐 제도와 관세의 통일 등을 제시하였다.38)

그는 만주국에 대한 지배를 공고히 하려면 먼저 일본 국민이 일대 결단과 각오를 가지고 오랜 시간 노력해야 하고, 경세가들도 국민의 이해와 신념·준비가 이 방향으로 이루어지도록 지도해야 한다고 주장하였다.39)

---

36) 《日記》 1932년 3월 23·28·30일자, 837~838쪽.
37) 《日記》 1932년 5월 14일자, 847쪽.
38) 《日記》 1932년 3월 23일자, 837쪽.
39) 《日記》 1932년 3월 9일자, 833쪽.

　이러한 방침은 조선 통치에서도 관철되어야 했다. 그는 조선통치와
관련해 만주에 대한 지배를 공고히 하는 방안의 하나로 조선인을 대거
만주로 이민 보낼 것을 제안하였다. 당시 만주국의 주민은 123만 명에
지나지 않았다. 우가키는 만주국을 공고히 하자면 최소 천만 명의 인구
가 필요하다고 보고, 이 목표를 이루기 위한 방안으로 매년 조선에서
3만 호 15만 명씩 15년에 걸쳐 모두 225만 명 이주를 구상하였다. 우가
키는 여기에 일본에서 1백만 명, 중국에서 4~5백만 명을 더 이주시키
면, 만주 지배는 더 공고해 질 것이라 예상하였다. 조선총독으로서 우가
키는, 이러한 만주 이민계획을 조선의 경제적 어려움을 해결하는 근본
적 방책의 하나로 생각하고 있었다.[40]

　우가키 총독은 만주국 경영에 관한 자신의 구상을 다양한 경로로
일본 수상과 군부, 관련 인사들에게 적극적으로 제안하였다. 그러나
그의 구상은 농촌진흥운동이 조선에 대한 지배정책으로 입안되는
1932년 말까지 수용되지 못했다. 만주국 경영에 커다란 영향을 끼쳤던
일본 군부의 황도파나 통제파가 우가키 총독과 거리를 두었던 탓도
있지만,[41] 시기적으로 만주에 대한 정책은 정치·군사적 점령을 공고히
하는 데에 역점을 둘 수밖에 없었기 때문이다. 그 때문에 우가키 총독
의 조선 농촌 안정책이나 그 연장선에서 구상된 농촌진흥운동도 일본·
조선·만주를 연결하는 블록화 정책과 연계되어 구상되거나 추진될 수
는 없었다.

---

40) 《日記》 1932년 3월 17·21일자, 834~836쪽.
41) 이승렬, 앞의 글(1996).

3. 농가경제갱생계획 전개기의 농촌진흥운동론과 시국대책

1) 농가갱생계획을 통한 정신개조와 '국본國本 배양'

1932년 6월 도지사회의에서 "조선인에게 적당한 빵을 주는" 정책의 기본 방침을 제시하였던 우가키 총독은 그해 하반기, 이를 농촌진흥운동으로 정책화하는 작업에 박차를 가했다. 이에 따라 조선총독부는 1932년 7월 조선총독부사무분장규정을 개정하여 농림국을 신설하고, 농촌진흥운동에 관련된 제반 업무를 담당하게 하였다. 이어 9월 말과 10월 초에는 그 시행에 필요한 〈조선총독부농촌진흥위원회규정〉과 정무총감 통첩인 〈농산어촌의 진흥에 관한 건〉을 공포하였다. 이 규정에 따라 속속 각급 농촌진흥위원회가 구성되었고, 우가키 총독은 일선에서 이 운동을 담당할 군수·도사를 소집해 농산어촌진흥에 관한 강습회를 열었다.

조선총독부의 농촌진흥운동은 다양한 부락진흥사업과 개별 농가에 대한 농가갱생계획이 결합된 것이었지만, 그 핵심은 농가갱생계획이었다. 농가갱생계획은 지도부락을 뽑고 그 부락 안에 있는 지도 대상 농가에 대해 개별적으로 식량충실·현금수지균형·부채상환의 갱생 3목표를 달성할 농가갱생 5개년계획을 수립, 담당 관리를 비롯해 군·면·리 단위의 농촌진흥위원회가 이를 철저히 이행하도록 대상 농가를 지도하는 것이었다.[42]

우가키 총독은 농가갱생계획을 실시하면서 1932년 6월 도지사회의에서 제시한 농촌진흥운동론을 더욱 확대하고 구체화시켰다. 우가키는

---

42) 정문종, 앞의 글(1993).

1932년 도지사 회의에서 조선 농가의 빈곤이 전적으로 농가경영방식이나 농민의식의 한계에서 말미암은 것이라 주장했는데, 이후 이 논리를 민족성 문제까지 확대시켰다. 조선 농촌의 빈궁과 동요는 조선인의 망국적 사상에서 비롯되었다고 주장한 것이다. 그는 조선인의 사상적 특징을 "사대사상, 이기주의, 타력본원, 권리 주장이 강하나 의무의 이행을 결여하고 있는 것"43) 등으로 규정하고, 농촌진흥운동은 이러한 사상을 개혁하는 데 먼저 초점을 맞추어야 한다고 보았다.

다음으로 그는 농가갱생계획을 지도하는 방법에서 정치적·정신적 개조운동 성격을 강화할 것을 요구하였다. 농촌진흥운동을 지도하는 주체는 개별 농가를 대상으로 농가갱생계획을 강요하는 담당 관리와 농촌진흥위원회였다. 1932년 도지사회의에서 제시한 구상에는, 이 운동 주체들이 농민을 지도하는 방법에서 경제적·물질적 목표와 정치적·정신적 목표 사이 앞뒤 관계가 명확하지 않았다. 이에 견주어 농가갱생계획을 실시하는 단계에서는 이들이 대상 농가를 지도할 때 먼저 농민의 정신개조에 중점을 두고, 이로써 농가갱생계획의 물질적 목표를 달성하는 것을 강조하였다. 우가키는 "농가갱생계획은 어디까지나 정신적 개발, 곧 민중의 자각과 공부와 노력에 두어야 하고, 이들 시설이 일시의 물질적 타산적 관념에 따라 의혹되지 않게 하는 것44)"이 긴요하다는 것이다. 또한 "조선에서 농촌 부활·번영을 위해서는 타력 또는 관력에 따른 구제도 응급책으로 필요하지만, 근본적으로는 자력본원·자주자립정신의 진흥이 우선"되어야 한다고 하였다.45) '식량충실·현금수지균형·부채상환' 등의 경제적 목표는 이러한 정신개조로 달성되어

---

43) 《日記》 1932년 7월 24일자, 858쪽.
44) 《施政演說集》, 165쪽.
45) 《日記》 1932년 7월 24일자, 858쪽.

야 한다는 것이다.

셋째로, 우가키는 대상 농가들이 그 물질적 성과를 체감할 수 있도록 농가갱생계획의 경제적 목표를 현실에서 달성 가능한 수준으로 낮추어 구체화하고, 다양한 경제지원사업을 농가갱생계획에 결합시켰다. 농가갱생계획은 경제갱생을 위한 지도와 정신개조를 위한 지도를 유기적으로 결합해 함께 진행하는 것이지만, 농민들은 당장의 생활고를 완화시킬 수 있는 물질적 성과에 더 관심을 가지고 있었다. 따라서 농민들이 정신개조를 받아들이게 하려면, 그와 연결된 경제갱생지도가 농민이 체감할 수 있는 물질적 성과를 반드시 가져와야 했다.

이에 우가키 총독은 소작농가에게 근검역행을 강요해 달성 가능한 '식량충실·현금수지균형·부채상환'을 농가갱생계획의 물질적인 갱생 3목표로 구체화하였다. 그리고 이를 달성하고자 담당 관리와 농촌진흥위원회를 내세워 대상 농가의 경제생활 전반을 철저하게 감시하고 통제하였다. 대상 농가의 경제생활에 도움이 될 수 있는 다양한 경제지원사업도 실시하였는데, 가장 비중이 컸던 것이 고리채정리사업이었다.

고리채정리사업은 1932년에 시작되었지만, 농가갱생계획이 시작되면서 이와 결합해 그 규모가 확대되었다. 고리채정리사업은 금융조합이 나서 부락별로 채무관계를 조사하고, 금융조합 이사와 군수·경찰서장·면장 등이 채권자를 상대로 원리금을 삭감 또는 포기하도록 조정한 다음, 채무자 가운데 대상자를 뽑아 중장기 연부 상환의 저리자금을 부동산 담보 여부에 따라 최고 1천 원에서 최저 2백 원까지 빌려주는 것이었다. 이 사업을 담당한 금융조합은 사업의 확대를 위해 1933년부터 조합원 증가운동을 전개하였다. 조합원으로 가입해야만 고리채를 금융조합 대부금으로 대체할 수 있었기 때문이다. 조합원증가운동은 1933년부터 5개년 계획으로 소작농 중층 이상을 모두 가입시키는 것을 목표로 실시되었다. 조선총독부는 이 사업에 성과를 내려고 군수·경찰서장·면장 등을 동원해 금융외적 압력까지 행사하면서 지주와 대금업자를 압박하였다.[46]

조선총독부는 비록 규모가 크지는 않았으나 고리채정리사업 말고도 소액공과금 부담의 면제, 농촌 부담 경감, 수업료의 인하, 자작농지 구입을 위한 금융지원 등 다각적인 지원책을 실시하여 농가갱생계획을 도왔다.[47]

넷째로, 우가키 총독은 소작쟁의를 제도화된 분쟁으로 체제내화하고자 〈조선소작령〉 제정을 추진하였다. 소작쟁의가 계급투쟁·민족운동으로 발전하는 상황에서는, 농가갱생계획으로 농민 의식을 개조해 체제순응적인 황국신민으로 만드는 것이 어려웠기 때문이다. 이를 위해 우가키는 1932년에 〈조선소작조정령〉을 제정한 바 있지만, 그 조정령은 현행 소작조건이 조정 기준이고 권해 결정은 구속력이 없어 소작농민들의 관심을 끌 수 없었다. 따라서 소작쟁의를 제도화하자면 소작농민의 처지를 조금이라도 개선할 수 있도록 소작조건을 규제하는 새로운 법령이 필요하였다.[48]

소작조건 개선의 필요성은 농가갱생계획을 담당하는 일선 관리들로부터도 제기되었다. 그들은 소작조건을 개선하지 않으면 농가갱생계획이 물거품이 될 것이라 보고하였다. 열악한 소작조건이 농가갱생계획의 물질적 목표 달성을 심각하게 방해하고 있다는 것이다. 그리하여 일부 지역에서는 독자적으로 소작관계를 개선할 임시조치를 찾기도

---

46) 秋定嘉和, 〈朝鮮金融組合의 機能과 構造−1930~40년대를 중심으로〉, 《朝鮮史研究會論文集》 5, 1968; 정문종, 앞의 글(1993).
47) 《日記》 1933년 9월 2일자, 916쪽.
48) 정연태, 앞의 글(1990).

하였다.49) 우가키 총독도 이 점을 인정해 1934년 1월 개최된 도지사회
의에서 "농촌진흥운동을 위해 가장 중요한 조치는 소작농민이 농지에
안주하고, 농업에 정려精勵할 수 있도록 불건전한 소작관계를 정비하는
것"이라 하였다.50)

우가키 총독은 이 두 가지 이유를 들어 적극적으로 〈조선소작령〉의
입법을 추진하였다. 그러나 그는 이 법령이 식민지 농업지배기구 근간
인 지주제의 기본 구조를 훼손해서는 안 된다고 보았다. 그는 〈조선소
작령〉이 "지주의 정당한 이익을 충분히 옹호하고, 지주 소작인의 협조·
융화 아래 농업의 발달, 농촌의 진흥을 도모"하는 방향으로 만들어져야
한다고 주장했다.51) 따라서 소작관계 정비는 지주들의 권리를 최대한
존중하면서 지주와 소작인 사이 계급조화를 꾀하는 방향에서 제한적으
로 이루어져야 하는 것이었다.52) 우가키 총독은 이를 두고 "자본의 횡
포와 공산의 발호를 배척하고 협조 중용을 얻는 것"53)이라 하였다.

〈조선소작령〉에 대한 우가키 총독의 태도가 이러했기 때문에, 이
법에 대한 지주들의 반대운동은 대수롭지 않게 여겼다. 그는 지주들이
이 법의 제정 취지와 내용을 정확히 이해하면 크게 반대하지 않을 것이
라 예상했고, 그의 예상대로 지주들이 이 법을 이해하면서 〈조선소작
령〉 반대운동은 빠르게 진정되었다.54)

---

49) 〈경북도내에서 빈발하는 소작권이동, 농촌진흥운동에 악영향〉, 《大阪朝日新聞》
    1934년 2월 28일자.
50) 《施政演說集》, 182쪽.
51) 《施政演說集》, 168쪽.
52) 《日記》 1933년 12월 17일자, 932쪽.
53) 《日記》 1933년 8월 20일자, 913쪽.
54) 〈大勢는 卽行論, 소작령과 귀족원 방면의견〉, 《朝鮮新聞》 1934년 1월 21일자; 〈소
    작령제정반대 차제에 완화되다, 발표의 내용을 양해하고 찬성으로 전향자가 속
    출〉, 《朝鮮民報》 1934년 1월 22일자.

우가키 총독이 추진한 〈조선소작령〉은 1933년 12월 총독부 심의를 마치고 일본 정부로 보내져 관할 부서인 척무성과 법제국 심사를 받았다. 척무성과 법제국 심사과정에서 이름이 〈조선소작령〉에서 〈조선농지령〉으로 바뀌었는데, 소작령이라는 이름 때문에 일어날 수 있는 오해를 막고 지주가 입을 피해를 최소화한다는 것이 그 이유였다.[55] 소작권 보장 기간도 5년에서 3년으로 줄었다. 이러한 절차를 거쳐 〈조선농지령〉은 1934년 4월 11일 공포되었으며, 그해 10월 20일부터 시행에 들어갔다.

〈조선농지령〉의 주요 내용은 ① 소작계약 법정 기한을 3년으로 하고, ② 마름 또는 소작지관리인의 임명을 인가제로 하고, ③ 소작권에 물권적 효력과 상속권을 인정하고, ④ 소작지의 전대를 금지하고, ⑤ 검견제도의 개선을 꾀하고, ⑥ 소작료 관계는 임의로 당사자들이 결정하게 하되, 분쟁이 있을 경우 지주와 소작인이 합의하여 부·군·도소작위원회의 판정을 구할 수 있게 하였다.[56] 〈조선농지령〉의 최대 특징은 비록 3년 동안이지만 소작권을 보장하고 소작권이나 소작료를 둘러싼 분쟁이 발생할 경우 이를 법적으로 처리할 근거를 마련한 것이다. 우가키는 이 법령으로 제한된 기간이나마 소작농민이 농사에 안정적으로 힘을 쏟을 수 있게 보장하여, 농가갱생계획이 물질적 성과를 낼 수 있도록 하였다. 동시에 소작문제로 발생하는 분쟁을 법적으로 해결할 수 있는 근거와 제도를 마련하여 소작분쟁이 계급투쟁으로 발전할 소지를 미리 차단하려 하였다. 그의 표현에 따르면 "소작령은 노자의 협조를 증진하고 계급투쟁을 방지하고, 그 사이에서 산업의 발전을 촉진하기

55) 社說 〈조선농지령의 내용, 또렷한 효과는 의문〉, 《中央新聞元山每日》 1934년 4월 8일자; 〈소작료체납자는 지주가 이작도 무방〉, 《朝鮮日報》 1934년 1월 31일자.
56) 社說 〈결정된 조선농지령〉, 《東亞日報》 1934년 4월 8일자.

위해 제정된 것"이었다.[57]

그러나 우가키는 〈조선농지령〉을 입법하면서 고율소작료 문제에는 이름뿐인 규정만 두어 지주 수익을 보장하였다.[58] 지주의 소작료 수입은 일본으로 쌀을 수출하는 문제와 직결되어 있었다. 당시 조선에서 농가생산비에 못 미치는 낮은 가격으로 많은 쌀을 일본에 수출할 수 있었던 것은 지주들이 고율로 소작료를 착취할 수 있었기 때문이었다. 따라서 조선에서 소작료를 규제하면 일본의 미곡 시장이 교란될 위험이 있었다. 그런 까닭에 소작농가의 경제안정을 생각하면 고율소작료에 대한 규제가 절실하지만, 이런 이유로 우가키는 〈조선농지령〉에서 이를 배제하였다. 그는 이를 두고 "지주들의 정당한 이익을 옹호하는" 것이라 했지만, 그가 진정으로 지키고자 한 것은 고율소작료로 실현되는 일본 제국주의 이익이었다.

〈조선농지령〉은 짧은 기간이나마 소작권을 안정시켜 농가갱생계획에 이바지하였다. 그러나 고율의 소작료를 규제하지 않았던 까닭에 그 기여도는 제한되었다. 〈조선농지령〉의 가장 큰 효과는 계급·민족혁명운동으로 발전할 소지가 큰 소작쟁의를 민법적 권리를 다투는 분쟁으로 개별화시켜 체제내화한 것이었다. 〈조선농지령〉 실시를 분기로 이후 소작쟁의는 집단적 쟁의에서 개별분쟁으로 급속히 바뀌었고, 이에 따라 소작쟁의에 따른 농촌사회의 동요도 진정되어 갔다.

이상과 같이 우가키 총독은 농가갱생계획을 전개하면서 농가가 그 물질적 성과를 체감하도록 통제와 지원을 확대하고, 이와 함께 식민지 지배 체제에 순응하는 정신 개조운동도 강화하였다. 이로써 우가키는 혁명적인 민족·계급의식을 말살하고 황국신민정신을 주입

---

57) 《日記》 1934년 4월 11일자, 955쪽.
58) 〈실시 후 차질 속출, 지주의 합법적 억압이 성행〉, 《朝鮮日報》 1934년 11월 27일자.

하려 하였고, 이러한 정책들과 경찰의 무차별적인 물리적 탄압을 결합해 혁명적 농민조합운동을 진압해 나갔다.

우가키 총독은 농촌진흥운동으로 일제의 식민지 지배에 순응하는 정신을 주입시키는 것을 "국본國本의 배양"으로 부르고, 이것이 조선통치의 기조라 하였다.[59] 그는 1933년 4월 도지사회의에서 조선통치의 기조는 "국본國本의 배양", 곧 "국민 정신의 강건과 국민생활의 안정을 이룩하는 것"이라 하였다.[60] 우가키 총독이 "국본의 배양"을 조선통치의 기조로 표방한 것은, 그 전해 11월 일본 정부가 시국대책으로 개시한 '국민정신작흥운동'을 조선에서 전개하기 위해서였다.

우가키는 조선 통치에서 "국본의 배양"이 필요한 이유를 두 가지 들었다. 하나는 만주침략이 가져온 불리한 국제정세를 타파하기 위해서 일본 국민 전체가 일대 결단과 각오로 오랜 시간 노력해야 하기 때문이었다.[61] 다른 하나는 그러한 노력에 방해가 되는 세력, 곧 "국체와 상용되지 않는 사상을 가진 자와 반동적으로 폭력적인 직접행동에 나서고자 하는 자들을 근절"[62]하기 위해서였다. 말하자면 "국본의 배양"은 천황 숭배를 정점으로 하는 군국주의적 이데올로기 통제체제와 일사불란한 정신총동원체제를 구축하고, 이로써 반제 민족운동을 탄압하고 근절하는 것이었다. 우가키는 농가갱생계획을 중핵으로 하는 농촌진흥운동으로 이를 달성하려 하였다. 그는 농촌진흥운동이 완성되면 내선의 융화도, 악惡사상의 시정도, 노자勞資의 협조도, 누습의 타파도, 경제의 갱생도, 생활의 안정·향상도, 지방자치의 발달도 모두 이 분위기 속에

59)《施政演說集》, 162쪽.
60) 위와 같음.
61)《日記》1932년 3월 9일자, 833쪽.
62)《施政演說集》, 162쪽.

서 해결되고 성공할 것이라 주장하였다.[63]

이러한 관점에서 우가키는 1934년 초 농촌진흥운동을 30년에 걸친 4단계 장기계획으로 확대·개편하는 방안을 구상하였다.[64] 그 구상에 따르면 최초 1단계는 10년 계획으로, 대부분의 농가가 농가갱생 3목표를 달성하여 생활의 안정을 이루고 지방자치를 훈련하는 시기다. 제2단계는 대부분의 농가를 자작·자소작농으로 향상시켜 생활의 향상을 이룩하고 지방자치도 확장되는 단계로, 대략 8년 정도가 걸린다. 제3단계는 자작이나 자소작농으로 상승한 농가의 생활을 충실하게 만들고, 지방자치와 의무교육을 완성하는 것을 목표로 하며 기간은 6년이다. 마지막 제4단계는 최종적으로 조선에 대한 특별통치제도를 폐지, 조선인들에게 참정권을 부여하고 의무병역제를 실시하는 등 조선을 일본에 완전히 동화시키는 단계로, 이를 완료하기까지 다시 6년이 걸린다. 이러한 장기계획에서 보듯이 우가키 총독의 농촌진흥운동 구상은 경제적으로는 농가경제 안정과 향상을 추구하고, 이를 바탕으로 황국신민화를 강화해 정치적으로 조선을 완전히 일본에 동화시키는 것을 목표로 하였다.

2) 일본의 국제적 고립과 시국대책

우가키 총독의 농촌진흥운동은 만주국에 대한 일본의 경영방침이 결정되지 못한 시점에 시작되었다. 그리하여 조선의 농촌진흥운동은 이후 마련되는 일본·조선·만주를 하나의 통합경제권으로 재편하는 지배정책과는 어느 정도 괴리가 있었다. 조선에서 식민지 지배기구가 총

---

63) 《施政演說集》, 682쪽.
64) 《日記》 1934년 1월 6일자, 942쪽.

동원되어 농가갱생계획을 대대적으로 추진하던 시기에 일본을 둘러싼 국제정세는 급변하였다.

　조선에서 농가경제갱생계획이 본격적으로 시작되던 시점을 전후해 일본은 국제연맹에서 탈퇴하였다. 일본이 만주를 침략하자, 구미열강들은 국제연맹을 통해 일본군의 만주철병을 권고하였다. 일본은 이 권고를 받아들이지 않았고, 국제연맹은 1933년 2월 24일에 더 강력한 일본군의 만주 철수안을 결의해 일본을 압박하였다. 이에 일본은 3월 1일 만주국 건국을 강행하고, 3월 27일에는 국제연맹에서 탈퇴하였다. 이렇게 되자 이후 열강들은 일본에 대한 경제제제조처를 강화하였고, 군사적으로도 워싱턴조약을 내세워 군비확대에 제동을 걸었다. 일본 또한 이 조치에 맞서 1934년 9월 워싱턴조약의 단독 폐기를 결정하고 그해 12월 미국에 통고하였다. 이러한 과정을 거치면서 결국 일본은 서구 열강과 중국·소련 등으로부터 완전히 고립되었고, 그들의 경제제제를 감당하기 위해 어떻게든 자급체제를 구축해야 하는 상황으로 내몰리게 되었다.

　국제정세가 이렇게 변화되자, 우가키는 일본·조선·만주를 하나의 자급적 경제권으로 재구성하는 '일·선·만 블록'을 조기에 구축할 것을 주장하였다. 그는 1932년 3월 만주국 건립 즈음에 일본·조선·만주를 산업·경제 방면에서 유기적으로 결합해 자급자족체제를 형성할 수 있도록 단일 경제권으로 통합하여 운영하는 방안을 일본 수상에게 건의한 바 있었다.[65] 당시 그는 일본이 '일·선·만 블록'을 구축하더라도, 외교적으로 노력한다면 미국·중국·소련 등과 우호적 관계를 유지할 수 있을 것으로 보았다.[66]

65)《日記》1932년 3월 30일자, 838쪽.
66)《日記》1932년 3월 28일자, 837쪽.

그러나 1934년에 들어 열강들의 견제가 더욱 강화되고 일본의 고립이 심화되자 우가키의 국제정세 인식은 크게 변했다. 그는 이제 더 이상 구미 열강들과 우호적 관계를 유지하는 것은 불가능하다고 판단하였다. 그는 미국을 자본주의적·금권적으로 세계 재패를 추구하는 국가로, 영국을 자기 본위적으로 유색인종을 착취하는 국가로 규정하였다. 그는 미국·영국·소련·중국 등이 일본의 흥륭을 강하게 질시하고 공포스럽게 여긴다고 보았다.[67] 그러므로 일본이 국익을 지키려면 이들 나라와 전쟁을 해야 하고, 반드시 승리해야 한다고 주장했다.[68]

우가키는 이러한 정세 인식에 바탕을 두고, 식민지 지배 정책을 비롯해 일본 정부의 모든 정책이 곧 일어나게 될 전쟁을 염두에 두고 수립·조정되어야 할 것으로 생각하였다. 즉, 일본이 자영자족하기 위해서는 만주뿐만 아니라 연해주 또는 중국의 일부 지역을 일본의 세력 범위로 확보해야 하고, 일본과 만주의 산업을 조합하고 발전시켜 "어느 때 어떠한 경우에도 경제봉쇄를 감당할 수 있는 자급자족 경제블록을 결성"해야 한다고 주장하였다.[69] 이를 위해 양국 국민의 정신적 결합을 공고히 하고, 일본의 진출을 방해하는 국가나 세력에 대해서는 전쟁으로 맞서야 한다고도 하였다.[70]

이러한 정세 인식의 변화는 조선에 대한 지배정책에서도 나타났다. 먼저 우가키 총독은 1934년 1월에 개최된 각도 농촌진흥지도자 주임자 타합회에서 세계정세 흐름을 설명하고 일본 제국주의 안에서 조선의 역할에 대해 설명하였다. 즉, 조선이 일본에서 생산할 수 없고 구하기 어려운 면화, 경금속의 원료, 중요 광물 등을 풍부히 생산해야 하고,

---

67) 《日記》 1934년 10월 8일자, 971~972쪽.
68) 《日記》 1934년 8월 19일자, 968~969쪽.
69) 《日記》 1934년 8월 16일자, 968쪽.
70) 《日記》 1934년 11월 11일자, 975쪽.

면양의 사육도 담당해야 한다고 주장했다. 나아가 일본과 만주국 관계에서도 만주에서 생산된 원료의 가공장으로, 동시에 만주로 수출할 상품을 가공할 제조장으로의 기능을 조선이 담당해야 한다고 강조하였다. 그는 이러한 역할을 구체적으로 농촌진흥운동이 감당해야 한다고 보았다. 곧, 조선 농촌진흥운동의 목적을 "조선의 갱생"에서 더 나아가 "제국의 흥륭"을 위해 가장 중요한 사업으로 규정한 것이다.[71]

이보다 앞서 우가키 총독은 1933년에 농가경제갱생계획과 별도로 면화·양모·경금속 원료 등 이른바 국책자원의 증산계획을 시작하였다. 비록 일본·조선·만주를 하나의 자급적 경제권으로 재편하는 그의 구상을 일본 정부가 받아들이지 않았지만, 조선 지배에서는 이 구상을 염두에 두고 정책을 수립하고 있었다. 국책자원의 증산정책이 그것이었는데, 그 출발이 1933년 2월에 시작된 제2기 면화증산계획이었다. 그것은 1933년부터 20년 동안 실시되는 계획으로, 먼저 전반기 10년 동안 조선에서 육지면 재배면적을 25만 정보로 확대하고 3억 근을 웃돌도록 생산량 증산을 강제하는 것이었다. 전반기 계획은 경기 이남의 7개 도와 황해도, 평안남도를 대상으로 112개의 면작 장려군을 지정해 단보당 생산량을 증가시키도록 강요하는 데 주안을 두었다.[72]

이어서 1933년 7월 18일 중추원회 연설에서 우가키 총독은 조선은 일본에서 생산되지 않는 면화·양모·경금속 원료를 증산해 일본 제국의 경제기구에 공헌할 사명을 지닌다고 강조하였다. 이후 일본의 국제적 고립이 더욱 심화되자 그는 이러한 문제의식을 발전시켜, 1934년 1월 각도 농촌진흥지도자 주임자타합회에서는 "제국의 흥륭"에 이바지할 국책자원의 증산을 농촌진흥운동 목적에 포함시켰다.

71) 《施政演說集》, 682쪽.
72) 小早川九郎 編, 앞의 책(政策篇), 598쪽.

국책자원의 증산정책은 1934년에 이르면 더욱 확대되었다. 먼저 그 전해에 시작한 면화증산계획 목표를 더욱 확대하였다. 1933년부터 10년 동안 생산면적 25만 정보, 생산량 3억 근으로 확대하겠다던 목표를 생산면적 35만 정보, 생산량 4억 2천만 근으로 늘렸다. 이를 위해 대상 지역에 평안북도와 강원도를 추가하고, 면작 장려군도 165개 군으로 늘렸다. 면작 확충에 만전을 기하고자 총독부 안에 면작계도 신설하였다.[73]

다음으로 일본의 양모자급정책에 호응해 면양장려계획을 시작하여 1934년 3월 29일 공표하였다. 이는 일본 양모산업에 필요한 코리데일종을 서북선의 6개 도를 대상으로 호당 5마리 정도 농가부업으로 사육하게 하는 정책으로, 당시 약 2천 6백 마리이던 사육면양을 10년 뒤 10만 마리로 증가시키는 것을 목표로 하였다. 이 계획에 따라 조선총독부는 함경북도 명천군에 종양장을 신설하고 만주에서 2천 8백여 마리의 종양을 수입하였고, 농림국장을 회장으로 하는 조선면양협회를 발족시켰다.[74] 면화증식계획과 면양장려계획은 우가키 총독이 각별히 관심을 기울였던 국책자원 증산정책으로, 이를 합쳐 '남면북양南棉北羊' 정책이라 했다.

우가키 총독은 이러한 국책자원의 증산을 농가경제갱생계획에 포함해 추진하려 하였다. 1934년 4월 11일에 개최된 도지사회의에서 정무총감은 우가키 총독의 이러한 속내를 대변해 면화와 양모를 증산하여 자급하는 것은 국가정책에서 가장 중요한 일이라 강조하고, 이를 농가경제갱생계획에 유기적으로 안배하여 필수적인 농가부업으로 장려할 것을 지시하였다.[75] 우가키 총독은 그해 8월 일본이 국제적으로 완전히

---

73) 小早川九郎 編, 위의 책, 599쪽.
74) 小早川九郎 編, 위의 책, 617~620쪽.
75) 《施政演說集》, 193쪽.

고립되었다 판단하고, "어느 때 어떠한 경우에도 경제봉쇄를 감당할
수 있는 자급자족적 경제블록"을 결성해야 한다고 주장하였다.[76] 이에
따라 조선에서 국책자원을 증산하는 정책은 더욱 강화되었다.

그러나 조선에서 국책자원 증산을 추진하는 데는 문제가 있었다.
당시 조선총독부 중점 사업은 농가경제갱생계획을 중심으로 하는 농촌
진흥운동이었다. 우가키 총독은 농촌진흥운동을 "반도에서 최고이고
또한 가장 중요한 사업"으로 규정하고, 이 사업에 "전조선총동원, 즉
여러 공·사기관과 모든 사람이 협력 일치"하여 매진할 것을 요구하였
다. 이에 행정력이 한꺼번에 농가갱생계획으로 투입됨에 따라, 별도로
추진되던 국책자원의 증산정책에 동원될 수 있는 행정력이 부족하였다.

이 문제의 해결방법은 국책자원 증산을 농가갱생계획과 결합하는
것이었다. 조선총독부도 이 방법으로 국책자원의 증산을 추진하려 했는
데, 그렇게 하려면 농촌진흥운동을 근본적으로 재편해야 했다. 농촌진
흥운동은 대공황기에 기획된 정책으로 처음부터 농가경제 갱생을 목표
로 하였고, 궁극적으로 조선 농촌의 '악사상', 즉 혁명운동을 제압하고
'내선융화'를 달성하려 하였다. 그런 까닭에 농촌진흥운동은 자급자족
적인 경제블록을 구축하는 것이나, 이를 위해 국책자원을 증산하는 것
과는 처음부터 거리가 있었다. 이 때문에 조선총독부도 농촌진흥운동과
별개로 국책자원 증산정책을 추진했던 것이다. 따라서 농촌진흥운동으
로 국책자원의 증산을 달성하자면 농촌진흥운동 성격을 바꿀 필요가
있었다. 즉, 농가갱생이 아니라 국책자원의 증산과 자급적 경제블록구
축을 농촌진흥운동의 중심 목표로 설정하고, 이를 중심으로 농촌진흥운
동 전반을 재편해야 했다. 그렇지 않으면 국책자원의 증산은 농가경제

---

76) 《日記》 1934년 8월 16일자, 968쪽; 《日記》 9월 26일자, 970쪽.

갱생을 뒷받침하는 부업장려 수준을 벗어나기 어려웠다.

농촌진흥운동에는 또 다른 문제도 있었다. 1933년에 시작한 농가갱생계획은 각 읍면에서 한 개 정도의 지도부락을 뽑아 지도대상으로 삼아, 조선 전체로 보면 매년 2,400여 부락이 지도대상이 되었다. 당시 조선의 자연 부락수는 7만 4,864개였으므로, 이 계획대로라면 농촌진흥운동으로 짧은 기간에 국책자원을 증산하는 농업체제로 개편하는 것은 불가능하였다. 농촌진흥운동으로 그 목적을 달성하려면 농촌진흥운동의 목적을 재조정해야 할 뿐 아니라, 그 지도대상 농가도 대폭 확대해야 하는 것이었다.

1933년과 1934년에 실시된 농촌진흥운동은 그 수행 과정에서도 많은 문제가 있었다. 조선총독부의 자체 평가에 따르더라도 "일의 경중, 필요의 완급, 실행의 난이 등을 취사 판별하는데 오류가 있어 정책의 실행이 번잡하고 중복되었으며, 지도력이 번잡다기하게 분산되어 이 사업의 가장 중요하고 최우선 시설인 농가갱생계획의 지도가 불철저하게 되는" 문제가 발생했던 것이다. 그로 말미암아 이 사업은 결국 "보편적으로 농민 대중의 생활경제 영농상에 충분히 효과적이지 못했"던 결과를 가져왔다.[77] 이러한 문제를 해결되지 못하면 설령 농촌진흥운동과 국책자원의 증산정책을 결합한다 하더라도 그 성과를 기대하기는 어려웠다.

이러한 한계를 극복하고 농촌진흥운동을 "조선의 갱생"에서 더 나아가 "제국의 흥륭"을 위한 최고의 사업으로 만들고자, 우가키 총독은 1935년 농촌진흥운동을 대대적으로 개편하였다. 그 개편 즈음에 그는 1933년과 1934년에 실시한 농촌진흥운동을 시험적 모색적 단계로 규정

---

77) 《施政演說集》, 204~205쪽.

하였고, 이후의 농촌진흥운동은 이 단계를 벗어나 "중대 시국에 잘 대처하고, 당면한 조선의 궁상을 타개하는" 운동으로 확대·발전시킬 것이라 선언하였다.[78]

4. 농촌진흥운동 재편기 시국인식과 '생업보국生業報國' 방안

우가키 총독은 1934년 9월 26일자 일기에 "일본은 목하 국제간에서 완전히 고립되었다"[79]고 쓰고 있다. 그해 11월 11일자 일기에서는 "영국·미국·기타 대국들이 경제 국가주의를 채택하고 있는 금일에 일본이 세계의 낙오자로 떨어지지 않기 위해서는, 상당히 넓은 판로와 풍부한 자원을 확보해야 한다"고 하고, "만주·연해주 또는 중국의 일정 범위에서 세력범위를 형성하는 것은 일본의 존재상 필요하고 반드시 그렇게 해야 하며, 이를 방해하는 세력에 대해서는 감연히 맞서 싸워 굴복시킬 결의를 가져야 할 것"[80]이라 하였다.

이러한 판단에 따라 우가키는 1935년, 만주·조선·일본을 하나의 자급적 블록경제권으로 재편성하는 나름의 구상을 구체화하게 된다. 그 구상은 일본을 정공업精工業 지대로, 조선을 조공업粗工業과 일본에서 경영하기 힘든 공업을 발전시키는 지대로, 만주를 농업지대·원료지대로 각각 특화해 하나의 경제권으로 통합하는 것이었다.[81] 일본 정부가 받아들이지는 않았지만, 그는 이 구상을 염두에 두고 조선의 식민정

78) 위의 책, 202쪽, 209쪽.
79)《日記》1934년 9월 26일자, 970쪽.
80)《日記》1934년 11월 11일자, 975쪽.
81)《日記》1935년 3월 5일자, 1004쪽.

책을 재조정하여 농촌진흥운동을 재편하였다. 조선공업화 정책과 대규
모 만주이민정책도 추진하였는데, 이러한 정책들은 유기적으로 연계되
어 추진되었다.

우가키 총독이 농촌진흥운동의 재편 방침을 공표한 것은 1935년
1월 10일에 긴급히 소집된 임시 도지사회의에서였다. 회의를 시작하면
서 우가키 총독은 "정신작흥, 농산어촌진흥, 자력갱생운동"을 크게 확
충할 것이며, 이로써 "내외의 정세에 대응하여 중대 시국을 타개하는
방도"를 확립할 것이라 선언하였다. 농어촌진흥의 궁극적 목적이 중대
시국을 타개하는 데 있음을 명확히 제시한 것이다.

임시 도지사회의 기간 동안 우가키 총독이나 정무총감은 농촌진흥
운동이 중대 시국에 대처하는 방도가 되어야 함을 되풀이해 강조하였
다. 농가갱생계획의 목표가 230만 호 세소농들의 춘궁과 부채 부담을
덜고 가계 수지의 균형을 꾀하는 것이라는 점도 언급하였다. 그러나
가난한 농가의 갱생은 더 이상 농촌진흥운동의 중심 목표가 될 수 없었
다. 이제 농촌진흥운동은 중대 시국에 잘 대처하는 것을 중심 과제로
삼게 되었고, 개별 농가의 갱생은 그에 따라오는 목표로 격하되었다.
말하자면 기존의 '자력갱생' 대신 '생업보국生業報國'이 농촌진흥운동의
가장 앞서는 목표가 된 것이다.

우가키 총독의 이러한 입장 변화는 그해 4월에 열린 농산어촌진흥
관계관 회동에서 더 구체화되었다. 그는 이 회의에서 일본 제국에서
조선의 가치를 다음과 같이 제시하였다. 첫째, 조선이 경제적으로 처녀
지여서 농산자원의 개발과 증산의 여지가 크고, 둘째, 면양의 사육과
면작, 특수한 광산 등 이른바 국책자원 생산에서 천혜의 유리한 조건을
가지고 있고, 셋째, 지리적으로나 문화적으로 만주에 쉽게 진출할 수
있는 가능성을 가지고 있고, 넷째, 상공업이 아직 요람단계에 있고 중간

지대라는 입지적 장점 때문에 각종 기업이 발달할 여지가 매우 크다는
점이었다. 이러한 평가는 만주와 조선·일본을 각각 '농업지대·원료지
대'–'조공업粗工業지대'–'정공업精工業지대'로 재편성해 하나의 자급
적 블록경제권을 구축한다는 구상을 전제로 그 안에서 조선이 가지는
경제적 가치와 가능성을 제시한 것이었다. 이러한 평가에 따라 우가키
총독은 조선에서 농촌진흥운동이 담당해야 할 구실을 다음과 같이 제시
하였다.

> 조선의 물심양면 갱생의 지속은 제국 국운의 전도에 영향을 끼치는 바가
> 매우 크고, 현재의 난국을 타개하는 성패에도 지대한 관계를 가지고 있다고
> 단언할 수 있다. 달리 말하면 조선의 장래는 일본 제국의 전도에 크게 기여하고
> 공헌할 수 있는 입장에 있고, 또 그렇게 하는 것이 가능하다고 생각한다.[82]

즉, 우가키 총독은 조선에서 물심양면의 갱생을 추구하는 농촌진흥
운동을 일본의 어려움을 해결하는 데 큰 영향을 끼치는 정책으로 판단
했다. 그는 농촌진흥운동이 앞서 언급한 조선의 네 가지 장점을 제대로
발휘할 수 있게 추진되어야 일본 제국의 전도에 이바지할 수 있다고
보고, 농산어촌진흥 관계관들에게 농가갱생계획을 이러한 방향으로 추
진하도록 지시하고 있다. 우가키 총독은 네 가지 장점 가운데 특히 농산
자원을 증산하고 국책자원을 자급하는 과제에 농촌진흥운동이 먼저
이바지해야 한다고 생각하였다. 우가키는 이러한 자신의 주장을 1936
년 6월자 일기에 "조선을 갱생시켜 조선을 통해 모국의 약점을 보정하
고, 조선에 의지해 모국의 위난을 구제하고, 조선을 이끌어 모국의 진운

---

82) 《施政演說集》, 671쪽.

에 공헌하고자 한 것"이라고 간명하게 서술하고 있다.[83]

　농촌진흥운동의 구실이 이렇게 달라짐에 따라, 그 사업 내용이나 방안에서도 변화가 일어났다. 첫째, 농촌진흥운동 계획기간을 10년으로 줄이고, 지도부락수도 종전 각 읍·면당 1개에서 2～3배로 확대하였다. 앞으로 10년 안에 조선의 7만여 부락 모두를 지도대상으로 만든다는 목표에 따라 연간 지도부락을 확대한 것이다. 종전까지의 농가갱생계획은 그 주된 목적이 혁명적인 민족·계급의식을 약화시키는 데 있었기 때문에, 그 성과를 특별히 과시할 필요가 있었다. 이로 말미암아 조선총독부는 많은 부락을 지도대상으로 삼기보다 읍·면당 하나의 부락에 행정력과 재정 지원을 집중하는 방식으로 추진하면서, 관계관을 상대로 성과 올리기를 독려하였다. 그 결과 "성적 올리는 일에 집중한 나머지 시설이 형식적으로 흐르고, 그 영속성을 저해할 우려도"[84] 생겨나게 되었다. 그러나 농촌진흥운동의 목적이 이른바 '악사상惡思想의 시정'에서 '일日·선鮮·만滿 자급블록' 구축으로 바뀌면서 이러한 추진방식은 더 이상 필요 없게 되었다. 일부 지역에 집중해 과시용 성과를 낼 필요가 없어졌고, 할당된 증산 목표를 대상 지역 전체에서 달성하는 것이 더 중요했다. 이에 따라 농촌진흥운동의 계획기간을 국책자원 증산정책과 보조를 맞추어 재조정하고, 지도부락수를 증산 목표 달성에 실질적으로 이바지할 수 있게 확대한 것이었다.

　둘째, 종래 부락이나 면단위로 운영되던 각종 농업장려시설을 개별 농가 단위의 장려시설로 전환하고, 이를 농가갱생계획에 결합해 추진하는 방식을 도입하였다. 당시 조선총독부가 추진하던 농업생산력 증가를 위한 여러 시책들, 즉 밭농사개량, 벼농사 및 면작 증수, 양돈 또는 양계

---

83)《日記》1936년 6월 23일자, 1070～1071쪽.
84)《施政演說集》, 190쪽.

지도, 퇴비증산 등을 위한 시책이나 장려시설은 부락이나 면을 지도단위로 하고 있었다. 그 결과 행정적 강제로 통계상으로는 일정한 성적을 낼 수 있었으나, 그 생산력이 소농경영 내부에 안정적으로 자리 잡지는 못하였다. 우가키 총독의 표현에 따르면 이러한 시책은 농가 영농에 합리적으로 적용되지 못하여 농가를 생산력 향상의 주체로 만들지 못했다. 오히려 이러한 농정방식은 자급자족적 블록경제를 구축하는 데 커다란 걸림돌이 되었다. 이에 우가키 총독은 새로운 농정방식을 제시하였다. 즉, 위에서 강요하는 성과 위주의 계획 대신 개별 농가를 대상으로 국책자원의 생산력을 확립시키는 방식을 도입하려 한 것이다.[85]

새로운 방식은 개별 농가를 장려단위로 하여 상향적으로 부락 단위, 면 단위, 군 단위, 도 단위의 산업장려계획을 만드는 것이었다. 물론 달성할 생산목표를 상향적으로 수립하는 것은 아니었다. 생산목표는 블록경제 구축 목표에 따라 조선총독부에서 하향적으로 설정하되, 다만 그 추진방식을 개별 농가의 생산기반을 확립하는 데 주안을 두고, 그 목적에 맞게 부락·면·군·도 단위의 장려계획을 수립한다는 것이었다. 이러한 방식으로 농가갱생계획은 개별 농가에게 국책자원의 생산기반을 확립시키는 가장 중심적인 지도 시설이 되는 것이었다. 우가키 총독은 새로운 산업장려방식에 따라 전개될 농촌진흥운동의 지도방식을 다음과 같이 제시하였다.

농촌진흥운동에 있어서는 농업의 본의에 따라 정신적 개발을 기조로 하고, 자급자족과 잉여 노력의 이용 소화에 따른 다각 농법을 철칙으로 하고, 각호의 농가에 따라 필요한 시설을 유기적으로 종합 통제하여 갱생계획을 수립 실행

85) 위의 책, 208쪽.

하고, 시설본위에서 농가본위로 진전하며, 각호의 농가를 대상으로 관계부문의 종합지도 아래 그 가사 가정을 바로 세우는 것으로 한다.[86]

즉, 농가갱생계획의 초점을 조선 농민의 이른바 '망국적' 사상, 달리 말해 민족·계급적 혁명의식을 말살하는 데 두면서 다각 농법을 철칙으로 블록경제 구축에 필수적인 생산력 기반 확립에 두라는 뜻이었다. 우가키 총독은 특히 '남면북양南棉北羊' 정책 가운데 적종 사업을 찾도록 각별히 강조하고 있다.[87] 말하자면 면작이나 양모 생산 장려정책 등을 개별 농가 단위로 생산목표량을 할당하는 방향으로 바꾸고, 이를 농가 갱생계획의 영농조직 '복식화(=다각화) 계획'에 포함시켜 확실하게 국책자원의 생산기반을 확립하겠다는 것이었다.

셋째, 블록경제 구축에 필요한 생산기반 확충에 이바지하도록 〈조선농지령〉, 농가고리부채정리사업, 식산계 조직, 자작농지창정사업 등을 보완하고 확대하였다.[88] 조선농업에서 자급적인 블록경제 구축에

---

86) 위의 책, 207쪽.
87) 위의 책, 212쪽.
88) 위의 책, 212쪽.
  "총독부로서는 본 사업을 일층 촉진하고, 강화하고, 효과적으로 만들기 위해 필요한 제도 시설을 개폐하고 인원·경비를 증가하는 등 정책상 여러 방면으로 조치하고 있다. 그러한 시설로 중요한 것은 다년간 朝野에서 일제히 갈망해 온 조선농지령을 실시하여 소작관행의 개선을 뒷받침하고, 저리자금의 융통에 따라 농가 고리부채를 차채로 정리하고, 세제를 정리하여 농촌의 부담을 경감하고, 저리자금의 융통을 증가시키고, 자작농지의 창정사업을 확충하고, 남면북양의 장려정책을 지도하여 다각형 적종산업에 따라 수입 증가를 도모하고, 농촌산업조직을 훈련·발달시키는 것을 목적으로 소산업법인의 설치에 착수하고, 미곡문제의 근본적 대책을 강구하여 미작의 안전을 도모하고, 농업 및 임업의 협조와 합리적 경영을 조장 촉진할 농용임지의 설치 주선을 기도하고, 간이학교의 제도를 도입해 지방보통교육의 확충과 實業補導를 철저하게 하고, 의례준칙을 창정하고 발포하여 혼·장·제 삼자에 관해 오래된 관습의 개선을 뒷받침하는 등 여러 분야에 걸쳐 착착 조치하고

필수적인 국책자원의 생산력을 확대하려면, 그 주체가 되는 농가경영을 지주계급의 무리한 소작권 이동과 부담이 큰 고리채에서 보호할 필요가 있었다.

조선총독부는 1934년에 〈조선농지령〉을 공포하고 그해 10월 20일부터 시행에 들어갔다. 그러나 지주들은 지주와 소작인이 합의해야만 소작위원회에 판정을 신청할 수 있게 한 〈조선농지령〉의 맹점을 이용해 소작인을 억압하고 소작권을 이동하였다.[89] 이에 조선총독부는 소작관을 110명 늘려 배치하는 한편, 지주들의 소작권 이동을 억제하고자 〈조선소작조정령〉을 개정하였다. 개정안은 1935년 12월에 조선총독부 법제국 심의를 거쳐 이듬해 2월부터 시행되었다. 개정된 〈조선소작조정령〉은 소작분쟁을 이전보다 쉽고 신속하게 처리할 수 있게 하였고, 부·군·도소작위원회의 권해에 강제력을 부여해 조정신청위원회에 당사자의 출석을 강제할 수 있게 하는 등 소작권 보장에 주안을 두었던 〈조선농지령〉의 입법취지가 잘 발휘될 수 있게 뒷받침하였다.[90]

이와 더불어 조선총독부는 농촌진흥운동에서 금융조합의 기능을 더욱 확대시켰다. 금융조합은 두 방면에서 농촌진흥운동에 관여하고 있었다. 하나는 자작농지구입자금을 대부하는 것이고, 다른 하나는 고리채정리자금을 대부하는 것이었다. 조선총독부는 이들 사업을 국책사업으로 규정하고 여기에 대부되는 금융조합자금의 금리를 일반 금리보다 낮추었으며 자금공급 규모도 대폭 확대하였다. 또한 1935년 8월에는 〈식산계령〉을 제정해, 금융조합을 이용할 수 없을 정도로 가난한 농가들을 식산계로 조직해 금융조합 대부를 받을 수 있게 하였다.[91]

있다."

89) 〈실시 후 차질 속출, 농지령 개정 준비〉, 《朝鮮日報》 1934년 11월 27일자.
90) 〈개정 중점은 강제재판제, 소작조정령의 개정〉, 《北鮮日報》 1936년 2월 14일자.
91) 정문종, 앞의 글(1993), 제3장·제4장 참조.

넷째, 농촌진흥운동이 재편됨에 따라 기존의 행정력과 재정으로 감당하기 어려울 정도로 지도 업무가 대폭 늘어남에 따라, 민간에서 중견인물을 한꺼번에 양성하여 지도력을 보강하고 농촌과 농업통제망을 확충하려 하였다.[92] 우가키 총독은 농촌 중견인물의 역할에 대해 당장은 "지방 각 지도기관과 갱생계획농가 중간에 개재하여 연결 고리가 되는 것", 즉 행정 보좌역이고 앞으로 부락민의 공려조직을 만들고 운영하는 "마을의 주축"이 되는 것이라 하였다. 중견인물을 키우는 시설과 관련해서는 총독부가 주최하는 중견청년양성강습회, 일부 도에서 실행하고 있는 장기강습소, 군 단위의 갱생지도부락 중견인물 단기양성강습회 등을 이용하라고 지시하였다. 또한 우가키 총독은 갱생지도부락 말고도 흩어져 있는 자작농지창정자, 보통학교 지도생, 중견청년, 근농공제조합원 등에도 중견인물 양성교육을 적극적으로 실시하여 농가갱생계획 확대에 대비해 미리 인적 요소를 확충하도록 하였다.[93]

우가키 총독은 자신의 '일·선·만 경제블록' 구상을 전제로 농촌진흥운동을 재편하면서, 농촌진흥운동은 두 가지 기능을 담당해야 한다고 생각하였다. 하나는 자급적 블록경제 구축에 필요한 경제적 토대를 형성하는 것이고, 다른 하나는 일본이 열강들과 대립하는 중대 시국을 해결하는 데 필요한 황국신민정신을 확립하는 것이었다.

우가키 총독은 만주사변 직후부터 일본이 위기를 벗어나려면 일대의 결단과 각오가 필요함을 기회가 있을 때마다 강조하였다. 앞서 살핀 대로 1933년 6월에 개최된 도지사회의에서는 이를 "국본國本의 배양"으로 이름하고, 이것이야말로 현 시국에서 가장 중요한 일이라 주장하였다. 우가키는 농촌진흥운동을 "국본을 배양"하기에 가장 적

---

92) 富田晶子, 〈農村振興運動下의 中堅人物의 養成〉, 《朝鮮史研究會論文集》 18, 1981.
93) 《施政演說集》, 210~211쪽.

합한 지배정책으로 보았다. 그는 농촌진흥운동을 4기에 걸친 장기계
획으로 구상하고, 4기에 이르면 조선인은 손색없는 일본천황의 신민
이 될 것으로 보았다. 그렇게 되면 특별통치제도가 폐지되고, 조선
인은 참정권을 부여받을 뿐만 아니라 의무병역제를 적용받게 될 것
으로 전망하였다.[94]

조선통치에서 황국신민정신 고취와 내선융합을 우선시해야 한다
는 우가키 총독의 태도는, 일본이 열강으로부터 완전히 고립되는
1934년 하반기 이후 더욱 강화되었다. 1934년 10월 15일자 일기에서
그는 "현하의 시국은 무엇보다도 관민일치, 문무협동, 거국일치하여
만사에 선처하지 않을 수 없다"고 했고, 11월 11일자 일기에서는 "일
본의 진로를 방해하는 세력에 대해 일본 국민은 감연히 맞서 싸워
이를 굴복시킬 결의를 가져야 한다"고 썼으며, 12월 31일자 일기에서
는 이 위기에서 벗어나려면 "군君과 국國에 충성을 다하는 국가 관념
과 도의에 정진하는 순진하고 숭고한 정신"이 무엇보다 절실하다고
썼다.

이에 따라 농촌진흥운동을 재편한 우가키는 통치의 요점을 "국
체國體관념", 즉 황국신민정신 강화에 두었다. 그는 사상통제 방법에
대해, 공산주의나 독립 또는 민족사상을 억압하는 것도 필요하지만
더 중요한 선결 과제는 "국가주의, 국체관념, 동아대국의 입장, 공존
공영에 대한 절실한 이해" 등을 적극적으로 높이는 것이라 하였
다.[95] 곧, 일본 정부가 발포한 〈국체관념명칭에 관한 훈령〉에 따라
조선인을 상대로 "국체를 존숭하고, 군국에 충실하고, 도의에 정진하
는 게 국민 자격의 근본이고 기초"임을 확실하게 인식시키는 것이

---

94) 《日記》 1934년 1월 6일자, 942쪽.
95) 《日記》 1935년 2월 9일자, 999쪽.

필요하다고 본 것이다.[96] 그는 이것이 농촌진흥운동이 역점을 두어
야 할 '심전 개발'의 궁극적 목표라고 강조하였다.

　우가키는 1936년 1월 3일자 일기에서 시국을 보는 자신의 태도
를 다음과 같이 밝혔다.

　　현시의 국정國情은 평화인가 전쟁인가에 대한 인식을 명료하게 하는 것이
　필요하다. 물론 국교 상으로는 평시平時이고 평화이다. 따라서 국내적으로는
　전시기운을 가지는 것이 불가하지만, 오히려 평화·평시에 전쟁에 대처하는
　각오를 가지고 그 준비를 가지런히 하는 태도와 긴장 철저가 긴요하다.[97]

　당장 일본이 외국과 전쟁을 하지 않기 때문에 전시라 보기 어렵지
만, 전쟁은 반드시 일어날 것이므로 지금처럼 평화로울 때 전쟁에 대처
하는 각오로 준비에 만전을 기하고 긴장의 끈을 늦추지 말라는 것이다.
조선총독으로 그가 재편을 추진하고 있는 농촌진흥운동은 다름 아니라
전시에 대비한 정신적·물질적 총동원운동이었다. 우가키 총독은 1935
년 이후 본격화된 조선공업화정책, 북선개척정책, 만주이민정책 등을
이러한 농촌진흥운동의 재편작업과 결합함으로써 독일 유학시절 깊이
연구했던 총력전체제를 조선에서 나름대로 만들려고 하였다. 당시 일본
과 만주에서도 총력전체제를 구축하려는 움직임이 군부세력을 중심으
로 활발히 전개되고 있었다. 우가키 총독은 이러한 흐름과 일정한 연관
을 가지면서 독자적인 '일·선·만 블록경제' 구상에 따라 조선 나름의
총력전체제를 위한 바탕을 마련하고자 하였다.

　1935년 초부터 본격화된 농촌진흥운동의 재편작업은 일차적으로

---

96)《施政演說集》, 226쪽.
97)《日記》1936년 1월 9일자, 1041쪽.

1936년 6월에 열린 도지사회의에서 마무리되었다. 그는 도지사회의 당일에 쓴 일기에서, 조선을 갱생시켜 일본의 약점을 보정하고 조선에 의지해 일본의 어려움을 헤쳐 나가 일본 발전에 공헌하고자 했던 자신의 경륜이 이 도지사회의에서 기초를 완성했다고 쓰고 있다. 그는 이 정신을 철저히 완성하려면 앞으로 5년에서 8년 정도가 걸릴 것으로 보았다.[98]

우가키가 조선총독에서 경질된 것은 1936년 7월이었다. 우가키의 뒤를 이어 조선총독으로 부임한 인물은 관동군 사령관 출신의 육군대장 미나미 지로였다. 미나미 총독은 취임할 때 농촌진흥운동을 계승하고, 이를 더욱 철저하게 추진하겠다고 선언하였다. 조선의 농촌진흥운동이 자못 일본 군부가 추구했던 총력전체제에 맞는 식민지 지배정책으로 바뀌고 있었기 때문이다.

이를 바탕으로 미나미 총독은 1937년 5월 자신의 통치방침인 '조선통치 5대 강령'을 발표하였다. 5대 강령은 '국체명징國體明徵·선만일여鮮滿一如·교학진작敎學振作·농공병진農工竝進·서정쇄신庶政刷新'이었다. '국체명징'과 '교학진작'으로 황국신민화정책을 대대적으로 강화하고 '선만일여'와 '농공병진'으로 자급자족의 '일·만 경제블록'을 만드는 것이 조선통치의 방침이며, 이를 뒷받침하고자 행정적 통제를 대폭 확대·강화하겠다는 선언이었다. 이 방침에 따라 이후 농촌진흥운동은 더 빨리 일제의 군국주의 침략을 뒷받침하는 총동원체제로 개편되었고, 마침내 '자력갱생' 구호도 자취를 감추게 되었다.

---

98) 《日記》 1936년 6월 23일자, 1070~1071쪽.

5. 맺음말

우가키 가즈시게는 일본 육군사관학교와 육군대학을 수료하고 육군의 요직을 거쳐 내각의 육상에까지 올랐던 인물로, 군국주의적 침략노선에서 일본 제국주의 발전에 앞장섰던 일본 군부의 거물이었다. 그는 일본 제국주의 발전을 위해 중국과 소련을 침략해야 한다는 태도로 군민이 하나가 되는 총력전체제를 추구한 인물이었다.

우가키가 조선총독으로 임명된 시점은 대공황으로 도시와 농촌에서 생존 위기가 극도로 심화되고, 그 상황에서 혁명적 농민조합운동과 혁명적 노동조합운동이 빠르게 확산되던 때였다. 또한 일본이 만주를 침략하여 일본과 열강들의 대립이 격화되던 시점이었다. 이에 우가키 총독은 국제 정세의 변화를 눈여겨보면서, 먼저 조선의 혁명적 위기를 진정시키는 데 힘을 모았다.

그는 조선의 혁명적 위기를 잠재우려면 두 가지 대책이 필요하다고 보았다. 하나는 혁명운동에 물리적 탄압을 강화하는 것이고, 다른 하나는 "조선인에게 적당한 빵을 주는" 정책을 실시해 사상통제와 '내선융화'를 확대하는 것이었다. 이에 따라 우가키는 경찰을 동원해 혁명적 노동조합운동을 무자비하게 탄압하는 한편, 농민의 혁명적인 민족·계급의식을 말살하고 황국신민정신을 주입하는 새로운 지배정책을 구상하였다. "조선인에게 적당한 빵을 주는" 방법으로 구상된 이 정책이 농촌진흥운동이다.

우가키 총독의 농촌진흥운동은 1933년에 본격적으로 시작되었다. 이 정책은 조선 농가의 가난이 전적으로 농가경영방식이나 농민의식의 한계에서 말미암은 것이고, 일제의 식민지 지배와 농업수탈체제는 농민을 가난에서 구출하는 시혜적 구실을 한다는 논리에 바탕을 두고 있다. 따라서 농가가 빈곤에서 벗어나려면 일제 지배에 순응해야 한다고 보았다. 이 논리에 따라 농가갱생계획은 담당 관리와 농촌진흥위원회가 나서 대상 농가에게 근검역행을 강요하여 농가의 생활고를 완화하고, 이를 매개로 농가의 사상·정신을 개조하는 정책이었다. 농촌진흥운동이 추구한 정신개조는 조선 농민의 혁명적 민족·계급의식을 말살하고, 식민지 지배 체제에 순응하는 황국신민의 충성심과 도덕심을 확립하는 것이었다. 그 점에서 이 단계의 농촌진흥운동은 사이비 사회정책적 농정이라 할 수 있었다.

우가키 총독은 농가갱생계획을 지원하려고 고리채정리사업과 다른 자작농지창정사업 등의 경제 지원책을 같이 실시하였고, 〈조선소작조정령〉과 〈조선농지령〉도 제정하였다. 이들 소작법령은 계급·민족혁명운동으로 발전할 가능성이 큰 소작쟁의를 민법적 권리를 다투는 분쟁으로 개별화시켜 체제내화할 목적으로 입법되었고, 법이 시행되면서 이후 소작쟁의는 집단적쟁의에서 개별분쟁으로 바뀌었다. 이에 따라 소작쟁의로 말미암은 농촌사회의 동요도 차츰 진정되어 갔다.

농촌진흥운동 내용이 이러했던 까닭에, 우가키 총독은 농촌진흥운동으로 일본과 조선의 융화, 악惡사상의 시정, 노자勞資의 협조, 누습의 타파, 경제의 갱생, 생활의 안정·향상, 지방자치의 발달을 모두 이룰 수 있다고 자신하고, 이 목표를 4단계로 나누어 30년에 걸친 농촌진흥운동 장기계획을 발표하기도 하였다.

한편 농가갱생계획이 시작되던 이때, 만주침략을 둘러싸고 일본과 열강의 대립은 빠르게 격화되었다. 열강은 일본에 대한 경제제재를 확대했고, 일본은 고립을 피하려 자급적 블록경제를 구축하는 침략전쟁을 준비하였다. 우가키 총독은 중국침략에 앞장서던 군부 입장을 지지하면

서, 이러한 정세변화에 맞춰 농촌진흥운동과 별도로 면화·양모·경금속
원료 등 '국책자원'의 증산정책을 추진하였다. 우가키는 일본이 어느
때 어떠한 경우에도 경제봉쇄를 감당할 수 있는 자급자족의 경제블록을
결성해야 하고, 이를 위해 만주뿐만 아니라 연해주나 중국 일부 지역까
지 일본의 세력범위로 확보해야 한다고 주장하였다. 그는 일본·조선과
이들 지역을 각 지역의 조건과 특성을 살펴 하나의 자급적인 통합경제
권으로 재편성하고, 그 구상에 연계해 조선에 대한 지배정책을 수립하
려 하였다. 그것이 '남면북양' 정책으로 대표된 이 시기의 국책자원 증
산정책이었다.

　우가키 총독은 농가갱생계획과 국책자원 증산정책을 따로 추진했
지만, 이 두 가지를 통합하는 것이 바람직하다고 보았다. 시국의 움직임
에 따라 지배정책을 입안하다 보니 양자가 병립하게 되었는데, 본래
목적이나 사업추진방식, 재정적 측면에서 하나로 통합되거나 최대한
유기적으로 결합하는 것이 효과적이었다. 이에 우가키 총독은 1934년
하반기 일본의 국제적 고립이 돌이킬 수 없는 지경으로 심화되자, 1935
년 초 둘을 최대한 결합시키는 농촌진흥운동의 재편을 단행하였다.

　1935년 새해가 시작되자마자 긴급히 소집된 도지사회의에서 우가
키 총독은 농촌진흥운동의 쇄신과 확충을 선언하였다. 우가키는 부임
초기에 시급히 대처해야 했던 혁명적 위기는 이미 진정되었다 판단하
고, 그 시점에서 시급한 과제는 일본을 국제적 고립에서 구할 자급적
경제블록을 구축하는 것과 열강과 대결할 수 있는 총동원체제를 확립하
는 것이라 보았다. 그는 농촌진흥운동이 이제 "내외의 정세에 대응하여
중대 시국을 타개하는 방도"가 되어야 한다고 선언하고, 조선 갱생의
궁극적 목표는 일본이 약점을 보완하고, 안팎의 위기를 벗어나 앞으로
나아가도록 돕는 데 있다고 하였다.

이에 따라 농촌진흥운동은 '자력갱생'을 통한 농가경제 안정보다 '생업보국'에 필요한 농가 생산기반의 확충에 우선적인 목적을 두는 식민정책으로 바뀌었고, 사업의 내용이나 추진방식도 달라졌다. 정책대상 지역이 대폭 확대되고, '남면북양' 정책에 따라 면화·양모 생산이 영농 '복식화' 또는 '다각화'라는 이름으로 강요되었다. 또한 개별 농가의 생산력을 확충하는 방향으로 고리채 정리, 소작관계 개선 등이 추진되었다. '생업보국' 농정이 크게 확대됨에 따라 행정력을 보완할 민간의 중견인물 양성도 대대적으로 추진되었고, 농촌진흥운동에서 황국신민 정신을 높이는 강력한 '심전개발' 운동도 강화되었다.

우가키 총독은 이러한 농촌진흥운동을 조선공업화정책, 북선개척 정책, 만주이민정책 등과 결합함으로써 자신이 구상한 '일·선·만 블록'에 맞게 조선사회의 재편을 완성하고자 하였다. 그것은 우가키가 군인으로 독일에 유학하면서 깊이 연구했던 총력전체제를 나름대로 조선에서 완성하려 한 것이었다.

부록: 일제강점기 소작관계법령

1. 〈조선민사령朝鮮民事令〉(1912. 2)에 의해
지주소작 관계에 적용된 일본 〈민법民法〉의 임대차 조항1)

(1) 임대차賃貸借2)

제1관 총칙

제601조 임대차는 당사자 한쪽이 상대편에게 물건의 사용과 수익을 내는 것을 약속하고 상대방이 이에 임대료賃金 지불을 약속하는 것으로 그 효력이 발생한다.

제602조 처분의 능력 또는 권한을 가진 자가 임대차를 하는 경우에 그 임대차는 다음 기간을 넘지 못한다.

  1. 수목의 재식 또는 벌채를 목적으로 하는 산림의 임대차는 10년

  2. 그 밖의 토지 임대차는 5년

  3. 건물의 임대차는 3년

  4. 동산의 임대차는 6개월

제603조 전조의 기간은 갱신할 수 있다. 단 갱신기간은 계약만료 시점을 기준으로 토지는 1년 이내, 건물은 3개월 이내, 동산은 1개월 이내로 한다.

제604조 임대차의 존속기간은 20년을 넘지 못한다. 이보다 장기간

---

1) 朝鮮農政研究同志會, 《朝鮮に於ける小作に關する基本法規の解說》, 1934, 213~236쪽.
2) 朝鮮總督府編, 《朝鮮法令輯覽》 下卷 1, 1940, 第15輯 24~25쪽.

임대차를 한 경우는 그 기간을 20년으로 단축한다.

전조의 기간은 이를 갱신할 수 있다. 단 갱신 때부터 20년을 넘지 못한다.

제2관 임대차 효력

제605조 부동산의 임대차를 등기하면 이후 그 부동산의 물권을 취득한 자에 대해서도 그 효력이 발생한다.

제606조 임대인은 임대물의 사용과 수익에 필요한 수선을 할 의무를 진다.

임대인이 임대물의 보존에 필요한 행위를 하려고 할 경우 임차인은 이를 거부할 수 없다.

제607조 임대인이 임차인의 의사에 반하여 보존행위를 하려 할 경우 그 때문에 임차인이 임차 목적을 달성할 수 없으면 임차인은 계약을 해제할 수 있다.

제608조 임차인이 임차물에 대해 임대인 부담에 속하는 필요비를 지출할 경우 임대인에게 즉시 그 상환을 청구할 수 있다.

임차인이 유익비有益費를 지출할 경우 임대인은 임대차 종료 때에 제696조 제2항의 규정에 따라 이를 상환해야 한다. 단 재판소는 임대인이 청구하면 그 지불을 상당相當 기간 허여할 수 있다.

제609조 수익을 목적으로 하는 토지의 임차인이 불가항력으로 차임보다 적은 수익을 얻을 경우 그 수익액에 이르기까지 차임의 감액을 청구할 수 있다. 단 택지의 임대차는 해당하지 않는다.

제610조 전조의 경우 임차인이 불가항력으로 계속 2년 이상 차임보다 적은 수익을 얻을 경우 계약을 해제할 수 있다.

제611조 임차물의 일부가 임차인의 과실 없이 감실滅失된 경우 임차

264

인은 그 멸실 부분에 상응하여 차임의 감액을 청구할 수 있다. 전항의 경우에는 존재하는 부분만으로 임차 목적 달성이 불가능할 경우는 임차인이 계약을 해제할 수 있다.

제612조 임차인은 임대인의 승낙이 없으면 그 권리를 양도하거나 임차물을 전대할 수 없다.

임차인이 전항의 규정에 반하여 제삼자에게 임차물을 사용하게 하거나 수익을 얻게 하는 경우 임대인은 계약을 해제할 수 있다.

제613조 임차인이 적법하게 임차물을 전대轉貸할 경우 전차인轉借人은 임대인에 대해서 직접 의무를 진다. 이 경우에는 차임借賃의 전불前拂로서 임차인에 대항할 수 없다.

전항의 규정은 임대인이 임차인에 대해서 그 권리를 행사하는 것을 방해할 수 없다.

제614조 차임은 동산, 건물 및 택지는 월말마다, 그 밖의 토지는 연말마다 지불해야 한다. 단 수확계절이 있는 것은 그 계절 후 지체 없이 지불해야 한다.

제615조 임차물 수선이 필요하거나 임차물에 대해 권리를 주장하는 자가 있을 경우 임차인은 지체 없이 이를 임대인에게 통지해야 한다. 단 임대인이 이미 이를 알고 있을 때는 적용되지 않는다.

제616조 제594조 제1항, 제597조 제1항 및 제598조의 규정은 임대차에 이를 준용準用한다.

제3관 임대차 종료

제617조 당사자가 임대차 기간을 정할 때 각 당사자는 언제라도 해약을 신청할 수 있다. 이 경우에는 임대차는 해약 신청 후 아래 기간을 경과함으로써 종료된다.

1. 토지는 1년

2. 건물은 3개월

3. 대석貸席 및 동산은 하루

수확계절이 있는 토지의 임대차는 그 계절 뒤 다음 경작을 하기 전에 해약을 신청해야 한다.

제618조 당사자가 임대차 기간을 정해도 한쪽 또는 각자가 그 기간 안에 해약할 권리를 보유한 경우 전조의 규정을 준용한다.

제619조 임대차 기간만료 후 임차인이 임차물의 사용 또는 수익을 계속하는데 임대인이 이를 알고도 이의를 제기하지 않은 경우는 앞의 임대차와 같은 조건으로 다시 임대차를 한 것으로 추정한다. 단 각 당사자는 제617조 규정에 의해 해약 신청을 할 수 있다.

앞의 임대차에서 당사자가 담보를 제공한 경우 그 담보는 기간 만료에 의해서 소멸한다. 단 부금은 해당하지 않는다.

제620조 임대차를 해제한 경우에는 장래에 대해서만 효력이 발생한다. 단 당사자 한쪽에 과실이 있을 때는 이에 대한 손해배상 청구를 방해할 수 없다.

제621조 임대인이 파산선고를 받은 경우 임대차 기간을 정했어도 임대인 또는 파산 관리인이 제617조의 규정에 의해 해약 신청을 할 수 있다. 이 경우에 각 당사자는 상대방에게 해약으로 인해 발생한 손해배상을 청구할 수 있다.

제622조 제600조의 규정은 임대차에 준용한다.

(2) 영소작권永小作權

제270조 영소작인은 소작료를 지불하고 타인의 토지에 경작 또는 목축을 할 수 있는 권리를 가진다.

제271조 영소작인은 토지에 영구한 손해를 끼칠 수 있는 변경을 가할 수 없다.

제272조 영소작인은 그 권리를 타인에게 영도하거나 그 권리 존속 기간에 경작 혹은 목축을 목적으로 토지를 임대할 수 있다. 단 설정행위로서 이를 금하는 것은 이 권한 밖에 있다.

제273조 영소작인의 의무에 대해 본장의 규정 및 설정행위로서 정한 것 외에는 임대차에 관한 규정을 준용한다.

제274조 영소작인은 불가항력에 의해 수익에 손실을 입어도 소작료의 면제 또는 감액을 청구할 수 없다.

제275조 영소작인이 불가항력으로 말미암아 계속 3년 이상 전혀 수익을 얻지 못하거나 5년 이상 소작료보다 적은 수익을 얻을 경우 그 권리를 포기할 수 있다.

제276조 영소작인이 2년 이상 계속 소작료 지불에 태만하거나 파산 선고를 받은 경우 지주는 영소작권 소멸을 요청할 수 있다.

제277조 앞의 6개 조항 규정과 다른 관습이 있을 경우 그 관습을 따른다.

제278조 영소작권의 존속기간은 20년 이상 50년 이하로 한다. 만약 50년보다 장기간 영소작권을 설정한 경우 그 기간을 50년으로 단축한다.

영소작권 설정은 갱신할 수 있다. 단 그 기간은 갱신 때부터 50년을 초과하지 못한다.

설정행위로 영소작권의 존속기간을 정하지 못한 경우에는 별도
의 관습이 있는 경우를 제외하고 그 기간을 30년으로 한다.
제279조 제269조의 규정은 영소작권에 준용한다.

준용규정
제269조 지상권자地上權者는 그 권리가 소멸할 때 토지를 원상 복귀
하고 그 공작물工作物과 죽목竹木을 수거할 수 있다. 단 토지 소
유자가 시가를 제공하고 이를 사들인다는 뜻을 통지할 경우 지
상권자는 정당한 이유 없이 이를 거부할 수 없다.
전항의 규정과 다른 관습이 있을 때에는 그 관습을 따른다.

(3) 영소작권, 질권과 저당권에 관한 민법의 규정

민법 제362조, 제369조, 제398조

(4) 민법시행법 중 영소작권에 관한 규정

민법 제46조, 제47조

(5) 민법 중 소작관계에 적용된 주된 원칙 규정과 참고 규정

민법 제90조, 제91조, 제92조, 제395조, 제400조, 제401조, 제404조,
제405조, 제412조, 제413조, 제414조, 제415조, 제416조, 제417조,
제418조, 제420조, 제421조, 제423조, 제424조, 제425조, 제484조,
제485조, 제492조, 제493조, 제494조, 제513조, 제533조, 제540조,

제541조, 제543조, 제544조, 제545조, 제546조, 제547조, 제548조,

제566조, 제623조, 제632조, 제643조, 제656조, 제725조, 제964조,

제986조, 제992조, 제1001조, 제1002조, 제1003조, 제1004조

(6) 부동산등기법 중 소작에 관한 규정

제1조, 제26조, 제112조, 제127조

2. 일본에서 시행된 〈소작조정법〉

소작조정법小作調停法(대정大正 3년 7월 22일 공시公示 법률 제18
호)3)

제1조 소작료와 기타 소작관계에 대한 쟁의爭議가 발생할 경우 당사
　　자는 쟁의 대상이 된 토지 소재지 관할 지방재판소에 조정을 신
　　청〔申立〕할 수 있다.
　　당사자는 합의하여 쟁의대상 토지 소재지 관할 구재판소區裁判所
　　에 조정을 신청할 수 있다.
제2조 당사자가 부당한 목적으로 조정신청을 한 것으로 인정될 때
　　재판소는 그 신청을 각하할 수 있다.
제3조 조정신청은 쟁의 목적인 토지의 소재지를 관할하는 시정촌장
　　市町村長 또는 군장郡長을 거쳐 행할 수 있다
제4조 전조의 규정에 따라 조정을 신청할 때는 시정촌장 또는 군장

---

3) 山川金五郎, 《小作調停法原義》, 法律新聞社(東京), 1924.

이 지체 없이 신청에 관한 서류를 재판소에 송부하되 정촌장町村長은 군장郡長에게, 군장은 정촌장町村長에게 신청하였다는 내용을 통지해야 한다.

쟁의의 목적인 토지가 여러 군시정촌郡市町村에 걸쳐 있을 경우에는 조정신청을 받은 시정촌장市町村長 또는 군장郡長이 지체 없이 관계 시정촌장市町村長 또는 군장郡長에게 신청의 취지를 통지하여야 한다.

제5조 재판소가 직접 조정신청을 받을 때는 지체 없이 쟁의 목적인 토지의 소재지를 관할하는 시정촌장市町村長 또는 군장郡長에게 통지하여야 한다. 다만, 제8조 제1항의 규정에 의하여 사건을 이송移送하는 경우는 제외한다.

제6조 조정신청은 쟁의의 사정을 분명하게 하여 행하여야 한다.

제7조 조정신청은 서면 또는 구두로 할 수 있다.

구두로 청원하는 경우에는 시정촌장市町村長이나 군장郡長, 또는 재판소 서기가 그 조서調書를 작성하여야 한다.

제8조 쟁의 목적인 토지가 수개數箇의 재판소 관할구역 안에 있을 경우 조정신청을 받은 지방재판소 또는 구재판소區裁判所가 상당하다고 인정하면 다른 지방재판소 또는 구재판소에 이송할 수 있다. 관할권이 없는 재판소가 신청을 받을 때도 같다.

전항의 결정에 대해서는 불복을 제기할 수 없다.

제1항의 경우에 따라 사건의 이송을 받은 재판소는 지체 없이 쟁의의 목적인 토지 소재지를 관할하는 시정촌장市町村長 또는 군장郡長에게 통지하여야 한다.

제9조 조정신청을 수리한 사건에 대하여 소송이 계속되면 조정종료까지 소송수속을 중지한다.

제10조 재판소는 조정 신청을 수리受理할 때 조정위원회調停委員會를 열어야 한다. 단 쟁의의 실정實情에 비추어 이를 열지 않고도 조정할 수 있다. 재판소는 당사자의 신청이 있을 경우 전항의 단서但書에 구애받지 않고 조정위원회를 열어야 한다.

제11조 재판소는 사정에 따라 적당한 자가 있다고 인정될 때 전조의 규정에 구애받지 않고 권해勸解를 할 수 있다.

제12조 당사자가 다수인 경우에는 전부 또는 그 일부를 대표로 하여 조정에 관한 일체一切의 행위를 하게 하기 위하여 총대總代를 선임할 수 있다.

재판소는 전항의 규정에 따른 총대가 없는 경우 필요하다고 인정되면 총대 선임을 명할 수 있다. 총대는 당사자 가운데 선임하여야 한다.

제13조 총대의 선임은 서면으로 증명하여야 한다.

제14조 재판소는 기일을 정하여 당사자 또는 대표를 호출해야 한다. 전항의 호출을 받은 당사자 또는 총대는 정당한 사유 없이 출두를 거부할 수 없다.

제15조 조정의 결과에 대하여 이해관계를 가진 자는 재판소의 허가를 받아 조정에 참가할 수 있다.

재판소는 조정 결과에 대하여 이해관계가 있는 자의 참가를 요구할 수 있다.

제16조 당사자, 총대 또는 이해관계인利害關係人은 자신이 출두하여야 한다. 다만 특별한 사정이 있는 경우에는 재판소의 허가를 받아 대리인을 출두시키거나 보좌인을 동반할 수 있다.

재판소는 언제든지 전항의 허가를 취소할 수 있다.

제17조 쟁의 목적인 토지의 소재지 또는 당사자의 주소지를 관할하

는 시정촌장市町村長이나 군장郡長은 재판소에서 사건의 경위에
대한 진술을 할 수 있다.

제18조 재판소는 필요하다고 인정하는 때에 소작관, 전조의 시정촌
장市町村長이나 군장, 기타 적당하다고 인정되는 자에 대하여 의
견을 구할 수 있다.

제19조 소작관은 기일에 출석하거나 기일 외에 재판소에 대하여 의
견을 진술할 수 있다.

제20조 재판소가 필요하다고 인정하는 때에는 사실 조사를 소작관
에게 위탁할 수 있다.

제21조 재판소에서 조정절차는 공개하지 아니한다. 다만 재판소는
상당하다고 인정되는 자의 방청을 허가할 수 있다.

제22조 재판소는 비용이 필요한 행위에 대하여 당사자의 일방 또는
쌍방에게 그 비용을 예납시킬 수 있다.

제23조 재판소에 대한 신청 및 기타 진술은 서면 또는 구두로 할 수
있다. 구두로 진술하는 경우에는 재판소 서기가 그 조서를 작성
하여야 한다.

제24조 재판소의 조정에 대하여는 재판소 서기가 그 조서를 작성하
여야 한다.

제25조 재판소는 조정 전에 조정을 위해 필요한 조치措置를 할 수
있다.

제26조 재판소 조정 조항 중에 비용 부담에 관해 정하지 않은 경우
각 당사자는 그 지출 비용을 스스로 부담한다.

제27조 조정은 재판상 화해和解와 같은 효력을 가진다.

제28조 조정위원회는 조정주임調停主任 1인과 조정위원調停委員 2인
이상으로 조직한다.

제29조 조정주임은 지방재판소장이 판사判事 가운데 매년 미리 지정
한다. 조정위원은 조정에 적당한 자로 지방재판소장이 선임選任
한 자 가운데서 사건에 따라 조정주임이 지정한다. 단 당사자가
합의로 선정한 자가 있을 경우 또는 지방재판소장이 선임한 자
에 대해 당사자 쌍방이 각별各別히 선정하는 자가 있을 경우에는
그들 가운데 먼저 조정위원을 지정하여야 한다.
　전항의 규정에 따라 지정된 자는 정당한 사유 없이 이를 사절할
수 없다.

제30조 조정주임은 쟁의의 실정에 비추어 적당한 장소에서 조정위
원회를 개최하여야 한다.

제31조 조정위원회에서 조정 절차는 조정주임이 지휘指揮한다.

제32조 조정위원회 결의는 조정위원 과반수의 의견에 따르고, 가부
동수可否同數일 경우 조정주임의 결정에 따른다.

제33조 조정위원회의 평의評議는 비밀秘密로 한다.

제34조 제11조에서 제26조의 규정은 조정위원회의 조정 절차에 준
용準用한다.

제35조 조정위원회는 당사자 총대 또는 이해관계인利害關係人의 진술
을 듣고, 필요한 경우 증거를 조사할 수 있다. 조정위원회는 조
정주임에게 증거를 조사하게 하거나 구재판소區裁判所에 촉탁할
수 있다. 증거조사에는 민사소송법民事訴訟法을 준용한다. 증인 또
는 감정인鑑定人이 받아야 할 여비旅費, 일당日當, 숙박비에 대해
서는 민사소송비용법民事訴訟費用法을 준용한다.

제36조 기일 내에 조정이 이루어지지 못할 경우 조정위원회는 적당
하다고 인정되는 조정조항을 정할 수 있다. 전항의 규정에 따라
조정조항을 정하는 경우 조정위원회는 그 조서調書의 정본正本을

당사자나 총대에게 송부하고, 당사자 또는 총대가 조서를 받은 뒤 1개월 안에 이의를 제기하지 않으면 조정에 동의한 것으로 본다는 통지를 하여야 한다.

당사자 또는 총대가 전항의 정본正本송부를 받은 후 1개월 안에 조정위원회에 이의를 제기하지 않으면 조정에 동의한 것으로 본다.

조정위원회는 신청이 있으면 전항의 기간을 연장할 수 있다. 기간 연장을 상대방相手方, 총대가 있을 경우에는 총대에게 통지해야 한다. 당사자 또는 총대가 조정조항에 대하여 이의를 제기하면 조정위원회는 그 내용을 상대방相手方에게, 총대가 있는 경우에는 총대에게 통지하여야 한다.

제37조 조정위원회는 제2조에 규정된 사유가 있다고 인정될 때는 조정을 하지 않을 수 있다.

제38조 조정이 이루어질 때 또는 제36조 제3항의 규정에 따라 조정에 동의한 것으로 간주될 때 재판소는 조정주임의 보고를 듣고 그 인가 여부를 결정하여야 한다. 조정인가調停認可 결정에 대해서는 불복청원을 할 수 있다. 조정불인가 결정에 대해 당사자 또는 총대는 민사소송법에 따라 즉시항고即時抗告할 수 있다.

제39조 재판소는 조정이 현저히 불공정하다고 인정되는 경우가 아니면 조정부인가調停否認可를 결정할 수 없다.

제40조 조정위원회를 개최할 경우에 조정은 인가 결정이 있을 경우에 한해 재판상 화해와 동일한 효력을 지닌다.

제41조 재판소 조정인가 결정을 총대에게 고지할 경우 조정조항을 쟁의의 목적인 토지 소재지의 시역소市役所 또는 정촌역장町村役場의 게시대에 게시揭示하여야 한다.

제42조 조정위원회가 필요하다고 인정할 때에는 조정 경과를 공표

할 수 있다.

제43조 조정사건이 종료되었을 때 재판소는 그 결과를 쟁의 목적인 토지 소재지를 관할하는 시정촌장市町村長과 군장郡長에게 통지하여야 한다.

제44조 당사자 또는 이해관계인은 수수료를 납부하고 기록의 열람, 등사 또는 그 정본, 등본, 사본 또는 사건에 관한 증명서 발부를 재판소 서기에게 요구할 수 있다. 다만 사건이 소송 중일 동안 당사자가 기록의 열람 또는 등사를 하는 경우에는 수수료를 납부하지 아니한다.

제45조 조정위원과 제11조 또는 제34조의 규정에 따라 권해勸解를 하는 자에게는 여비일당旅費日當 또는 숙박료를 지불한다.

제46조 제44조의 수수료와 함께 전조의 여비, 일당 또는 숙박료는 칙령勅令에 따라 정한다.

제47조 본법本法 가운데 군郡은 북해도에서는 북해도청北海道廳 지청 관할구역支廳管轄區域으로, 군장은 북해도에서는 북해도청 지청장으로, 도사島司가 있는 도서島嶼에서는 도사島司로 한다.

본법 가운데 정촌町村, 정촌장町村長 또는 정촌역장町村役場은 정촌제町村制를 시행하지 않는 지역의 정촌町村, 정촌장町村長 또는 정촌 사무소에 준準하는 것으로 한다.

제48조 제24조의 규정에 의하여 호출받은 자가 정당한 사유 없이 출두하지 않으면 조정사건이 계속繫屬되는 재판소는 조정위원회의 의견을 들어 50원 이하의 과료過料에 처할 수 있다.

비송소사건수속법非訟訴事件手續法 제207조와 제208조 규정은 전항의 과료에 준용準用한다.

제49조 조정위원 또는 조정위원이었던 자가 이유 없이 평의의

전말顚末 또는 조정주임, 조정위원의 의견을 많든 적든 누설漏泄
할 경우 천 원 이하의 벌금에 처한다.

부칙

본법의 시행 기일은 칙령으로 정한다.

본법은 칙령에 따라 지정한 지구地區에서 실시한다.

3. 조선에서 실시된 〈조선소작조정령〉과 〈조선부군도소작위원회관제〉

(1) 조선소작조정령朝鮮小作調停令

(소화昭和 7년 12월 10일 제령制令 제5호, 개정改正 소화 9년 5월
31일 제령 제16호)4)

제1조 소작료 기타 소작관계에 대한 쟁의가 발생할 때 당사자는 쟁
의 목적인 토지의 소재지를 관할하는 지방법원(합의부가 있는 지
방법원지청地方法院支廳을 포함)에 조정신청을 할 수 있다.

당사자 합의로 쟁의 목적인 토지의 소재지를 관할하는 지방법원
지청(합의부 없음)에 조정을 신청할 수 있다.

제2조 조정사건은 지방법원 또는 지방법원지청 합의부에서 취급한
다. 단 전조前條 제2항 규정에 따라 신청한 사건은 이 규정에 제
한받지 않는다.

---

4) 朝鮮農政研究同志會, 앞의 책, 296~305쪽; 朝鮮總督府, 《朝鮮總督府官報》 1778호,
1932년 12월 10일.

제3조 당사자가 부당한 목적으로 조정신청을 한 것으로 인정되는 경우 재판소는 그 신청을 각하할 수 있다.

제4조 조정신청은 쟁의 목적인 토지의 소재지를 관할하는 부윤·군수 또는 도사를 거쳐 행할 수 있다.

전항의 신청이 있으면 부윤, 군수 또는 도사는 지체 없이 신청에 관한 서류를 재판소에 송달하여야 한다.

제5조 전조 제1항의 신청이 있는 경우 쟁의의 목적인 토지가 복수의 부府·군郡에 걸쳐 있을 때에는 조정신청을 받은 부윤 또는 군수가 지체 없이 관계 부윤 또는 군수에게 신고의 취지를 통지하여야 한다.

제6조 재판소가 직접 조정신청을 받았을 때에는 지체 없이 쟁의 목적인 토지의 소재지를 관할하는 부윤·군수 또는 도사에게 통지하여야 한다. 다만 제9조 제1항의 규정에 의하여 사건을 이송하는 경우는 제외한다.

제7조 조정신청은 쟁의의 사정을 분명하게 하여 행하여야 한다.

제8조 조정신청은 서면 또는 구두로 할 수 있다.

구두로 신청을 하는 경우에는 부윤·군수·도사 또는 재판소 서기가 그 조서를 작성하여야 한다.

제9조 쟁의 목적인 토지가 복수의 재판소 관할구역 안에 존재하는 경우 조정신청을 받은 지방법원 또는 지방법원 지청이 상당하다고 인정하면 사건을 다른 관할 지방법원 또는 지방법원 지청에 이송할 수 있으며, 관할권이 없는 재판소가 조정신청을 받은 때도 같다.

전항의 결정에 대하여는 불복을 제기할 수 없다.

제1항의 경우 사건을 이송 받은 재판소는 지체 없이 쟁의 목적

인 토지의 소재지를 관할하는 부윤·군수 또는 도사에게 그 취지를 통지하여야 한다.

제10조 소작관계 쟁의에 대하여 소송이 계속되면 수소受訴재판소는 직권으로 사건을 조정할 수 있다.

제6조의 규정은 전항의 규정에 의하여 사건을 조정하는 경우에 준용한다.

제11조 조정신청을 수리한 사건에 대하여 소송이 계속되거나 재판소 직권으로 사건을 조정할 때에는 수소受訴재판소 결정으로 조정종료까지 소송수속을 중지할 수 있다.

조정사건을 소송 중인 재판소는 신청에 의하여, 결정으로 담보를 제공 또는 제공하지 아니한 경우라도 강제집행수속 또는 조선민사령에 따를 것을 정한 경매법에 의한 경매절차를 일시 정지할 수 있다.

조선민사령에 따를 것을 정한 민사소송법 제112조, 제113조, 제115조와 제116조 규정은 전항의 담보에 준용한다.

제1항 및 제2항의 결정에 대하여는 불복을 제기할 수 없다.

제12조 재판소는 사정에 의하여 부·군·도소작위원회 기타 적당하다고 인정될 자에게 권해勸解를 하게 할 수 있다.

제13조 당사자가 다수인 경우에는 전부 또는 일부를 대표로 하여 조정에 관한 일체의 행위를 하도록 총대總代를 선임할 수 있다.

재판소는 전항의 규정에 의한 대표가 없는 경우에 필요하다고 인정될 때에는 총대 선임을 명할 수 있다.

총대는 당사자 가운데 선임하여야 한다.

제14조 총대의 선임은 서면으로 증명하여야 한다.

총대의 해임은 재판소에 신고하지 않으면 효력이 없다.

제15조 재판소는 기일을 정해 당사자 또는 대표를 호출하여야 한다. 전항의 호출을 받은 당사자 또는 대표는 정당한 사유 없이 출두를 거부할 수 없다.

제16조 조정 결과에 대하여 이해관계를 가진 자는 재판소의 허가를 받아 조정에 참가할 수 있다.

재판소는 조정 결과에 대하여 이해관계를 가진 자의 참가를 요구할 수 있다.

제17조 당사자 대표 및 이해관계인은 본인이 출두하여야 한다. 다만, 특별한 사정이 있는 경우에는 재판소의 허가를 받아 대리인을 출두시키거나 보좌인을 동반할 수 있다.

재판소는 언제라도 전항의 허가를 취소할 수 있다.

제18조 쟁의 목적인 토지의 소재지 또는 당사자의 주소지를 관할하는 부윤·군수·도사 또는 경찰서장은 재판소에서 사건의 경위에 대한 진술을 할 수 있다.

제19조 재판소가 필요하다고 인정할 때는 소작관, 전조의 부윤·군수·도사 또는 경찰서장, 기타 적당하다고 인정되는 자에 대하여 의견을 구할 수 있다.

제20조 소작관은 기일에 출석하거나 기일 외에 재판소에 대하여 의견을 진술할 수 있다.

제21조 재판소가 필요하다고 인정할 때는 사실 조사를 소작관에게 위탁할 수 있다.

제22조 조정절차는 공개하지 아니한다. 다만 재판소는 상당하다고 인정되는 자의 방청을 허가할 수 있다.

제23조 재판소는 비용이 필요한 행위에 대하여 당사자의 일방 또는 쌍방에게 그 비용을 예납시킬 수 있다.

제24조 신청 및 기타 진술은 서면 또는 구두로 할 수 있다.

　　구두로 진술하는 경우 재판소 서기는 그 조서를 작성해야 한다.

제25조 조정에 대하여는 재판소 서기가 그 조서를 작성하여야 한다.

제26조 조정을 위하여 필요할 때 재판소는 권해에 의하여 조정 전의
　　조치로 필요한 명령을 할 수 있다.

제27조 조정조항 가운데 비용 부담에 관하여 정함이 없을 때는 각
　　당사자가 그 지출 비용을 스스로 부담한다.

제28조 조정은 소송상의 화해和解와 같은 효력을 가진다.

제29조 기일 안에 조정이 이루어지지 못할 경우 재판소는 적당하다
　　고 인정되는 조정조항을 정할 수 있다. 전항의 규정에 따라 조정
　　조항을 정하는 경우 재판소는 그 조서調書 정본正本을 당사자나
　　총대에게 송부하고, 당사자 또는 총대가 조서를 받은 후 1개월
　　안에 이의를 제기하지 않을 때에는 조정에 동의한 것으로 본다
　　는 통지를 하여야 한다.

　　당사자 또는 총대가 전항의 정본正本을 송부를 받은 후 1개월 안
　　에 조정위원회에 이의를 제기하지 않으면 조정에 동의한 것으로
　　본다.

　　재판소는 신청이 있으면 전항의 기간을 연장할 수 있다. 기간 연
　　장을 상대방에게, 총대가 있을 경우에는 총대에게 통지하여야 한
　　다. 당사자 또는 총대가 조정조항에 대하여 이의를 제기하면 조
　　정위원회는 그 내용을 상대방에게, 총대가 있는 경우에는 총대에
　　게 통지하여야 한다.

　　당사자 또는 총대가 조정조항에 대해 이의를 제기할 경우 재판
　　소는 그 내용을 상대방에게, 총대가 있는 경우에는 총대에게 통
　　지하여야 한다.

제30조 조정사건이 종료되면 재판소는 그 결과를 쟁의 목적인 토지
　　의 소재지를 관할하는 부윤·군수 또는 도사에게 통지해야 한다.
제31조 당사자 또는 이해관계인은 수수료를 납부하고 기록의 열람,
　　등사 또는 그 정본, 등본, 사본 또는 사건에 관한 증명서의 부여
　　를 재판소 서기에게 요구할 수 있다. 다만 사건이 소송 중일 동
　　안 당사자가 기록의 열람 또는 등사를 하는 경우에는 수수료를
　　납부하지 아니한다.

　　당사자 또는 이해관계인利害關係人은 수수료手數料를 납부하여 기
　　록의 열람閱覽, 등사謄寫 또는 그 정본正本, 등본謄本, 초본抄本, 사
　　건에 관한 증명서 부여付與를 재판소 서기에게 요구할 수 있다.
　　단 당사자가 사건의 연계 중인 기록의 열람이나 등사를 할 경우
　　에 대해서는 수수료를 납부하지 않는다.

제32조 전조의 수수료 금액은 조선총독이 정한다.
제33조 제15조 제1항의 규정에 의하여 호출을 받은 자가 정당한 사
　　유 없이 출두하지 않으면 조정사건이 계속되는 재판소가 50원
　　이하의 과료에 처할 수 있다.

　　조선민사령에 따라 정한 비송사건수속법非訟事件手續法 제207조와
　　제208조의 규정은 전항의 과료에 준용準用한다.

　　(2) 조선부군도소작위원회관제朝鮮府郡島小作委員會官制
　　　　(1934년 4월 11일, 칙령 제86호)5)

제1조 조선 각 부·군·도에 소작위원회를 둔다.

---

5) 朝鮮農政硏究同志會, 앞의 책, 304～305쪽; 朝鮮總督府編, 《朝鮮法令輯覽》上卷, 1940,
　　第3輯 28～29쪽.

도지사의 감독을 받으며 조선농지령에 따라 판정하고, 조선소작조정령에 따라 권해를 한다.

제2조 소작위원회 명칭에는 당해 부·군·도의 이름을 앞에 붙인다.

제3조 소작위원회는 회장과 위원 10인 이내의 위원으로 조직한다. 전항의 위원 외에 예비위원을 둘 수 있다.

제4조 소작위원회의 회장은 부윤, 군수, 도사가 맡고, 위원과 예비위원은 도지사가 임명한다.

제5조 회장은 회무를 총괄한다. 회장 유고시에는 회장이 지명한 위원이 그 직무를 대리한다.

제6조 소작위원회는 필요하다고 인정될 경우 소작관과 기타 적당하다고 인정되는 자에게 의견을 구할 수 있다.

제7조 소작관은 소작위원회에 출석하여 의견을 진술할 수 있다.

제8조 소작위원회는 위원 또는 예비위원을 파견하여 필요한 조사를 할 수 있다.

제9조 소작위원회는 서기를 두며, 부군도판임관 가운데 도지사가 임명한다.

제10조 본령에 규정된 것 이외에 소작위원회에 관해 필요한 사항은 조선총독이 정한다.

부칙

본령 시행기일은 조선총독이 정한다.

4. 일본에서 입법이 추진된 〈소작법〉

소작법小作法(제59회 제국의회 정부제출 소작법안)6)

제1장 총칙

제1조 본법은 경작을 목적으로 하는 토지의 임대차와 영소작에 적용한다.

본법에서 소작지라 함은 전항의 임대차를 목적으로 하는 토지를 말하며, 영소작지라 함은 전항의 영소작을 목적으로 하는 토지를 말한다.

제2조 임차인이 소작지에 부속된 택지, 채초지採草地, 도가수稻架樹, 건물 그 외의 것의 사용 또는 수익이 되는 권리를 가지는 경우, 그 권리의 존속 및 소멸은 소작지 임차권의 존속과 소멸에 따른다. 다만 당사자가 별도로 정한 것이 있거나 소작지의 부수물附隨物에 관한 채무불이행으로 인하여 계약이 해제되면 이 제한을 따르지 않는다.

제3조 제9조 내지 제11조, 제13조, 제14조, 제17조 전단前段, 제18조, 제19조, 제24조, 제42조, 제74조의 규정과 다른 소작조건으로 임차인 또는 영소작인에 불리한 것은 부정으로 본다.

제4조 토지의 경작을 목적으로 하는 청부 기타 계약은 임대차로 본다. 다만 이 영의 적용을 면하려는 목적이 아닌 것은 제외한다.

전항의 임대차 조건은 당사자의 협의에 따라 정하며, 협의조정을 할 수 없을 때에는 신청에 의하여 재판소가 감정위원회 의견을

---

6) 朝鮮總督府農林局農務課, 《內地に於ける小作法草案と其の解說》, 1927.

듣고 당사자가 채결한 계약 조건과 기타 일체의 사정을 참작하여 정한다.

제28조와 제31조 규정은 전항의 신청이 있는 경우 이를 준용한다.

제2장 소작지 임대차의 효력

제5조 소작지의 임대차는 등기가 없어도 소작지의 인도가 있을 때에는 이후 그 소작지에서 부물권付物權을 취득한 자에 대하여 그 효력을 갖는다.

민법 제586조 제1항과 제3항의 규정은 등기되지 않은 임대차 목적의 소작지가 매매 목적물이 되는 경우에 이를 준용한다.

민법 제533조 규정은 전항의 경우에 이를 준용하다.

제6조 소작지의 임차권은 임대인의 승낙이 없으면 양도할 수 없다. 단 별도 관습이 있는 경우는 그 관습을 따른다.

제7조 임대인이 그 소작지 또는 영소작권을 매각하려 할 때는 명령이 정한 바에 따라 임차인에 대해 기간을 정하여, 그 기간 안에 매수 협의를 신청하면 그것에 응한다는 내용을 통지하여야 한다.

제34조의 법인 또는 단체가 전항의 통지를 받은 경우 매수 의사가 없을 때에는 명령이 정한 바에 따라 지체 없이 그 소작지를 경작하는 단체원 또는 주민에게 전항의 통지에 의거해 임대인과 직접 매수 협의를 하도록 통지하여야 하고. 또 그 내용을 임대인에 통지하여야 한다.

임대인은 전항의 통지를 받으면 전항의 단체원 또는 주민의 매수 협의 신청에 응해야 한다.

제8조 전조 제1항의 기간 안에 매수 협의 신청이 없거나, 협의 신청 후 1개월 안에 협의가 이루어지지 않으면 임대인이 그 소작지

또는 영소작권을 다른 이에게 매각할 수 있다. 전조 제1항의 기간만료 전이라도 전조 통지를 받은 자가 매수 의사가 없다는 뜻을 표시할 때도 역시 동일하다.

제3장 소작지 임대차 종료

제9조 당사자가 소작지의 임대차 기간을 정하지 않았을 때는 당사자가 민법 제617조 제2항의 규정에 얽매이지 않고 언제라도 해약의 신청을 할 수 있다.

소작지 임대차는 전항의 해약 신청 후 1년을 경과하면 종료한다.

제10조 전조 또는 제14조의 규정에 의해 임대차가 종료된 경우에 소작지에 그 종료일부터 1년 안에 수득할 수 있는 작물(작물에 주·종구별이 있을 경우는 주 작물)이 현존할 때는 수확종료까지 임대차는 존속하는 것으로 본다. 단 임대차인 또는 전차인轉借人이 신의에 반하여 임대차 종료를 방해할 목적으로 작부할 경우에는 이에 해당되지 않는다.

제11조 앞의 2개 조항 규정의 당사자가 소작지 임대차 기간을 정하였어도 한쪽 또는 각자가 그 기간 내에 해약할 권리를 보유하는 경우에는 이를 준용한다.

제12조 소작지 임대차 기간을 정할 때는 그 기간을 5년 이하로 할 수 없다. 이보다 단기간으로 임대차가 된 때는 그 기간을 5년으로 한다.

전항의 규정은 병역, 질병 기타 부득이한 사유로 스스로 경작을 할 수 없거나 또는 토지사용 목적의 변경 기타 특별한 사유로 5년 이상 임대하는 것이 어려운 사정 때문에 일시 토지를 임대하는 경우에는 이를 적용하지 않는다.

제13조 당사자가 소작지의 임대차 기간을 정할 때는 전조 제2항에 규정하는 임대차를 제외하고 당사자가 기간만료 전 6개월 내지 1년 안에 상대방에게 갱신거절을 통지하거나, 조건을 변경하지 않으면 갱신하지 않겠다는 내용을 통지를 하지 않았을 때는 종전의 임대차와 동일한 조건으로 임대차를 갱신하는 것으로 본다.

제14조 제9조 또는 제11조의 규정에 따라 해약 신청이 있을 경우 그 신청 후 2개월 안에 임대차 계속에 관하여 소작조정법에 따른 조정신청 수리가 있을 때에는 조정종료까지 임대차가 존속하는 것으로 본다. 단 조정 신청이 각하된 경우는 해당하지 않는다.

전조의 통지가 있을 경우 그 통지 후 2개월 안에 갱신에 관하여 소작조정법에 따른 조정신청 수리가 있을 때에도 전항과 같다.

제15조 소작지의 임대차에서 기간을 정한 것인지 아닌지가 불명확할 때는 임대차 기간을 정하지 않은 것으로 추정한다.

제16조 소작지 임대인이 임차인에게 배신행위를 하지 않는 한 부당한 이유로 악의적인 해약 신청을 하거나 갱신을 거부할 수 없다.

제17조 소작인의 임차인이 1년분의 소작료를 1년 이상 체납하고 기타 이에 준하는 것으로 명령으로 정한 체납을 하는 경우에 1개월 이하의 기간을 정하여 지불하라는 내용을 고지한 뒤 그 기간 안에 지불하지 않을 때에는 임대인이 임대차를 해제할 수 있다. 임차인이 신의에 반하여 임대인에게 해를 입힐 목적으로 고의로 소작료를 체납하는 경우도 동일하다.

제18조 소작지의 임차인이 소작료 일부를 지불할 경우에 임대인은 정당한 사유 없이 그 수령을 거부할 수 없다.

전항의 경우에 임대인은 일부 지불을 수령하여도 이 때문에 소작료 감액 기타의 신청을 승낙하는 것으로 추정할 수 없다.

제19조 소작지 반환의 경우 소작지에 계약에 따라 심은 작물이 있을 때에는 임차인은 임대인에게 상당한 가액으로 매수를 청구할 수 있다. 다만 임차인 또는 전차인이 신의에 반하여 매수를 목적으로 심은 작물은 해당되지 않는다.

제20조 소작지를 반환하는 경우 임차인은 임대인의 승낙을 얻은 경우에는 명령이 정하는 바에 의거하여 객토, 관개 배수공사 등 소작지의 개량을 위해 지출한 금액과 기타 유익비有益費 상환을 임대인에게 청구할 수 있다.

제21조 제19조의 규정에 의한 작물의 매수가액 또는 전조의 규정에 의한 유익비 상환액이 당사자 사이 협의로 조정되지 않을 때는 신청에 의해 재판소가 감정위원회의 의견을 듣고 이를 정한다.

제22조 전조의 경우에 임대인이 소작물의 대가 지불 또는 유익비 상환에 충당하기 위해 재판소가 명하는 가액을 공탁할 때에는 임차인이 소작지 반환을 거부할 수 없다.

제23조 감정위원회 조직, 권한 기타 필요한 사항은 칙령으로 정한다. 소작관은 감정위원회에 출석하여 의견을 진술할 수 있다.

제24조 소작지 임대인이 임대차 갱신을 거부하거나 제9조 또는 제11조의 규정에 따라 해약 신청을 한 경우에 임대인은 임차인에게 계약으로 정한 소작료의 1년분에 상당하는 금액 범위 안에서 작이료作離料를 지불하여야 한다.

제25조 다음 각호 가운데 하나에 해당하는 경우 전조의 규정에 구애받지 않고 작이료를 지불하지 않는다.

1. 임차인에게 책임이 있는 사유로 임대인이 임대차를 해제해야 하는 사유가 있을 때
2. 갱신 관습 없이 임대차 갱신을 거절할 때

3. 제12조 제2항에 규정된 임대차가 없을 때

　　단 기간을 정하지 않은 임대차 또는 갱신 관습이 있는 임대차를 동항에서 규정하는 임대차로 변경한 경우는 제외한다.

제26조 작이료 액수에 관하여 당사자 사이 협의가 되지 않을 때에는 신청에 의해 재판소가 감정위원회의 의견을 듣고 일체의 사정, 특히 다음 각 호의 사항을 참작하여 이를 정한다.

1. 임차인이 통상 받을 손실

2. 임차인이 임대차를 종료하기에 이른 사정

3. 소작지의 보통 수확량

4. 소작료의 액수

5. 임차인이 소작지를 계속하여 임차한 기간

제27조 전조의 경우에 임대인이 작이료 지불을 위해 재판소가 명하는 액수를 공탁할 때에는 임차인이 소작지의 반환을 거부할 수 없다.

제28조 제21조, 제22조, 제26조와 전조의 규정에 따라 재판은 소작지 소재지를 관리하는 구區재판소에서 비송사건수속법非訟事件手續法에 따라 행한다.

제29조 제21조와 제26조 규정에 따른 재판에 대해서는 즉시항고할 수 있다. 그 기간은 2주로 한다.

　　제22조와 제27조의 규정에 따른 재판에 대해서는 불복을 신청할 수 없다.

제30조 제21조와 제28조의 규정에 따른 신청을 수리할 때는 재판소가 직권으로 사건을 소작조정법에 따른 조정에 회부할 수 있다.

　　이 경우 조정에 부친 재판에 대해서는 불복 신청을 할 수 없다.

제31조 제21조, 제22조, 제26조, 제27조의 규정에 따른 재판비용은

민사소송비용법 제16조와 민사소송용인지법 제16조의 규정에 따른다.

제4장 소작지 전대전의 효력과 종료

제32조 임차인은 임대인의 승낙이 있을 때라도 소작지를 전대할 수 없다. 단 병역, 질병 기타 부득이한 사유로 스스로 경작하는 것이 불가능하여 일시 전대하는 경우는 여기에 해당되지 않는다.

전항 단서의 경우 임대인은 정당한 사유 없이 전대를 거절하지 못한다.

제1항 단서의 규정에 따라 전대차의 종료에 관해 필요한 사항은 명령으로 정한다.

제1항 단서의 규정에 따라 전차인은 다시 이를 전대하거나 또는 그 권리를 양도할 수 없다.

제33조 전차인이 전조 제4항의 규정을 위반하거나, 동조 제3항 규정에 따른 명령을 위반하거나, 제삼자에게 소작지를 사용하게 하거나 수익을 내게 할 때에는 임대인은 전대차를 해제할 수 있다.

제34조 제32조의 규정은 산업조합과 기타 영리를 목적으로 하지 않는 법인 또는 단체가 임차하는 소작지를 다시 그 단체원에게 경작하게 하는 경우에는 이를 적용하지 않는다. 시市, 정町, 촌村 그 밖의 공공단체가 임차한 소작지를 그 주민에게 경작하게 하는 경우 또한 같다.

앞의 2조 규정은 전항의 단체원 또는 주민이 제삼자에게 소작지를 사용하게 하거나 수익을 얻게 하는 경우에 이를 준용한다.

제35조 제5조, 제6조, 제18조, 제22조, 제28조, 제31조의 규정은 제32조 제1항 단서의 규정에 따라 전대차에 이를 준용한다.

제36조 제34조의 법인 또는 단체가 임차한 소작지를 그 단체원 또는 주민에게 경작하게 할 경우 그 소작지에 부물권付物權을 취득한 자와 단체원 또는 주민과의 관계에 제5조의 규정을 준용한다. 제3장의 규정은 제34조의 법인 또는 단체가 임차한 소작지를 그 단체원 또는 주민에게 경작하게 한 경우 법인 또는 단체와 그 단체원 또는 주민과의 관계에 이를 준용한다.

제37조 소작지 전대차가 있는 경우 전대인은 전차인에게 명령에 정한 바에 따라 임대차 종료에 관하여 통지하여야 한다.

제5장 영소작권의 효력과 종료

제38조 제7조, 제8조, 제9조 내지 제22조와 제28조 내지 제31조의 규정은 영소작지 소유자와 영소작인과의 관계에 준용한다. 단 영소작인이 영소작지를 경작 목적으로 임대한 경우에는 제12조 제2항에 규정하는 임대차를 제외한 영소작지 소유자와 임차인과의 관계에는 제7조와 제8조의 규정을 준용한다.

제39조 영년작물 재배를 목적으로 영소작권을 설정하는 경우에는 그 존속기간을 20년 이상 70년 이하로 한다. 만약 70년보다 장기간 영소작권을 설정하였을 때는 그 기간을 70년으로 단축한다. 전항의 영소작권 설정은 갱신할 수 있다. 단 그 기간은 갱신일부터 70년을 초과할 수 없다.

제1항의 영년작물은 칙령으로 정한다.

제40조 영소작권 기간만료 뒤 영소작인이 경작을 계속하는 경우에 영소작지 소유자가 지체 없이 이의를 제기하지 않으면 종전의 영소작과 동일조건으로 갱신하고 존속기간 20년의 영소작권을 설정한 것으로 추정한다.

제41조 제16조의 규정은 영소작지의 소유자가 전조의 이의를 제기한 후 1개월 안에 영소작인이 그 토지에 대해 임차 신청을 할 경우에 준용한다.

전항의 신청에 의해 성립한 임대차의 조건은 당사자의 협의에 의해 이를 정한다. 협의가 이루어지지 않을 때는 신청에 의해 재판소가 감정위원회의 의견을 듣고 종전의 영소작 조건과 기타 일체 사정을 참작하여 결정한다.

제28조와 제31조 규정은 전항의 신청이 있을 경우에 준용한다.

제42조 영소작인이 파산선고를 받은 경우를 제외하고 민법 제276조의 규정에 따라 영소작권의 소멸 청구는 1개월 이하의 기간을 정하여 소작료를 지불하라는 내용을 최고催告하고, 그 기간 안에 지불하지 않는 경우가 아니면 이를 시행하지 못한다.

제6장 소작조건의 변경

제43조 불가항력에 의한 수확량 감소를 이유로 한 소작료 감액 또는 면제 신청은 늦어도 수확 착수일 15일 전에 하여야 한다. 단 당사자가 별도로 정하거나 용인해야 할 이유가 있을 때에는 이를 적용하지 않는다.

전항 단서의 경우에 감액 또는 면제 신청은 당사자가 신청 시기를 정하였을 때는 그 시기에, 용인해야 할 사유가 있을 때는 그에 상당한 시기에 하여야 한다.

검견을 신청해도 상대방이 응하지 않을 때에는 소작관이 정한 방법에 따라 검견할 수 있다.

검견의 방법에 대해 당사자 협의가 이루어지지 않을 때에도 동일하다.

제45조 전조 제2항의 규정은 계약 또는 관습에 의해 당사자가 매년 검견檢見한 뒤에 소작료 액수를 정하는 경우의 검견에 준용한다.

제46조 전2조의 규정에 의해 검견檢見하는 자는 토지의 출입, 경작 상황의 조사, 평예平세 기타 검견에 필요한 행위를 할 수 있다.

제47조 당사자는 합의로 관계지 소재 구역의 소작위원회에 소작료 기타 소작조건 개정을 청구할 수 있다.

제48조 소작위원회는 칙령에 정해진 바에 따라 일정 구역 안의 토지 임대인과 그에 준하는 자, 아울러 임차인과 이에 준하는 자가 각각 또는 공동으로 선정한 자로 조직한다.

　　소작위원회에 관한 사항은 칙령으로 정한다.

제49조 재판소는 당사자 또는 소작관의 신청에 의해 소작위원회의 결정이 현저히 부당하다고 인정될 때에는 감정위원회의 의견을 듣고 그 결정을 취소할 수 있다. 그 신청은 결정 통지가 있었던 날로부터 2주 안에 하지 않으면 그 효력이 없다.

　　소작위원회의 결정을 취소하는 재판에 대해서는 불복을 신청할 수 없다.

　　신청이 각하된 재판에 대해서는 즉시항고할 수 있다.

제50조 소작위원회의 결정은 취소 신청 없이 전조 제1항의 기간을 경과하거나 신청각하 재판이 확정된 날부터 당사자 사이의 계약 내용이 된다.

제51조 제28조와 제31조의 규정은 제49조의 규정에 따라 재판에 준용한다.

제52조 당사자는 합의로 소작조건을 개정하기 위해 한 사람 또는 수인의 중재자를 선정할 수 있다.

　　전3조의 규정은 중재자의 결정에 준용한다.

제7장 소작료의 공탁

제53조 소작료 지불 또는 소작지 반환을 명하는 판결에서 가집행 선
고가 있는 경우 그 판결을 한 재판소가 상소 기간에 한하여 채무
자 신청에 의해 상당액의 담보를 제공하게 하고, 그 집행을 정지
또는 이미 이루어진 집행처분 취소를 명할 수 있다.

제54조 소작료에 관해 쟁의가 발생할 우려가 있는 경우 필요하다고
인정될 때에는 소작지의 소재지를 관할하는 구區재판소가 당사
자의 신청에 의해 채무자에게 상당액의 담보를 제공하게 하고
소작료 채권에 의거한 가차압을 허용하지 않는 취지의 결정을
할 수 있다.

재판소는 이후 사정에 의한 결정으로 전항의 담보액 변경을 명
할 수 있다.

전2항의 결정에 대하여는 불복 신청을 할 수 없다.

제55조 소작료 채권에 의거해 가차압을 명할 경우 필요하다고 인정
될 때 재판소는 민사소송법 제743조에 규정된 금액을 기재하는
대신 가차압 집행을 정지하거나, 이미 시행된 가차압을 취소하기
위해 채무자에게 제공해야 할 상당한 담보액을 가차압 명령에
기재할 수 있다.

재판소는 이후 사정에 의한 결정으로 전항의 담보액 변경을 명
할 수 있다.

전항의 결정에 대해서는 불복의 신청을 할 수 없다.

제56조 소작관계의 쟁의에서 채무자에게 소작지 점유를 해제하는
가처분을 명할 경우 필요하다고 인정되면 재판소가 집달리執達吏
에게 소작지 보관을 명함과 동시에 채무자가 소작지 현장 변경
과 기타 판결의 집행을 방해하는 행위를 하지 않겠다는 서약을

하게 하거나, 상당액의 담보를 제공하는 조건으로 소작지의 사용 또는 수익을 채무자에 허락을 받게 할 것을 명할 수 있다.

채무자가 판결의 집행을 방해하거나 집행을 방해할 우려가 있는 행위를 할 때에 재판소는 전항의 규정에 의해 허가 재판을 취소할 수 있다.

제57조 채무자에 대해서 소작지의 점유를 풀고 가처분을 명한 경우에 이후 사정에 따라 재판소는 이미 이루어진 가처분의 변경을 명할 수 있다.

제58조 소작료 채권에 의거한 가차압 명령의 집행으로 소작지 작물을 차압한 경우 필요하다고 인정되면 집행재판은 당사자의 신청에 의해 채무자에게 차압물의 은닉, 훼손 기타 집행을 방해하는 행위를 하지 않는다고 서약하게 하거나, 상당액의 담보를 제공하고 집달리가 점유한 것을 채무자에게 수확하게 하고 기타 차압물 관리에 필요한 조치를 할 수 있다.

전항의 규정에 의한 재판에서는 수확 기타 차압물의 관리에 필요한 비용의 최고액을 정하여야 한다.

채무자로서 차압물을 보관하게 되면 집달리는 봉인 기타 방법으로 차압을 명백하게 하여야 한다.

제56조 제2항의 규정은 제1항의 규정에 의해 재판에 준용한다.

제59조 전조의 규정은 소작료 채권에 의거한 강제집행으로 소작지 작물을 차압하는 경우에 준용한다.

전항의 규정은 수확 후의 집행행위를 계속 하는 것을 방해하지 못한다.

제60조 민사소송법 제112조, 제113조, 제115조와 제116조 규정은 본 장의 규정에 의해 담보에 준용한다.

전항의 규정에 의해 담보 공여는 소작료로서 지불해야 할 물건으로 공탁할 수 있다.

전항의 경우에서 현저하게 물건의 품질을 손상할 우려가 있거나 그 저장에 불상응하는 비용이 발생할 경우는 재판소가 신청에 의해 그 물건을 경매하여 매득금을 공탁하라는 취지를 공탁물 보관자 또는 집달리에게 명할 수 있다.

제61조 제53조 내지 제55조, 제58조 또는 제59조의 규정에 의해 채무자가 공탁을 한 경우에 소작료 채권이 확정되면 채권자는 그 채권에 대해 공탁물에서 질권자와 동일 권한을 가진다.

제62조 제60조 제2항, 제3항과 전조의 규정은 소작료의 지불 또는 소작지의 반환을 명한 판결의 가집행을 면하기 위해 채무자가 제공한 담보에 준용한다.

제63조 본장의 규정은 영소작지 소유자와 영소작인 관계에 준용한다.

제8장 벌칙

제64조 감정위원회에 출석한 자가 이유 없이 회의의 전말, 감정위원의 의견 또는 그 다소多少의 수, 소작관의 의견을 누설하면 천 원 이하의 벌금에 처한다.

제65조 제56조 또는 제56조의 규정에 의해 서약한 자가 그 서약을 위반할 때는 500원 이하의 과료에 처하고, 제59조 또는 제63조의 규정을 준용한다. 제56조 또는 제58조의 규정에 의해 서약한 자도 동일하다.

비송사건수속법 제206조 내지 제208조 규정은 전항의 과료에 준용한다.

부칙

제66조 본법 시행 기일은 칙령으로 정한다.

제67조 본법은 본법 시행 당시 현존하는 소작지의 임대차와 영소작에 적용한다. 본법시행 당시 현존하는 소작지 전대차는 제34조의 규정에 해당하는 것으로 역시 같다.

제68조 제37조와 제43조 내지 제65조의 규정은 본법 시행 때 현존하는 소작지의 전대차로 제34조의 규정에 해당하지 않는 것에 적용한다.

제5조 내지 제11조, 제15조 내지 제22조, 제24조 내지 제33조 및 제38조 단서 규정은 전항의 전대차에 준용한다.

제69조 본법 시행 당시 현존하는 소작지의 전대차로 5년 미만의 기간을 정한 것은 그 기간을 계약일로부터 5년으로 바꾼다. 단 제12조 제2항의 규정에 해당하는 경우 5년 미만의 기간을 정하더라도 이 조항에 제한을 받지 않는다.

제70조 제68조의 전대차로 기간을 정한 것의 남은 기간과 기간을 정하지 않은 것은 본법시행일로부터 20년을 초과하지 않는 범위 안에서 효력을 가진다.

제71조 본법 시행 당시 현존하는 소작지의 임대차 또는 전대차로 본법 시행 전에 이루어진 해약 신청은 본법에 의해 이루어진 것으로 본다.

제72조 본법 시행 당시 현존하는 소작 임대차로 본법 시행 후 1년 안에 그 기간이 만료되는 것은, 당사자가 만료 전 1년 이내에 상대방에게 갱신거절을 통지하거나 조건을 변경하지 않으면 갱신하지 않겠다는 취지를 통지하면, 제13조 기간 안에 이루어지지 않았더라도 동조의 기간 안에 이루어진 것으로 본다.

제73조 본법은 본법 시행에 임차인, 전차인 또는 영소작인이 지출한 소작지 또는 영소작지의 유익비의 상환에는 적용하지 않는다.

제74조 본법 시행 당시 현 작주作株(小作權, 上地代, 二十土料, ザる代, 鍬先 등의 명칭으로 매매되는 것을 포함) 또는 영소작권 매매 관습이 있는 지방에서는 그 관습이 존속하는 소작지를 반환할 경우 상당相當한 보상금을 지불하여야 한다.

제21조, 제22조와 제28조 또는 제31조의 규정은 전항의 보상금에 준용한다.

5. 조선에서 시행된 〈조선농지령〉

조선농지령朝鮮農地令

(1934년 4월 11일 제령 제5호로 제정, 1934년 10월 20일부터 시행)[7]

제1조 본령은 경작을 목적으로 하는 토지의 임대차에 적용한다.

본령에서 소작지라 함은 전항 임대차의 목적인 토지를 말한다.

제2조 토지의 경작을 목적으로 하는 청부 기타 계약은 임대차로 본다. 다만 이 영의 적용을 면하려는 목적이 아닌 것은 제외한다.

전항의 임대차 조건은 당사자의 협의에 의하여 정하며 협의조정을 할 수 없는 때에는 신청에 의하여 재판소가 정한다.

전항의 규정에 의한 재판은 즉시항고할 수 있으며 그 기간은 2주로 한다.

---

7) 朝鮮農政硏究同志會, 앞의 책, 201~212쪽; 朝鮮總督府編,《朝鮮法令輯覽》上卷, 1940, 第17輯 3~4쪽.

제3조 임대인이 사음 기타 소작지의 관리자를 두려면 조선총독이
    정하는 바에 의하여 부윤·군수 또는 도사에게 신고하여야 한다.

제4조 부윤·군수 또는 도사가 사음 기타 관리자를 부적당하다고 인
    정하면 부·군·도소작위원회의 의견을 들어 임대인에게 변경을
    명할 수 있다.

제5조 앞의 2개 조항에서 규정하는 것을 제외하고 사음 기타 소작지
    의 관리자에 관하여 필요한 사항은 조선총독이 정한다.

제6조 제15조, 제16조 제1항, 제18조, 제21조와 제22조의 규정과 다
    른 특약으로 임차인에게 불리한 사항은 이를 행하지 않은 것으
    로 본다.

제7조 소작지의 임대차 기간은 3년 이상이어야 한다. 다만 영년작
    물의 재배를 목적으로 하는 임대차에 있어서는 7년 이상이어야
    한다.

    전항의 기간보다 짧은 기간으로 임대차를 할 때 그 기간은 전항
    의 규정에 의하여 3년 또는 7년으로 한다.

    당사자가 소작지의 임대차 기간을 정하지 않았을 때는 제1항의
    규정에 의하여 2년 또는 7년의 기간을 정한 것으로 본다.

    제1항 단서의 영년작물은 조선총독이 정한다.

제8조 소작지의 임대차에 대하여 기간이 명확하지 않을 때에는 전조
    제1항의 규정에 의하여 3년 또는 7년으로 정한 것으로 추정한다.

제9조 앞의 2개 조항의 규정은 소작지의 임대차 기간을 갱신하는 경
    우에 준용한다. 다만 7년은 새로 영년작물 재배를 목적으로 갱신
    하는 경우를 제외하고 3년으로 한다.

제10조 앞의 3개 조항의 규정은 상이·질병 기타 부득이한 사유로
    임대인 또는 동거 친족을 주로 하여 경작에 종사하는 자가 경작

을 할 수 없거나 토지의 사용 목적 변경 기타 특별한 사유에 의하여 제7조 제1항 또는 전조 단서에 규정하는 기간 이상 임대할 수 없는 사정으로 인하여 일시적으로 토지를 임대하는 경우에는 적용하지 않는다.

제11조 임대차 당사자의 상속인은 상속 개시부터 피상속인의 소작지 임대차에 대한 일체의 권리 의무를 승계한다.

제12조 소작지의 임대차는 등기가 없어도 소작지를 인도한 때에는 그 후 소작지의 물권을 취득한 자에 대하여 효력이 생긴다.

조선민사령에 따를 것을 정한 민법 제566조 제1항 및 제3항의 규정은 임대차 등기가 없어도 인도한 소작지가 매매 목적물인 경우에 준용한다.

조선민사령에 따를 것을 정한 민법 제533조의 규정은 전항의 경우에 준용한다.

제13조 임차인은 임대인의 승낙이 있더라도 소작지를 전대할 수 없다. 다만 상이·질병 기타 부득이한 사유로 임차인 또는 동거 친족을 주로 하여 경작에 종사하는 자가 경작이 불가능하여 일시 전대하는 경우에는 제외한다.

전항 단서의 경우에 임대인은 정당한 사유 없이 전대를 거부할 수 없다.

제1항 단서의 규정에 의한 전대차의 종료에 관하여 필요한 사항은 조선총독이 정한다.

제1항 단서의 규정에 의한 소작지의 전차인은 이를 다시 전대하거나 권리를 양도할 수 없다.

제14조 전조의 규정은 산업조합 기타 영리를 목적으로 하지 않는 법인 또는 단체가 임차한 소작지를 다시 그 단체원에게 다시 사용

하게 하거나 수익을 얻도록 하는 경우에는 적용하지 않고, 부府·
읍邑·면面이 임차한 소작지를 다시 주민에게 사용하게 하거나 수
익을 얻도록 하는 경우도 같다.

전조와 제20조의 규정은 전항의 단체원 또는 주민이 제3자에게
소작지를 사용하게 하거나 수익을 얻도록 하는 경우에 준용한다.

제15조 임차인이 소작료의 일부를 지불하고자 하는 경우에는 임대
인이 정당한 사유 없이 수령을 거부할 수 없다.

임대인이 소작료의 일부를 수령하여도 소작료의 감액 기타 신청
을 승낙한 것으로 추정하지 않는다.

제16조 불가항력으로 인하여 수확량이 현저하게 감소했을 때는 임
차인이 임대인에게 소작료의 경감 또는 면제 신청을 할 수 있다.

전항의 신청은 늦어도 수확 착수일부터 15일 전에 하여야 한다.
다만 당사자가 별도로 정한 때에는 그 시기에 하여야 한다.

전항의 경우에 용인할 만한 사유가 있는 때에는 상당한 시기에
신청할 수 있다.

제17조 계약 또는 관습에 의하여 검견 후에 소작료의 액을 정하는
경우의 검견檢見 및 전조의 신청에 의한 검견에 관하여 필요한
사항은 조선총독이 정한다.

제18조 제10조에 규정하는 임대차를 제외하고 당사자가 소작지의
임대차 기간만료 전 3개월 또는 1년 안에 상대방에게 갱신거절
통지 또는 조건을 변경하지 않거나 임대차의 갱신을 하지 않는
다는 취지의 통지를 하지 않으면 전 임대차와 동일 조건으로 다
시 임대차를 한 것으로 본다.

제19조 임대인은 임차인에게 배신행위가 없는 한 임대차 갱신을 거
부할 수 없다. 다만 임대인에게 정당한 사유가 있는 경우에는 제

외한다.

제20조 임차인이 제13조 제1항의 규정에 위반하거나 동조 제3항의
규정에 의한 명령에 위반하여 제3자에게 소작지를 사용하게 하
거나 수익을 얻게 할 때에는 임대인은 임대차를 해제할 수 있다.

제21조 제16조의 소작료 경감 또는 면제에 관한 사항에 대하여 당
사자가 부·군·도소작위원회의 판정을 요구한 경우에는 그 판정
이 있을 때까지, 조선소작조정령에 의하여 조정신청을 한 경우에
는 조정이 종료할 때까지 임대인은 당해 소작료의 이행 지체를
이유로 임대차 해제를 할 수 없다.

제22조 소작지 반환의 경우에 소작지에 계약에 따라 심은 작물이 있
을 때에는 임차인은 임대인에게 상당한 가액으로 매수를 청구할
수 있다. 다만 임차인 또는 전차인이 신의에 반하여 매수를 목적
으로 심은 작물에 대하여는 제외한다.

제23조 제15조 또는 제17조의 규정은 임대인과 전차인과의 관계에
준용한다.

제24조 당사자가 합의하여 관계지가 소재하는 부·군·도소작위원회
에 소작료 기타 소작관계에 대하여 판정을 요구할 수 있다.

제25조 전조의 규정에 의하여 판정을 요구한 사건에 대하여 소송이
계속되는 때 또는 조선소작조정령에 의한 조정신청이 수리된 때
에는 판정이 있을 때까지 당해 재판소 결정으로 소송수속 또는
조정수속을 중지할 수 있다.

제26조 재판소는 당사자 또는 소작관의 신청에 의하여 부·군·도소
작위원회의 판정이 부당하다고 인정될 때에는 이를 취소할 수
있으며, 이 신청은 부·군·도소작위원회 판정 통지를 받은 날부터
2주 안에 하지 않으면 효력이 없다.

부·군·도소작위원회의의 판정을 취소하는 재판에 대하여는 불복을 제기할 수 없다.

신청각하의 재판에 대하여는 즉시항고할 수 있다.

제27조 부·군·도소작위원회의의 판정은 취소 신청 없이 전조 제1항의 기간이 경과하거나 신청각하의 재판이 확정한 날부터 당사자 사이의 계약으로써 효력을 가진다.

제28조 제2조 제2항 또는 제26조 제1항의 규정에 의한 재판은 소작지 소재지를 관할하는 지방법원 또는 지방법원지청의 합의부에서 조선민사령에 의거할 것을 정한 비송사건수속법에 따라 한다.

제29조 제2조 또는 제26조의 규정에 의한 재판 비용은 조선민사령에 의거할 것을 정한 민사소송비용법 제16조 및 민사소송용인지법 제16조의 규정에 따른다.

제30조 부·군·도소작위원회에 출석한 자가 이유 없이 회의의 전말·소작위원회의 의견이나 다소의 수 또는 소작관의 의견을 누설한 때에는 천 원 이하의 벌금에 처한다.

제31조 임대인이 제3조의 규정을 위반하고도 신고를 하지 않거나 허위 신고를 했을 때 또는 제4조의 규정에 의한 명령을 위반했을 때에는 3백 원 이하의 벌금에 처한다.

부칙

제32조 본령 시행 기일은 조선총독이 정한다.

제33조 본령 시행 당시 사음 기타 소작지의 관리자에 대하여 임대인은 조선총독이 정하는 바에 의하여 부윤·군수 또는 도사에게 신고하여야 한다.

제34조 본령 시행 당시 존재하는 토지의 경작을 목적으로 하는 청부

는 이 영 시행일부터 임대차한 것으로 본다.

제2조 제2항과 제3조의 규정은 전항의 경우에 준용한다.

제35조 본령 시행 당시 존재하는 소작지의 임대차로서 기간이 3년 미만으로 정한 것은 계약일부터, 기간을 정하지 않은 것은 이 영 시행일부터 3년의 기간을 정한 것으로 본다.

이 영 시행 당시 존재하는 제7조 제4항에 규정하는 영년작물의 재배를 목적으로 하는 소작지의 임대차로서 기간이 7년 미만으로 정한 것은 계약일부터, 기간을 정하지 않은 것은 이 영 시행일부터 7년의 기간을 정한 것으로 본다.

제36조 본령 시행 당시 존재하는 소작지의 임대차로서 기간을 명확히 정하지 않은 것은 제7조 제1항의 규정에 의하여 계약일부터 3년 또는 7년으로 정한 것으로 추정한다.

제37조 앞의 2개 조항의 규정은 제10조의 규정에 해당하는 경우에는 적용하지 않는다.

제38조 본령 시행 당시 존재하는 제13조 제1항 단서 규정에 해당하지 않는 소작지의 전대차로서 기간을 정한 것은 이 영 시행일부터 3년을 넘지 않는 범위 안에서 그 잔여기간 동안, 기간을 정하지 않은 것은 이 영 시행일부터 3년 동안 효력을 가진다.

제39조 이 영 시행 당시 존재하는 소작지의 임대차로서 이 영 시행 후 1년 안에 기간이 만료하는 것에 대하여 당사자가 만료 전 1년 안에 상대방에게 한 갱신거절의 통지 또는 조건을 변경하지 않으면 갱신하지 않겠다는 취지의 통지를 제18조 기간 안에 하지 않더라도 동조의 기간 안에 한 것으로 본다.

제40조 임대인이 제33조의 규정을 위반하고도 신고를 하지 않거나 허위 신고를 할 때는 3백 원 이하의 벌금에 처한다.

찾아보기